Condillac Lúcido e Translúcido

Leon Kossovitch

Condillac Lúcido
e Translúcido

Ateliê Editorial

Copyright © 2011 by Leon Kossovitch

Direitos reservados e protegidos pela Lei 9.610 de 19 de fevereiro de 1998.
É proibida a reprodução total ou parcial sem autorização, por escrito, da editora.

Dados Internacionais de Catalogação na Publicação (CIP)
(Câmara Brasileira do Livro, SP, Brasil)

Kossovitch, Leon
  Condillac Lúcido e Translúcido / Leon
Kossovitch. – São Paulo: Ateliê Editorial,
2011.

  ISBN 978-85-7480-551-1
  Bibliografia

  1. Condillac, Étienne. 1715-1780 2. Filosofia
francesa I. Título.

10-11832   CDD-194

Índices para catálogo sistemático:
1. Condillac: Filosofia francesa 194

Direitos reservados à
ATELIÊ EDITORIAL
Estrada da Aldeia de Carapicuíba, 897
06709-300 – Granja Viana – Cotia – SP
Telefax: (11) 4612-9666
www.atelie.com.br
atelie@atelie.com.br

Printed in Brazil   2011
Foi feito o depósito legal

A
Adma Fadul Muhana
João Adolfo Hansen
Antônio Hélio Cabral,
compositores deste livro,
a gratidão
do autor.

SUMÁRIO

Prefácio – *João Adolfo Hansen* 11

Introdução 27

Capítulo I 31

Capítulo II 107

Capítulo III 145

Conclusão 231

Bibliografia 239

PREFÁCIO

JOÃO ADOLFO HANSEN

> *Say, gentle soul, what can you find*
> *But painted shapes,*
> *Peacocks & Apes,*
> *Illustratrious flyes,*
> *Guilded dunghills, glorius* LYES*...?*
> CRASHAW, *The Third Elegie.*

Leon e eu discutíamos a escrita deste livro noites a fio de 1981, divertindo-nos muito, abusivos e frívolos, com a pretensão condillaquiana de determinar o ser da linguagem e legislar o pensamento. Naquele tempo, pretensões análogas inflavam, como a rã da fábula, a plenitude vácua do devir-vaca do seu espírito de rebanho. Desde então, o sucesso da rã foi um estouro e quem arrebentou e ainda arrebenta de rir somos nós. Logo, não vou elogiar nem o texto nem o autor, como é praxe nos prefácios e nas homenagens. Sei que o livro há de ler leitores que se louvarão na inteligência de ambos. Sem mais preliminares, vou direto ao que interessa, sua dramatização da trama retórica das ideias e da direção lógica do pensamento do abade Étienne de Condillac.

A escrita de Leon dramatiza determinações sub-representativas das ideias do filósofo, especificando os processos dinâmicos que as atualizam como qualidades e extensões de "boa metafísica" iluminista, inimiga da "má metafísica" dos sistemas dedutivos do século XVII. Percorre exaustivamente a enunciação dos quadros e linhas da *Grammaire*, do *Essai*, da *Logique*, do *Cours d' Histoire*, da *Art d'Écrire*, da *Art de Penser*, do *Traité des Systèmes*, do *Traité des Sensations*, do *Dictionnaire* etc., tomando-a como maneira retórica de dizer entre outras. Não-hermenêutica, não interpreta "conteúdos filosóficos", como acontece quando se pergunta pelo *tí to on*, o "quê" essencial, mas ocupa-se do *tís*, "o qual", do modo do *tís poeî tís* do sujeito do seu fazer. Assim, da *interpretatio* só retém o *inter*, que estabelece como o *sendo entre* ou o *interessante* do lugar, linear e tabular, dos processos retóricos, gramaticais, lógicos, artísticos, políticos e morais de Condillac que fazem seus lugares-comuns e conceitos ter lugar. Como Leibniz e Deleuze, Leon sabe que os conceitos nunca chegariam a particularizar-se no mundo da representação sem os dinamismos dramáticos que os determinam como sistemas materiais. Assim, dramatiza os dois paradigmas com que o filósofo os enuncia: o da matemática, que traça linhas entre o sensível e as abstrações, dispondo signos cada vez mais artificiais em sucessões e séries, e o da pintura, que compõe quadros para a visão dos signos, perspectivando as cenas de visadas regidas por atenções modelares.

Intencional, o sujeito da dramatização não é psicológico, mas personagem conceitual constituído funcionalmente pelos feixes de forças da formalidade do seu ato evidenciado como sensibilidade simbólica atenta à materialidade dos processos de significação. Ao encenar os enunciados de Condillac, encena antes de tudo o seu próprio dinamismo em torneios sintáticos secos, duros, elípticos e cortantes, que fazem decalques humorados dos dinamismos subterrâneos do desenho que o filósofo aplica sucessivamente ao risco de linhas e ao contorno de signos. Retomando os paradigmas, não pretende ter razão e contradizê-lo – enunciados performativos não são verdadeiros ou falsos – nem saber se sua ideia de linguagem é uma ou múltipla, essencializando-a, mas percorrê-la nos acidentes movimentados de suas coordenadas espaço-temporais, para ressaltar seus pontos singulares, estabelecer suas relações diferenciais, (de)compor suas combinações, indicar suas táticas erísticas,evidenciando a estratégia de sua pretensão de domínio.

Contrafação de humor atro, mas nunca atrabiliário, a dramatização é divertidamente rigorosa, pois atua com o método malvado de uma aranha lógica e retórica que mimetiza a *mímesis* em que a aranha Condillac enreda Arnauld, Descartes e Malebranche como moscas extáticas dos sistemas dedutivos do século XVII. Amplificadas pela visão de longe e de perto, as malhas da dramatização o (des)enredam como ótimo exemplar de uma espécie de animal, o filósofo empirista, enquadrando-lhe os signos em quadros dispostos sobre as linhas emitidas do começo natural dos seus processos de significação, o fundo escuro das sensações. Quando desata os nós das sensações na ponta inicial, a dramatização abre a indistinção dos seus elementos enovelados para os processos dos progressos da alma, que sai do êxtase da visão instantânea e confusa, homóloga da imbecilidade contemplativa e da loucura religiosa, para devagar subir ao entendimento lúcido das ideias translúcidas das línguas naturais e das linguagens científicas. Além de delinear sucessões, mostra Condillac fazendo a contabilidade dos etapismos da alma em séries que somam progressos. Da confusão sensível do início à taxonomia do final, a dramatização multiplica os quadros intermediários, fazendo-os cada vez menos sensíveis, acompanha seus encadeamentos, subordinando o tabular à sequência de abstrações sempre marcadas pela repetição da sensibilidade inicial, que é a regra fixa da operação.

Simultaneidade de quadro e linearidade, de cena e soma, de tabulação e sucessividade, cada malha da dramatização é palco para a análise, que especifica ideias do filósofo, e para a analogia, que as varia. Ao retomar extensivamente a afirmação condillaquiana de que o germe da arte de pensar está nas sensações, a dramatização evidencia-lhe o pressuposto: quando decompomos nossa ação, decompomos nosso pensamento para nós mesmos e para os outros, dando-o a entender por meio dos signos com que ele se entende. Como a ação total é o quadro de todo o pensamento, as ações parciais também são quadros das ideias figuradas por signos incluídos na ação total. Logo, se continuamos decompondo também as ações parciais, igualmente decompomos as ideias das quais elas são signos, produzindo novas e novas ideias cada vez mais distintas.

Dois procedimentos complementares atuam nos decalques dessas (de)composições. Um produz o efeito da convergência dos signos, ao fazer o sujeito da dramatização colar-se ironicamente ao corpo imaterial dos enunciados de Condillac como uma sombra projetada pela vice-dicção de um simulacro de suas Luzes. O outro efetua divergências, como heterogeneidade do humor que faz aparecer, no intervalo entre as extremidades das linhas, pontos singulares por onde as diferentes intensidades de fluxos emanados de fora do teatro do filósofo lhe perturbam a representação. Assim, quando (de)compõe as sensações e as ideias das coisas dele nos dois efeitos, o dinamismo evidencia as medidas da atenção com que ele controla metodicamente os tempos necessários para determinar os pontos do intervalo e os segmentos das suas linhas, estirando-as como um papel pega-mosca onde ideias inatas e sínteses dos sistemas dedutivos do século xvii grudam. Simultaneamente, as divergências remetem o leitor a temporalidades de outros processos retóricos e lógicos que, não pressupondo a aplicação do método com que a aranha Condillac tece as ideias, fazem que estas apareçam ao leitor como moscas iluministas. Capturando-as na extensão das linhas da sua tramoia, o movimento da dramatização produz modulações das várias coexistências das relações diferenciais dos processos de seus progressos, particularizando-lhes as qualidades e extensões, para pensar como funcionam como designação, significação, representação e sentido.

Aqui, o dinamismo também é pintor e sensibiliza as abstrações, colorindo-as como as moscas azuis do progresso. Tropos e figuras de linguagem atuam dinamicamente nos quadros que as encenam, comunicando ao leitor-espectador variações divertidas da cor ou caráter que as individualiza. Os tropos saltam na linha, entre as linhas e entrelinhas de Condillac; transferem cenas de seus quadros para outros quadros; convocam os extras da representação; invertem relações de sujeito e predicado; cortam caminhos retos com curvas; sublinham traços diferenciais da matematização de flores geométricas[1]; aludem a coisas intoleráveis; ironizam rãs que viram vacas; dissolvem a gregariedade bem formada; e avançam as diferenças sem primeiro e sem teleologia. Livres, evidenciam a pretensão condillaquiana de legislar universalmente o pensamento, mostrando como os dinamismos dessa pretensão domesticam progressivamente os usos dos signos na economia política de uma vontade de poder determinada pelo dever-ser do progresso, que petrifica as práticas simbólicas com o gesso burguês da Utilidade.

A dramatização é, assim, pensamento material que age pondo os conceitos de Condillac para fora do lugar do seu sistema formativo, enquanto passa, inclusiva e intensa, pensando-se a si mesmo no humor das extensões e qualidades do seu dinamismo silencioso. Sempre *mímesis* de *mímesis*, aplica o *ut pictura*, decompondo e recompondo, de perto, de longe, claramente, obscuramente, uma vez, várias vezes, elementos da boa formação e da boa recepção dos signos prescritas pelo abade. A filosofia mata o gosto e o leitor vê – de perto, nitidamente, muitas vezes – como é eficaz para essa morte o engessamento do artifício retórico pela convenção de naturalidade. Assim, *com* Condillac, a dramatização é o dinamismo irônico que faz enunciados convergir na cena da escrita: mímica de suas tópicas e procedimentos, como natureza, quadros,

---

1. Usei a metáfora "flores geométricas" e me convenço, no ato, de que devo uma correção ao leitor, pois a relação da palavra "flores" e da palavra "geométricas" não é clara. Como dizia o Bocalino, consiste mais no jeito das palavras que na eficácia das coisas da referência delas. Digamos que essa metáfora compara ideias distantes para substituir de modo abusivo – inútil, fútil, vão, excessivo, desproporcionado, frívolo, sedutor, enfim, como ilusão amaneirada de sensibilidade decadente, o bom termo próprio que é o adequado ao contexto deste texto, "conceitos". Será melhor que o leitor substitua a metáfora "flores geométricas" por "conceitos". Como dizia um modernista brasileiro, a engenhosidade significa a falência da simplicidade comunicativa da coisa. Lembro, com Condillac e seus herdeiros, que a metáfora "flores geométricas" tende a ser alegoria hermética, como aconteceu com o hieróglifo egípcio na sua fase final de decadência. Sabemos com o Concílio de Trento e Lukács, a alegoria é sempre má. Representa na imagem sensível o modo que transporta o entendimento do conhecido para o desconhecido, fechando a ideia na indeterminação e transgredindo e obscurecendo a analogia que labora para o progresso da boa expressão formadora do nacional. Logo, a correção e sua explicação também não deveriam estar aqui. Fúteis, são frívolas. Mas ficam, supondo-se sua exemplaridade de coisa abusiva que tira o leitor da linha, descaracterizando seu entendimento reto do caráter da dramatização do texto de Leon.

sensações, linguagem de ação, vertentes, nós, desatamentos de nós, ideias arquetípicas, ideias simples, ideias compostas, signos próprios, signos figurados, pontos singulares, relações diferenciais, combinações, sucessões de linhas, somatórias de séries, ela os faz avançar em ordem unida pelo palco da exposição como elevação progressiva que combate os sistemas dedutivos do século XVII. Simultaneamente, *contra* Condillac, é dinamismo humorado que efetua a divergência dos elementos convergentes. A dupla operação de *convergência/divergência* é crua e eficaz: encena os conceitos no ato mesmo da sua enunciação e os captura nos processos movimentadíssimos do seu devir, distinguindo-os como forças polêmicas que agem em sistemas materiais. Na dupla operação, os conceitos e os enunciados condillaquianos são particularizados como atores que, ao enunciarem as qualidades do caráter de seus personagens e as marcações da sua ação, declaram-se ficções emissárias de uma fabulação burguesa de domínio historicamente situada.

Sigamos, pois, mais alguns dos fios da trama e reenquadremos Condillac no quadrinho deste prefácio, redesenhando-o esquematicamente, com carvão grosso, para vê-lo de novo, à distância, no quadro geral das inquisições do signo e de outras inquisições do século XVIII ilustrado. Sua prática responde à questão originária que se lê na *Enciclopédia*: "O homem nasceu mudo ou falante?" Em nome da utilidade do progresso das instituições, postula que certamente a linguagem é inata nos homens, mas que disso não decorre que também as ideias o sejam. Crê, com Locke, que *nihil in intellectu quod non prius in sensibus*. Em *An Essay Concerning Human Understanding*, Locke afirma que o exame dos usos rotineiros das palavras pode fornecer luzes para conhecer a natureza das ideias (*Essay*, III, VIII, 1). Condillac o repete: quando se torna a linguagem como instrumento dos conhecimentos, o exame das suas imperfeições talvez possa eliminar muitas disputas, abrindo caminho para o conhecimento e, quem sabe, para a paz dos amigos da Sofia.

Locke afirma que o sensível causa as ideias, mas não determina suficientemente os modos da relação *sensível/linguagem* que permitem diferenciar e pôr os signos como princípio analítico delas. Pressupõe que, logo que recebe as ideias pelos sentidos, a alma pode repeti-las e uni-las, inventando noções complexas. Por vezes, de modo inatista; por exemplo, quando fala de um poder humano de combinar ideias simples e ideias complexas sem recorrer a palavras. Caso do que chama "proposições mentais", que pressupõem a simples consideração das ideias como são, na alma, sem o revestimento de signos. Embora a alma seja passiva na recepção das ideias simples, por si mesma produz atos com que forma outras, fundando-as nas ideias simples como matéria de todos os seus pensamentos. Tais atos são a combinação de ideias simples na ideia complexa; a junção de ideias simples ou complexas como relação; a separação de ideias pela abstração (*Essay*, II, XII). Também propõe conhecimentos sem "modelos reais", que chama de "modos mistos": quando a alma liga partes separadas das ideias complexas, a ligação, que não tem fundamento particular na natureza, cessaria se não houvesse algo que a mantivesse, impedindo a dispersão das partes. O nome é o nó que liga as ideias simples, mas é da própria alma que depende a unidade necessária aos modos mistos.

Corrigindo Locke, Condillac rebatiza os "modos mistos" de "ideias arquetípicas" e afirma o sensível: as ideias arquetípicas não necessitam de palavras porque seu fundamento é a natureza. Nada pode ser pensado, se antes não tiver sido sentido. Do mesmo modo, critica a asserção de que o juízo altera as ideias que lhe chegam por via da sensação, afirmando contra Locke que, se assim fosse, veríamos de um modo e julgaríamos de outro. Tudo é adquirido, enfim, e associado para significar: os signos são efetivamente necessários no conhecimento, e é importante especificar a geração sensível das operações da alma, para mostrar como ela adquire o exercício das mesmas. Ou, de outro modo: é necessário explicar a origem dos signos como história da linguagem, pensando a naturalidade dela no convencionalismo das línguas, com o pressuposto de que, quando se conhecem os efeitos, pode-se remontar às causas naturais que, conhecidas, permitem prever novos efeitos.

Aqui, a dramatização abre a janela para a natureza que Condillac abre como regra da produção progressista de signos e representações. Vista instantaneamente, a simultaneidade confunde o olho. Para diferenciar a indistinção, o filósofo lhe aplica o tempo linear, que escande as medidas com que pondera o visado, hierarquizando sua confusão como coisas principais e secundárias. Dispondo-as em recortes sucessivos, o ato de pensá-las mantém os quadros sob controle rígido, variando a extensão das medidas e a intensidade dos pesos com que as pondera. Ainda no artifício das maiores abstrações dispostas no outro extremo da linha, a ponderação mantém presente a referência à natureza do começo, especificando e encadeando sensações, imagens, ideias simples, conceitos e abstrações com adequações gradualistas. Assim, na ponta-início, o instantâneo da simultaneidade confusa tem luz total, que cega; depois, sobre a linha, os elementos separados e classificados reluzem com intensidades variáveis, determinadas pelo controle da atenção, que hierarquiza suas noções na sucessão; na ponta extrema, as Luzes iluminam a língua natural, as linguagens artificiais, as retóricas, as artes e mais representações, subordinando-as aos fins úteis do progresso, que é expresso pelo gênio e repetido pelos talentos.

A instantaneidade das sensações iniciais dá-se à percepção e à imaginação do filósofo como um campo indiferenciado onde cultiva o seu jardim. Com atenção ao tempo próprio do seu desenvolvimento natural, classifica troncos principais e arbustos secundários, disciplinando-os em formação sobre as linhas retas do espaço geometricamente ordenado. Nenhum dispêndio inútil, luxo frívolo de acúmulos incongruentes ou abuso de perspectivas selvagens, mas digna economia dos meios, prevendo não o factício do jardim chinês de artificialidade combinada nem, como escreve o *marquis* de Girardin, em 1775, *la maison assujettie à la Nature* da inglesa e bruta exótica *landscape*, mas o reconhecimento do *déjà vu* da *Nature assujettie à la maison* do jardim francês. Assim como Le Nôtre ordenou caminhos, fontes, lagos, pergolados, canteiros e árvores em Versalhes como extensão matematicamente subordinada ao Palácio, o filósofo (de)compõe sensações, noções e imagens de ideias na geometria tabular de quadros sobre a linha, catalogando topologicamente ideias gerais e suas qualidades, extensões e signos, segundo as adequações de uma representação que subordina o múltiplo ao Um. Compondo e decompondo as relações dos nomes das ideias com o sensível, abrindo passagens retas entre os quadros, pressupõe que o *notandum*, o modo de notar da classificação, perspectiva o notado, que anota sobre a linha com a ordem da razão: posto na janela aberta para o natural, o espectador só vê com utilidade o que vê quando é capaz de dizer *como* vê.

Aqui, a dramatização mostra que, ao fazer a abstração do leitor-espectador reter aspectos do sensível para generalizá-los com signos, o filósofo distingue o modo da *olhadela* do modo da *visada*. Se a olhada é instantânea, é olhadela que flutua desordenada pelo campo, incapaz de dizer *como* vê o que diz ver. No caso, a imbecilidade e a loucura são homólogas da instantaneidade da visão, pois, sendo indistintas, também não distinguem. Mas, se a visão se aplica como quadro ordenado pela atenção ao tempo adequado à perspectiva, é visada que, selecionando aspectos e subordinando o secundário deles ao principal, generaliza o visto com o desenho nítido que repele o confuso, hierarquiza o obscuro, submete o claro-escuro, ordena o claro, elimina a indistinção e ilumina a inteligência.

Quadro-linha-quadro, o filósofo classifica temporalmente a experiência social da comunicação dos signos como representação homóloga do jardim ordenado por visadas. Especificando as qualidades das ideias, prescreve os signos e os estilos convenientes. Entre indistinção e ordem, entre instantaneidade e temporalização, entre a imbecilidade incapaz de desatar os nós da sensação e a análise, entre a loucura que é desatada por todos os signos e a análise, as linhas dramatizam utilmente os elementos sempre atenta intensamente distinguidos e comparados com o fundo escuro. Como metáfora, o escuro figura a ignorância de sistemas filosóficos que não sabem desatar convenientemente os nós das sensações ou que simplesmente as ignoram e que devem ser arruinados pela construção progressiva dos conhecimentos. Metáfora, a janela aberta para a natureza é política, já se viu, pois recorta a visão do jardim pela perspectiva do Palácio: os lances da ordenação linear e simétrica tentam abolir o acaso, para subordinar o múltiplo ao Um. Um personagem do drama de Leon, Lucien Corpechot, diz que a Versalhes de Le Nôtre é um "jardim da inteligência" onde nada é aleatório. A dramatização metaforiza a metáfora, mostrando que as linhas e os quadros de Condillac são "jardim *para* a inteligência". Cultivado, cultiva a do leitor-espectador com a verossimilhança, prescrevendo que a cultura é hábito modelado pela régua da atenção, a tesoura da análise, a balança da comparação, o peso da reflexão e o adubo da utilidade, pois o espírito não deve divagar frivolamente pelo bosque deleitoso além e aquém das luzes. Ou, dizendo-o politicamente: o mesmo progresso cultivado nas linhas produz as inculturas e as suas carências a serem corrigidas. A instituição produz a perversão, sabemos com Klossowski e Foucault: a ordem produz a carência que justifica sua intervenção como princípio retificador das bastardias que perturbam a boa e honesta linearidade das linhagens. Como a carência precede logicamente aos conhecimentos e estes à linguagem, a teoria da carência é teoria da dependência. Teoria da dependência também do conhecimento, que se torna função instrumental, subordinando-se como técnica à utilidade progressista da empresa burguesa. E, como a linguagem depende dos conhecimentos, relaciona-se utilmente com a carência, como mediação de representação clara ou função instrumental de função.

Assim, das sensações iniciais às abstrações finais, a dramatização especifica genealogias, linhagens, sucessões e heranças, fazendo o leitor ver que o artifício do fim de linha é um recém-chegado, como o herdeiro que reverencia o nome do Pai que deu origem à sua linhagem num começo obscuro de que inicialmente só tinha imagens. Delas, sua abstração metódica extraiu noções genéticas, que dispôs sucessivamente como genealogia da herança e diacronia de sucessões num álbum de família – infâncias sensíveis, crescimento simples e complexos, casamentos arquetípicos, cruzamentos espúrios, candidatos naturais à honra da fortuna, falsos pretendentes, auges do poder do nome, decadências frívolas e abusivas etc. – que caracterizam sua representação superior de bom pai de família. Cálculos ponderados suprem carências da má-formação, fazem a somatória dos bens do espólio, investem-nos em desenvolvimentos futuros a serem repartidos e capitalizados por herdeiros que repetirão o caráter suposto no nome do Pai primitivo.

Explicando a origem dos signos pelo desenvolvimento das ideias a partir da ideia primitiva de sensação, Condillac hierarquiza os processos de significação em um intervalo cujos extremos são o fútil, o significante vazio de significado, e o útil, o significante necessário ao significado que importa. Sua classificação evidencia questões que a subentendem: o que faz com que algo seja signo? em quais condições? como classificar o signo? que é signo próprio? como e quando é signo figurado? o que faz o signo como designação, como significação e como representação? há uma ordem necessária na invenção, disposição e elocução retóricas dos signos? qual é a relação de lógica e retórica nos usos dos signos? como se fixa a identidade na relação de signo e ideia e de significante e significado? o que se deve distinguir na sensação? como a percepção, a coisa percebida e o juízo se relacionam no signo? que faz a imaginação? o que é a obscuridade, o que é o abuso, o que é a frivolidade, o que é a decadência nos usos dos signos? como se desenvolvem os progressos das operações da alma e da linguagem?

Aqui, a dramatização encena os processos da gramática condillaquiana, fazendo o leitor ver que é um sistema de palavras representativas do sistema das ideias na alma, quando se quer comunicá-las na ordem das relações percebidas. A gramática se impõe, lógica e cronologicamente, como a primeira parte da arte de pensar, que é arte que demonstra como se pensa por meio do exercício mesmo da análise do pensamento. Como o exercício se dá no discurso, as línguas naturais são o método analítico do qual o filósofo especifica os conceitos e as regras úteis para formar uma sintaxe coerente. As regras de bem pensar ultrapassam as regras sintáticas, contudo, porque falar bem não é falar corretamente. Para falar bem, é necessário ser bem-pensante. Assim, a fala é boa – eficazmente útil – quando o raciocínio faz a análise nítida das ideias, ajustando a sintaxe à significação delas. A dramatização evidencia o modo desse ajuste: já foi dito, Condillac sempre põe a natureza no começo dos processos de significação, pois o germe da arte de pensar está nas sensações. Pressupõe, na origem das línguas, uma linguagem de ação com poucas palavras que não imitavam gestos, pois elas mesmas eram gestuais. Assim, no *Dictionnaire*, define *estilo* como seleção de expressões que conferem caráter coerente à sintaxe; na *Art d'Écrire*, especifica a nitidez que deve proporcioná-

-lo para prolongar artificialmente a natureza, sem romper com as representações sensíveis da linguagem de ação inicial.

Para evitar a ruptura com o sensível, Condillac propõe, com Newton, que há um princípio simples regulando universalmente a ligação das coisas por meio de uma única propriedade fundamental. A comparação do mundo com a balança newtoniana fornece-lhe o princípio dessa propriedade única, evidente no fundo das coisas. A propriedade primeira, posta como fundamento da identidade a que toda experiência se remete, é a sensibilidade. Sempre pressuposta no juízo, na reflexão, na imaginação, nos desejos, nas paixões, ela se demonstra como a sensação diferentemente transformada neles. Como a identidade de um centro de gravidade, garante a boa enunciação feita por meio de proposições que, evidentes por si mesmas, podem ser traduzidas em termos de "o mesmo é o mesmo". A identidade pressuposta garante a boa ligação universal das ideias com outras; das ideias com os signos; e dos signos com outros signos, por analogia. Esta faz variar as identidades fixadas pela análise, dando-as a ler e ver como retas e úteis figurações da força da abstração.

Com os paradigmas do desenho e da cor – a análise e a analogia – a dramatização mostra que Condillac sempre desconfia das semelhanças efetuadas pela analogia; por isso mesmo, controla a imaginação. Espacializando as ideias em quadros, da simples réplica das ideias simples até os extremados caprichos da abstração, a imaginação reproduz as coisas ausentes da percepção; por isso mesmo, sem a análise que a corrige atentamente com a propriedade primeira, é fútil, abusiva e frívola, pois inventa imagens que não reproduzem a ligação natural da percepção com o objeto percebido. Afastando-se do bom modo da visada, a imaginação acentua o disparatado da combinatória dos signos. No sentido figurado, analogicamente pelos tropos, a ausência se transfere do primarismo do reflexo da ideia fora do lugar para o discurso. Ou seja: se os tropos perdem a força da ligação da percepção com o natural, suas imagens representam relações inadequadas ou a ausência da natureza. Como dispositivo corretor da imaginação, a atenção pondera a medida reflexiva necessária para manter as imagens no meio-termo da boa ligação, evitando os excessos fúteis que rompem com a natureza.

Especificando o caráter do gênio como regra da boa imaginação que faz a boa e reta ligação, Condillac é "clássico". Com o termo, a dramatização evidencia que subordina a imaginação à linearidade das ligações sucessivas, para salvá-la dos excessos da imbecilidade, incapaz de desfazer os nós das ideias confusas, e da loucura, incapaz de efetuar ligações naturais da percepção com o objeto. Como aquele modernista de 1922, dizendo que a poesia devia ser o papo que toda a gente entende e que era preciso não repetir Góngora e evitar Mallarmé.

Visando a utilidade do reto, Condillac postula que as línguas extraem da limitação sensível do início a força do exato como critério da boa formação de todas as espécies de signos. Variando com o caráter nacional, as línguas são fixadas com tal força. Sistematizados em repertórios, seus *tours* ou torneios exprimem o gosto popular; logo, com o conhecimento das regras, pode-se fixar o caráter da língua como expressão canônica desse gosto. Há duas espécies de condições para a fixação: as do chamado "contexto" – clima, carências, governo – e as da própria língua, determinadas pela analogia. O contexto e a analogia são diretrizes e bases para a educação do leitor por meio da invenção do gênio que, sendo formador do novo, expressa o típico do gosto popular que é repetido comunitariamente pelos talentos. As línguas vulgares ou modernas são mais apropriadas ao raciocínio do progresso que as eruditas e antigas, pois estas, cosmopolitas e importadas, estão fora do lugar do nacional. Quanto à analogia, assegura a reta formação dos signos das línguas naturais, garantindo a adequada repetição da propriedade primeira, o idêntico da sensibilidade, na variação semântica das palavras figuradas. A etimologia verifica a boa formação analógica ao estabelecer a genealogia do sentido próprio que subordina ao idêntico a variância dos usos. Em decorrência, também as artes dão reto seguimento à natureza, quando a mediania ponderada dos seus efeitos é regrada por procedimentos que garantem a não-contrariedade da sensata ligação das ideias pela imaginação. Quando a análise e o bem-falar coincidem, impõem a analogia como coerção do progresso dos signos na boa formação dos sistemas naturais e artificiais. Aplicado à identificação e à crítica da confusão cosmopolita que infringe a regra da boa formação linear por onde o nacional se expressa, o critério sempre prescreve e reconfirma as continuidades. Como o progresso é linear, pressupõe a ultrapassagem de estados sincrônicos de desenvolvimento; assim, um sistema é ultrapassado quando seus signos passam a funcionar como suplemento e o que era apenas suplemento no anterior passa a ser o modo dominante da análise e da comunicação.

É sempre a referência do signo que fundamenta os processos do progresso. Num dado sistema, a referência articula-se ao signo pela designação, significação e representação. Assim, a referência da linguagem de ação inicial era o sensível; pela analogia, as línguas naturais e desenvolveram com os tropos, fazendo os signos referir também a significação de outros. As categorias gramaticais demonstram tal desenvolvimento nos substantivos, adjetivos e verbos, que se sucedem com gradativo predomínio do insensível da abstração no artifício que deve manter a ligação com a referência sensível do começo. Se a analogia regula a autoanálise da língua, ampliando as possibilidades da designação e conduzindo do impensado ao pensado, a análise, limitada pela má-formação analógica dos signos, toma conta das ideias e corrige as deformações do tropismo, prescrevendo a justa proporção do significado adequado à referência. Continuamente determinadas pelas carências contextuais e analógicas, a análise e a analogia explicitam a totalidade de cada regime útil. Para isso, ponderam e medem extensivamente os costumes, as filosofias, as artes e as ciências, destruindo as qualidades desproporcionadas que comprometem a utilidade da representação linear dos conhecimentos.

Dramatizando os signos do filósofo, decompondo sua representação linear e tabular, recuando ao sensível do seu pressuposto, indicando as extensões espaciais da designação, demonstrando as qualidades temporais da significação, fixando as identidades abstratas supostas nos artifícios da representação, a dramatização mobiliza o *desenho*, de Zuccari, e a oposição *desenho/cor*, da querela dos amigos de Poussin e dos partidários de Rubens. Mostra que, com o desenho da análise, Condillac platoniza, seguindo seu movimento de volta às ideias originárias do fundo natural, que mantém para (de)compor qualidades e extensões no seu ataque aos usos abusivos que representam ideias sem origem sensível. Efetuando o retorno do recalcado das multiplicidades que o filósofo exila como abusivas e frívolas, a dramatização diverge e desencaminha o leitor por sertões fora da sua Versalhes, fora do *kitsch* do *Holzweg* da Floresta Negra e fora do mato nacional. Sua arte é guerrilheira e libera as divergências como relações diferenciais de distâncias incontroláveis, perspectivas multitudinárias, agudezas herméticas, paradoxos e *quodlibet*. Iluminando o obscurantismo das Luzes com seus fogos nômades, fazem o leitor ver que o Oriente é maneirista e Bush, iluminista.

Pois, como a vice-dicção de Leon demonstra magnificamente, a teoria dos signos de Condillac é máquina de guerra e queima a Luz substancial dos sistemas dedutivos do século XVII nos fogos do artifício de suas Luzes. Aqui, a Retórica é o fogo grego com que mira alvos nos sistemas inimigos. Caracterizando-os como falsidade, alega que não passam de discursos fúteis de imagens, figuras e tropos malformados, pois não pressupõem o sensível. Foi dito: o signo nasce sensivelmente de uma transferência e de uma substituição regradas linearmente; portanto, como termo próprio adequado a uma ideia própria, também é meio para significar outras ideias. Na linha sucessiva ou na somatória da série, o termo inicial sempre é o nome próprio, de sentido primitivo, que significa a ideia para a qual foi estabelecido. Os novos termos dispostos na sucessividade linear e na somatória serial são determinados como próprios ou como figurados pela análise, que recorre ou ao sentido próprio ou ao transferido. Como o significado sempre domina o significante, também subordina todas as representações, determinando a distância exata entre cada termo e sua ideia. Condillac desdenha como fúteis as classificações dos tropos e figuras de linguagem de Du Marsais e Fontanier. Entende a metáfora como tropo de salto, transferência e substituição, propondo que ela faz os significados variar no intervalo de sentido figurado e próprio. Designa ideias e coisas, significando-as; sensibiliza as ideias, colorindo-as; fornece caráter adequado ao estilo específico de cada pensamento.

Com Bouhours, o filósofo determina a justa proporção da distância entre os termos do intervalo de próprio e figurado: a metáfora é véu – transparentíssimo – que faz ver o que encobre. Como signo proporcionado ao significado próprio, tem de ser semanticamente aberta, para adaptar-se à nitidez lógica do significado. Aqui, é novamente a analogia que, sempre corrigida pela ponderação da análise, define o signo como substituição de algo – coisa, gesto, grito, palavra – por outra coisa cujo significado deve ter extensão proporcionalmente semelhante à ideia do que é substituído. A analogia determina o primeiro termo da substituição como próprio, relacionando-o com os novos termos e suas ideias sempre sequencialmente na linha. Logo, sendo fundamento da disposição sequencial das palavras, o signo evidencia sua diferença, mas nunca abandona a identidade do seu fundo natural, que subordina e orienta a sequência com a mediania das suas adequações à força sensível.

Condillac "clássico", entendendo-se pelo termo, agora, a operação disciplinadora que faz o idêntico capturar e dominar as diferenças como variação subordinada à ponderação aplicada a *écraser l' infamie* dos sistemas dedutivos. Como se viu, a ponderação especifica sequencialmente o *como* dos signos – os modos adequados dos seus usos – orientando a junção de análise e analogia segundo o pressuposto de que a ação total da linguagem é o quadro de todo o pensamento e, as ações parciais, outros quadros de ideias incluídas no quadro da ação total como esclarecimento. Ou, dizendo o mesmo em outro quadro: os enunciados teóricos que determinam o ser da linguagem são armas da guerra que as Luzes movem contra a Luz tenebrosa dos sistemas não-empiristas do século XVII e, em geral, das artes não-áticas, que têm outra doutrina do engenho e da técnica.

Capturando-os nas linhas da sua teia reflexiva, Condillac os classifica como a dupla treva da não-explicitação dos princípios que postulam e da não--justificação da autoevidência que alegam. Sua ilustrada regressão ao pressuposto dos sistemas dedutivos sempre pressupõe, por exemplo, a linha, para afirmar que, na análise, o sólido é anterior a ela, que é anterior ao ponto. Os sistemas dedutivos do século XVII erram porque atribuem ao ponto simplicidade simplicíssima e definem o sólido como noção composta. Capturando o *simples* e degregando seu conceito como *excêntrico*, Condillac prescreve que deve submeter-se ao princípio da progressividade das sucessões e esvaziar-se da generalidade pressuposta na dedução, para ser o que efetivamente é: simplicidade sensível da análise inicial.

Pragmaticamente, pensar é pesar ideias, com atenção ao tempo necessário da ponderação da qualidade, extensão, cor, nitidez e adequação delas na inversão das inversões que atribui aos agenciamentos discursivos postos para fora dos lugares da sua razão. A dramatização demonstra extensivamente que o leitor-espectador é instado a convencer-se de que os enunciados condillaquianos expõem conceitos de um sistema justo, no duplo sentido da justeza da lógica, que corrige os erros da dedução, e da justiça da moral, que derrota as trevas da ignorância. Assim, novamente, a dramatização faz ver como funcionam as táticas erísticas de Condillac: começa por desqualificar as ideias e relações do que constitui como seu outro, os sistemas dedutivos; ataca os princípios que eles têm por ideias abstratas e gerais; desclassifica como ilusórios os modos de sua síntese. Em seguida, classifica os princípios, a dedução ou a síntese como palavras loucas, verdadeiramente imbecis e certamente fora do lugar. Depois, desclassifica o inclassificável da loucura assim produzida porque ela evidentemente não cabe nos limites dos gêneros discursivos e das disciplinas do conhecimento que prescreve. Feito isso, com adjetivos – "abusivo", "fútil" – e redes abertas de derivações negativas deles – "inútil", "vão", "frívolo" – produz a não-significação lógica e moral da ausência de referência dos usos das palavras atacadas. Finalmente, classifica as palavras e os discursos dos sistemas como metáforas degradadas, tagarelice, psitacismo.

Os modos aplicados à redução da diferença prescrevem a sensatez do meio-termo do juízo como medida homogeneizadora da gramática, da lógica, da retórica, das artes e dos costumes. "Clássica", "antibarroca" e "antimaneirista" – etiquetas anacrônicas que fazem de Condillac a larva formadora da bela alma da rã romântico-positivista que as aplica regressivamente nos jardins do saber das histórias da arte e histórias literárias dos séculos XIX e xx – sua classificação dos processos simbólicos pressupõe a mediania inimiga do asianismo e suas maneiras complicadas, alegóricas, enigmáticas. Como se sabe, o Oriente é barroco e Bush, iluminista.

Já se viu que, evidentemente, a atenção de Condillac é ática: linear e clara, literalmente chata. Limitando a cada vez o indefinido da extensão da ideia, subordina as diferenças das suas qualidades à ordem analítica que faz progredir o idêntico repetidor da Utilidade. Homologamente, com a medida da clareza que Warburton aplicou à decifração dos hieróglifos egípcios arruinando o ocultismo de Kircher, distingue signos no grito da criança selvagem da Lituânia, para articulá-los em voz sequencial de comunicação convencional. E, prescrevendo nas artes a temporalização da versalhada do *esprit de geométrie* de Boileau, emoldura finezas de *honnêtes hommes* com o gesso polidíssmo, oferecendo-as à emulação do príncipe de Parma e mais cultores de hortas e jardins da ciência e artes dos séculos XIX, XX, XXI.

Sempre dupla, genética e sistêmica, sua operação funda as origens do signo na primitiva linguagem de ação para ordenar os conceitos em quadros dispostos como progressão da análise, que especifica as diferenciações temporais de seu convencionalismo. A operação se repete em dois níveis, examinando a atenção, a percepção, a imaginação e a arte em novas distinções. Por exemplo, a da beleza. Condillac é "clássico", estendendo-se pelo termo, agora, o estilo em que a ponderação do representado não se pauta pela idealidade de modelos mas, empirista, afirma a naturalidade do artifício do gênio, que inventa textos e contextos, regrando-os variavelmente para evitar e combater os artifícios da imaginação fora do eixo. A beleza deve ser naturalmente variada, conforme os estilos; a mesma variação deve, contudo, fundir retamente o desígnio abstrato do desenho à cor sensível do caráter para evitar o luxo frívolo dos usos não-pautados pela ponderação. Seu artifício deve ser camuflado, para que as obras se efetuem como convenção de naturalidade que, garantindo a boa amarração sintática dos signos como sucessividade linear, também garante a nitidez das ligações semânticas dadas à apreensão intelectual do bom senso. É natural a representação que finge o espontâneo sem evidenciar o artifício que a faz verossímil. Assim, quando o leitor-espectador a compara com a boa opinião que naturaliza seus hábitos de família, reconhece o significado, também reconhecendo que as artes põem em cena o *dejà vu*. Com a convenção de naturalidade, as artes se abrem para as futuras funções de documentação do típico do assim chamado instinto de nacionalidade romântico.

Prefácios não devem ser longos, pois sabe-se que são fúteis, como diz Condillac. Antes de acabar, retomemos algumas linhas. Desde o início, o olho do leitor convergiu para os conceitos do filósofo e foi simultaneamente divertido deles nos dinamismos com que a dramatização produz diferenciações. Viu os quadros de Condillac em ação *de longe*, como a extensão do campo do sensível e da linguagem cultivados ultimamente nos alinhamentos de quadros geométricos. Viu *através* deles, vidro-janela dando para o panorama de lógica e percurso, definição e estiramentos, gêneros e paixões da alma. Viu, sendo visto, *dentro* deles, como olho enquadrado, olho sensibilizado por gestos primitivos da linguagem de ação, olho transferido por imagem metafórica, olho artificializado por signos de convenção, olho de corpo moralmente controlado no intervalo de inatismo e empirismo, natureza e arbitrário, cratilismo e artifício. Principalmente, viu *de fora*, olho-paródia da pretensão iluminista de controlar o sensível fazendo todo pensamento marchar escolarmente em formação moral e cívica. Pois, com o Paradasa da inteligência do sujeito da dramatização, também viu Versalhes da perspectiva do Apadana que convocou estepes de sem-terra mongóis, rústicas *landscapes* de exóticos ingleses na empirista e pitoresca ilha, perspectivas depravadas de Pontormo, anamorfoses cadavéricas de Holbein, alegorias frutuosas de Arcimboldo, tensões de força de Veronese, gêneros múltiplos de Carracci, liberdades livres de Zuccari, cores eloquentes de Rubens, fantasias desatadas de Bernini, conceitos equívocos de Góngora, contrapostos secos de Gracián, agudezas fusionistas de Gregório, diversões divertidas de Mello... Com eles, mais extras excluídos do drama invadiram o teatro de Condillac, legião: as diferenças fúteis dos sistemas filosóficos do século XVII, as diferenças frívolas dos dispêndios dos regimes inúteis, as diferenças amorais dos fins de linha ascendentes, as diferenças abusivas dos usos artísticos não-áticos e as multiplicidades múltiplas dos conceitos distantes do ornato dialético, das escuras alegorias fechadas, das voltas dos hipérbatos, das flores canoras e dos pássaros fragrantes das hipálages, dos despropósitos propositais, das inconveniências convenientes, da variação indefinida das perspectivas, das curvas da anamorfose, dos hermetismos, da luz da sombra – enfim, a diferença vã da cigarra desdenhosa da utilidade do formigueiro gregário, gozando-se no luxo inútil da polifonia.

Atravessadas pelas diferenças fúteis, abusivas e frívolas, as ideias de Condillac continuaram se elevando, sempre retas, cada vez mais nítidas, e avançaram, iluminadas, pelos quadros das páginas até chegarem à outra ponta, a página final deste livro, em que seu conceito agora é a luz total do apagão global por onde a horda impossível de racalque irrompe e aí está.

INTRODUÇÃO

As sensações são vincadas por vertentes. As representações – ideias sensíveis, imagens – progridem e tornam-se noções gerais; a linguagem de ação – grito, gesto, careta – desenvolve-se e transforma-se em língua e linguagem científica; nestas, as ideias deixam de ser representadas, são significadas e classificadas. As faculdades do entendimento progridem com as sensações e as combinam diferentemente: limitadas à representação, são descontínuas e efêmeras, tornam-se relacionais e estáveis quando se constitui o juízo; contínuo e duplo, simultaneamente sensação e proposição, o juízo não rompe a sucessão das faculdades, mas a desloca. Também na sucessão das faculdades da vontade, sobrevém a fixação e a continuidade, ficando o descontínuo e o lábil para trás: paixões e vontade imperativa. Ideias, signos, faculdades do entendimento e faculdades da vontade determinam-se reciprocamente na tensão de um desenvolvimento desigual e combinado, progressismo. A constituição das faculdades não se cinge ao sucessivo uma vez que este se desdobra em acumulação: coroando, o entendimento e a vontade incluem em si as faculdades precedentes. Incluídas no pensamento, as faculdades o compõem como metades; como estas, contém aquelas que as constituem. Pensamento, vontade e entendimento são operações que determinam as precedentes como faculdades, podendo acioná-las em conjunto, algumas delas ou uma só. Principiando como representações confusas, as ideias tornam-se abstratas e gerais: distinguem-se quando são agenciadas sucessiva e tabularmente. Começando sensíveis, os signos espiritualizam-se como língua ou linguagem científica. Gerais, as ideias são palavras que não designam, mas classificam e têm sentido: taxionomia que, distinguindo-as, afasta-as cada vez mais da confusão primicial. Sistema classificatório de ideias e signos que se requintam na simplicidade, sistema operatório de faculdades que se linearizam e se acumulam. Tomadas em conjunto, as sucessões avançam, tensão recíproca; determinando-se umas pelas outras, todas elas, consideradas em seus progressos diferenciais, são causadas pelas carências de utilidade, que as contextualizam: sistema liso de diferenças enquanto a utilidade governa. Áspera comoção, o luxo de frivolidade queima o sistema quando toma o lugar do útil. Os progressos fazem surgir as agenciadoras análise e analogia; distinguindo ideias, a análise encontra a sua parceira, que forma os signos – imbricadas, são o método. Constituem-se progressivamente, à medida que as representações e a linguagem de ação, assim como as faculdades do entendimento e da vontade, desenvolvem-se a ponto de fazer despontar a língua e as ideias abstratas, o juízo e a vontade. Ínscias enquanto a natureza domina, tornam-se método quando o artifício desperta. Agenciando, o método é prescritivo e tira a sua força da natureza à qual, superando, prolonga.

Os agenciamentos querem ser vistos: o discurso fluente evidencia-os nas imagens que produz. Reverso do sucessivo, a imagem é quadro sensível. Ver o discurso é apreender os agenciamentos sucessivos no quadro, artístico ou natural. Valorizando as articulações, a espacialização é determinada por doutrinas e práticas da arte. Avesso sensível da fluência insensível, o quadro conecta discurso e arte, relação cuja arbitrariedade é aparente porque estabelecida pelo tropo e pela figura, a um tempo significação e espacialização, sentidos primitivo e figurado. A Retórica explicita a intersecção do sucessivo e do tabular, do discurso e das suas espacializações trópicas. Desdenhando as questões que ocupam a Retórica do tempo – definições de tropo, distinção de tropo e figura –, Condillac dissolve-a como disciplina. Incluindo-a na Gramática geral como visada, tem por objeto o discurso, classificado em gêneros estilísticos por ponderação de propriedades polarizadas; determina os preceitos do mesmo discurso, que são especificados e combinados; confronta-o com sua forma homóloga, da qual procede e à qual se refere, a arte.

Além da análise do discurso, a Retórica é investida de papel crítico. Demolidora da filosofia, despreza o debate de ideias porque a surpreende como discurso; analisando, explicita-o feito de tropos mal formados. O deslocamento de ênfase é novo e pressupõe a análise das regras que constroem o discurso e a palavra. A análise e a analogia preceituam: encarecimento, não de uma definição de "tropo" e "signo", mas da diferença genética – a etimologia, por derivação, explicita a transformação da referência – e da diferença tabular – a sinonímia, por intersecção do principal e do acessório, determina a especificidade. Genética e tabularmente determinados, o "signo" e o "tropo" remetem às condições de sua produção: devir da linguagem. Operando no plano dos signos a analogia, e no da referência, a análise, o método articula linguagem – língua, linguagem de ação, linguagem científica – e ideia – representação, noção geral.

Espacializando a sucessão, a figura articula o discurso com o visível; relacionar os signos com as imagens não é avançar um paralelismo arbitrário, é explicitar a figura abrindo-a para a arte. Retendo-se apenas as relações mais comuns em Condillac – cor e composição –, a figura introduz formas de visibilidade artística na invisibilidade do discursivo. O tropo quer que se explicite o discurso por imagens: analisar o sistema progressista tanto em sua exposição positiva quanto na negativa do ataque – crítica do Cartesianismo – pede a determinação do olhar. Sendo primeiros os agenciamentos e os dispositivos que agenciam, as formas da arte os sensibilizam. Remeter as noções a essa exigência é ser condillaquiano: em vez de defini-las, determiná--las quanto às suas articulações genéticas e tabulares. Primado das sequências que articulam e que se relacionam entre si e com as carências contextualizadoras; primado da derivação e da etimologia – da analogia – quanto aos signos, e da composição e decomposição – da análise – quanto às ideias. A arte explicita os agenciamentos e, assim, o próprio método, condição teórica e preceito da transparência. Dupla determinação que caracteriza o Classicismo: a arte que espacializa o discurso transparente pauta-se pela translucidez. Ainda que se avance a rubrica, a forma artística concebe-se estilisticamente: a arte é doutrina defendida por Condillac.

CAPÍTULO

I

O começo é sempre um quadro. Tanto as sensações como a linguagem de ação, vertentes do representativo e do sígnico, aparecem como simultaneidade de elementos fundidos; para que a confusão sensível resulte em um outro quadro – em quadro do espírito – e se estabeleça a distinção, devemos desatar o emaranhado que nada faz perceber ou significar. Mas a metamorfose do quadro em nó já acena para o desatamento, em que a indistinção dos elementos tem por avatar o enovelar-se dos fios.

O quadro inicial é coexistência de partes subtraídas ao tempo; como nó, envolve uma temporalidade corretiva, as operações de um desatador. O indistinto pertence ao instante: janela, mas não a do *Quattrocento*, a albertiana, "inscrevo um quadrângulo de ângulos retos tão grande quanto eu quiser, que deve ser considerado uma janela aberta através da qual vejo o que quero pintar"[1], a de um olhar alheio ao tempo, orientado pelo cânon – *costruzione legittima* – que, furando a parede, conforma-se às prescrições dos práticos italianos. Furo que equivale a um vidro, diante do qual o olhar é coagido pela ordem dos pontos de fuga e de distância, das linhas de horizonte e de fuga, rígida construção, que, pouco variando, arma uma inescapável ortoscopia. Mas o olho, cuja varredura do campo assim tem cerceada a vagabundagem, não é apressado pela construção com apenas ser premido, na atemporalidade geométrica, por prescrições relativas aos seus deslocamentos no espaço factício.

---

1. Leon Battista Alberti, *Della Pittura*, trad. J. R. Spencer, *On Painting*, New Haven, Yale University Press, 1966, p. 56.

32 CONDILLAC LÚCIDO E TRANSLÚCIDO

Eclipsado pela *maniera*, o procedimento retoma as suas prerrogativas no Seiscentos, não mais no tatear da pesquisa, mas como aplicação sistematizada. Estabilizada no começo do século XVI, a construção mantém o sentido ordenador, mesmo camuflada nos forros do Padre Pozzo ou explícita na *quadratura* de Tassi (termo que designa a arquitetura ilusionista, cujo embrião se exibe no óculo da *Camera degli Sposi*, de Mantegna, e melhor desenvolvimento se estampa nas paredes do Veronês). E quando o mesmo Pozzo ou, com constância, Tassi, Lanfranco e Pietro da Cortona se aplicam na elaboração da *quadratura* (cuja aparição derradeira será rococó, com Tiepolo), e até quando esta se confina no papel de coadjuvante dos *quadri riportati*, em Annibale Carracci, com idêntica intensidade luz o ilusionismo: transparente, reduplicando, como pintura, a verticalidade dos elementos arquitetônicos em sua ascensão à cena celeste, ou disfarçada ao agenciar as partes de um conjunto, a ordem da perspectiva (à qual Diderot e seus amigos pintores chamarão "composição") comanda a representação de uma multiplicidade, investindo-se o elemento de um papel específico e rigorosamente sendo situado. Tudo em vista de uma unidade hierarquizada, pois o *decorum* seiscentista, não suportando a multitudinariedade da *maniera*, recusa a justaposição isótima que, na diversidade incontável de poses, esfacela, com o medusar da atenção no elemento, a unidade obtida pelo centro de interesse ou da composição.

Não se recobrem o quadro-janela e a janela-quadro; orientada pelo perspectivismo, a janela condillaquiana singulariza-se por introduzir o tempo na contemplação. Embora o panorama possa ser incluído, juntamente com a paisagem íntima e o grande motivo, na categoria geral das paisagens-retratos, realizações dependentes da *veduta* e da perspectiva[2], a visão se rebate no duplo registro temporal em que o instante exclui o tempo linear. Explicitando a ordem, também a janela aberta para a paisagem encarece a disposição de elementos hierarquizados segundo a importância que lhes dá a percepção[3]; muda, entretanto, menos a natureza do cenário – pintura no caso do quadro-janela, paisagem, no da janela-quadro, com ambas igualmentea agenciarem a diversidade a partir de idênticos pressupostos perspectivistas – do que a relação do espectador com a cena. É ao olhar que se atribui a ordem dos elementos da paisagem, sendo sua a operação que subordina o secundário

---

2. II, *La Logique*, p. 374, b 39-p. 376, a 31. A distinção entre as três espécies de *vedute* encontra-se em Jean Starobinski, *L'Invention de la Liberté*, Genebra, Skira, 1964, p. 179.
3. II, *La Logique*, p. 375, a 51-b 15.

CAPÍTULO I

ao principal: discriminação que ao visível cataloga, olho e janela sendo cúmplices no experimento.

Distingue-se também a janela-quadro de outra janela tradicional, a vidraça quadriculada de Dürer; a percepção da paisagem e a captura pelas quadrículas fazendo-se dentro do mesmo critério temporal, divergem, todavia, os modos de ver: a percepção condillaquiana é hierarquizadora, a düreriana, indiferente. Exigindo uma visão monocular fixa (no que Dürer prolonga as investigações italianas), obtida com o emprego de dispositivos que imobilizam a cabeça, transpõe-se o que é visto nas quadrículas para as correspondentes do suporte, onde a mão desenha. Caracteriza a quadrícula o cortar o modelo, deslocando-se o interesse da totalidade hierarquizada ao que se mostra; no caso de um nu, um recorte qualquer, que, descomprometido do orgânico, faz ver tal trecho do colo, do seio, do queixo, como unidade bastante. Não se requer o reconhecimento prévio do corpo, excetuando-se a preferência quanto ao enfoque, capturando a quadrícula não o corpo ou os membros, mas simples zonas justapostas, em que a contiguidade gela o orgânico; e, como o modelo se obtém por justaposição, a vidraça secciona a cena à maneira de um quebra-cabeças em que, apenas operando o recorte e a sua posterior reunião aos demais, prevalece a função abstraente: visão anti-hierárquica, atomização niveladora. Não se abrindo a janela de Condillac para a cena do mito figurado no céu distantíssimo a nos situar numa contemplação afastada do tempo, também recusa a contiguidade dos quadros igualitários. Propondo-se experimental, constrange o espectador a desistir, num primeiro momento, da comodidade de um olhar apoiado na hierarquia e descomprometido do tempo; instalando-o diante de uma janela comandada pelo instante, a esta confere função experimental, uma vez que a própria circunstância vem estipulada. Introduzindo o tempo, a experimentação faz que o acaso, que ronda tudo o que é circunstancial, seja abolido: anelo por uma empiria domada, pois suscetível de repetição[4].

Narrativa e tenebrismo: conduzem-nos, à noite, para o palácio; permanecemos no escuro até que o campo se ilumine com a primeira claridade do sol; abrem a janela para tão rapidamente fechá-la que não podemos varrer a paisagem. Instante: um clarão a cortar as trevas, para, incontinênti, devolver-nos à escuridão. Caravaggismo? Não, porque o claro e o escuro resultam no mesmo: em vez de expor a cena, o clarão a mantém invisível, pois nada podemos discernir numa aparição em que tudo se funde. O instante reduz o

4. I, *Essai*, p. 106, a 1-a 8.

olhar a olhadela ou a êxtase[5]. O estupor do relance dará lugar à plena visibilidade quando o olho dispuser de tempo, do tempo das sucessões[6]. O quadro remete ao instante, mas a sucessão, à linguagem:

Mas do quadro a impressão mais pronta
Reúne num só momento
O que o verso só diz sucessivamente.

La Motte, *Fables* i, xvi.

Volta o tempo dos pintores-geômetras; o exemplo de Condillac tem, para os eruditos do século xviii, dupla orientação: ao referir-se ao instante, o exemplo do campo remete à diferença entre a simultaneidade do percebido e a sucessividade da linguagem, inicialmente operando o quadro como equivalente da confusão instantânea. Ao acenar para o desatamento da confusão, a equivalência se interrompe, tornando-se alegoria, enquanto aproximação enviesada, em que o sensível, decompondo-se, explicita o operar dos signos. Mas por si mesmo não pode o sensível desenvolver-se, o que só aos signos compete[7]. Daí o sentido indireto do exemplo: a linearização é mostrada, cumprindo a alegoria função hipotipótica na passagem do exemplo do simultâneo ao sucessivo, com remeter o quadro à simultaneidade distinta ou confusa de elementos coexistentes. Quanto à sucessão, o exemplo a ilumina obliquamente, de vez que a decomposição do confuso pelos sentidos nem é linear nem estabilizadora dos elementos. Mesmo a iluminação indireta da alegoria pressupõe a estabilização do olhar, cabendo ao tempo dos pintores-geômetras o poder desatar. E desatamos para distinguir o que na paisagem aparece irremediavelmente confuso para a olhadela; ela só se decompõe no tempo: destacam-se inicialmente os elementos principais, depois os secundários, relacionam-se e comparam-se sucessivamente todos os objetos observados, podendo-se assinalar para cada um a posição no conjunto e relativamente aos demais. Ordem enquanto distribuição dos elementos no espaço, em vista da composição final, insistência no procedimento: partir do quadro confuso inicial, decompô-lo, finalizar com a cabal ordenação tabular. Convocamos os que se submeteram ao experimento para narrarem o que viram quando lhes foi dado o tempo da contemplação. O seu relato será pintura, cada qual representando a representação anterior, e a pergunta sobre *aquilo* que viram

5. II, *La Loqique*, p. 375, a 15-a 21.
6. *Idem*, p. 375, a 22-a 36.
7. I, *Grammaire*, p. 436, a 8-a 28; b 46-b 54.

CAPÍTULO I

apenas explicitará o *como* viram. Haverá os que nada farão reconhecer, são os observadores extáticos, incapazes de ordenar os elementos; outros, cujo olhar não vaga pela paisagem, reproduzirão melhor ou pior o que viram, sem deixarem, entretanto, escapar a referência comum: são os que seguem a ordem, classificando os elementos de acordo com a sua importância perceptiva. Os primeiros divagam e nada veem com seu olhar errante, os outros, ao representarem elementos subordinados uns aos outros, fogem o acaso[8].

O dispositivo agenciador das representações e signos tem na paisagem a espacialização preferida; dispositivo de muitos dispositivos, macrodispositivo, agencia os elementos segundo a espacialização geral, caracterizável como quadro-linha-quadro, multiplicando-se os exemplos de cada um dos regimes, que se conectam. Do quadro, tanto o que representa a simultaneidade confusa como o que se detém na distinção dos elementos classificados, três grupos de exemplos se destacam: a paisagem (na qual incluímos o jardim), a pintura e o teatro (que, aqui, apenas por comodidade, engloba a pantomima)[9]. Maneira de catalogar que apenas se justifica por conformar-se à classificação estabelecida das artes, não a enrijecendo Condillac ao aliar os exemplos para melhor iluminar o quadro. Passamos da pintura ao teatro, ao jardim, ao parque, por cima das especificidades quando aproximamos as diversas maneiras de representar: enfeixadas ou isoladas, todas concorrem para o esclarecimento, quer do quadro mesmo, quer da mudança de regime quando o confuso começa a se distinguir.

Primeira faculdade discriminada, a atenção faz do amontoado saltar o elemento; para que ele se acenda, é necessária a intensificação[10] que relegue o restante da cena à escuridão: caravaggismo aplicado às percepções, mas ampliado, pois deslocado da pintura para a cena teatral como ilusionismo – a atenção abstrai uma ação vivaz do conjunto do espetáculo[11]. O operar abla-

---

8. II, *La Logique*, p. 376, a 14-a 31.
9. Destaquemos as seguintes passagens quanto:
    a) à pintura: I, *Essai*, p. 13, a 34-a 51; p. 22, a 11-a 18; I, *Cours d'Études*, "Discours Préliminaire", p. 400, a 8-a 10; I, *Grammaire*, p. 428, a 23-a 34; p. 430, b 7-b 17; p. 431, a 5-a 11; p. 432, a 11-a 20; I, *L'Art de Penser*, p. 723, b 26-b 55; p. 724, b 32-b 36; II, *La Logique*, p. 375, a 41-a 50, b 43-b 50.
    b) ao teatro e à pantomima: I, *Essai*, p. 11, b 20-b 50; p. 12, a 13-a 17; I, *Grammaire*, p. 429, b 21-b 38; p. 443, b 5-b 13; I, *L'Art de Penser*, p. 723, a 28-b 5.
    c) à paisagem e ao jardim: I, *L'Art de Penser*, p. 767, a 39-b 2; p. 775, b 5-b 16; 11, *La Logique*, p. 374, b 39; p. 376, a 31.
10. I, *Essai*, p. 13, a 34-a 51; I, *L'Art de Penser*, p. 723, b 26-b 55.
11. I, *Essai*, p. 11, b 20-b 50; p. 12, a 13-a 17; I, *L'Art de Penser*, p. 723, a 28-b 5.

36 CONDILLAC LÚCIDO E TRANSLÚCIDO

tivo da atenção confina-se no átomo, assim como a faculdade subsequente, a comparação, como simples iterar da primeira, tem que se contentar com idêntica intransitividade[12]. Quando, entretanto, a focalização intransitiva se revela insuficiente, o juízo e, ainda mais, a reflexão, se estendem como luz; incidindo e rebatendo-se incessantemente ao iluminar todas as coisas, a reflexão tece uma rede de relações[13], que, por serem ordenadas, contrapõem-se ao acaso. Por explicitar a ordem, a reflexão se inscreve na diferença entre a visão e a olhadela[14], entre a firme aplicação e o imaginoso divagar, vinculando-se ao jardim que nega o campo.

Grande cenário de *La Logique*, o campo constitui-se na experiência-limite da percepção: a dificuldade que temos em distinguir os elementos do conjunto decorre da instantaneidade da olhadela, incapaz de ordenar os elementos. Daí a importância das prescrições geométrico-perspectivas que regulamentam a construção do jardim francês, ainda dominante na primeira metade do século XVIII. À margem das regras, o campo aparece como desordem, acaso a impedir a concentração[15]; necessitamos de tempo para relacionar e comparar elementos desordenados, destinando-se o cenário ao entretenimento e à imaginação errante. Enclave da volúpia, o campo é o reverso do jardim ordenado da concentração[16].

Olivier de Serres compara a ornamentação dos canteiros ao "tapete da Turquia"[17]: fim do simbolismo renascentista que esculpe a vegetação do canteiro para a livre expansão do ornamento? Antes de mais, a origem turca pode ser questionada: mesmo que admitamos estabelecida a hipótese de serem "natifs de Turcquiye"[18] os jardineiros que desenham os canteiros franceses do século XVI, a designação mesma é equívoca no que se refere à

---

12. I, *Extrait Raisonné du Traité des Sensations*, p. 326, b 42-b 44; II, *La Logique*, p. 384, b 56-p. 385, a 11.
13. I, *Essai*, p. 22, a 11-a 18.
14. I, *L'Art de Penser*, p. 724, b 32-b 36.
15. I, *L' Art de Penser*, p. 767, a 39-b 2. "Combien de choses différentes ne rencontre-t-on pas quelquefois dans une même campagne? Des côteaux abondans, des plaines arides, des rochers qui se perdent dans les nues, des bois où le bruit et le silence, la lumière et les ténèbres se succèdent alternativement, etc. Cependant les poëtes éprouvent tous les jours que cette variété les inspire; c'est qu'étant liée avec les plus belles idées dont la poésie se pare, elle ne peut manquer de les réveiller. La vue, par exemple, d'un côteau abondant retrace le chant des oiseaux, le murmure des ruisseaux, le bonheur des bergers, leur vie douce et paisible, leurs amours, leur constance, leur fidélité, la pureté de leurs moeurs, etc."
16. I, *Essai*, p. 116, b 36-b 50; I, *L'Art de Penser*, p. 775, b 5-b 16; II, *La Logique*, p. 384, b 26-b 49.
17. Marguerite Charageat, *L'Art des Jardins*. Paris, PUF, 1962, p. 130.
18. Marguerite Charageat, *op. cit.*, p. 131.

CAPÍTULO I

primeira metade do século seguinte. Contemporâneo de Olivier de Serres, Pierre Du Pont publica o tratado *De la Stromatourgie ou de l'excellence de la Manufacture des tapis de Turquie nouvellement établie en France* etc., em 1623. Com Simon Lourdet, estabelece a célebre manufatura da qual durante séculos sairão tapetes destinados ao Rei, tanto para o seu uso exclusivo nos palácios como para brindar dignitários estrangeiros. A *Savonnerie*, constituída em 1627, passa a denominar uma produção áulica distinta dos "tapis à la façon de Perse et du Levant". Turco é o procedimento, o artesanato do ponto de nó e o dos materiais empregados na confecção, distinguindo-se a sua ornamentação da oriental[19]. Durante o reinado de Luís xiv, pelo menos antes das dificuldades e dos desastres de guerra, a *Savonnerie*, com o decidido apoio de Colbert, é dirigida por Le Brun, que também desenha os cartões, podendo o tapete entrar nos quadros de um modelo geral de ornamentação, de um "estilo de época", ainda que seja obrigatório considerá-lo, em alguns exemplares, específico; revelando frequentemente um desenho próprio, singulariza-se e ganha um lugar à parte quando confrontado com a decoração de mobiliário, piso, canteiro, parede, tecido.

Quando Olivier de Serres aproxima os desenhos dos canteiros dos que caracterizam o tapete oriental, o comércio com o Levante prossegue intenso. O seu *Théâtre d'Agriculture*, de 1620, é anterior ao tratado de Du Pont; ainda que se possa arguir que o jardim francês é obra dos tempos de Luís xiv, contemporâneo, pois, da *Savonnerie*, também se deve afirmar que Le Nôtre e Le Brun aplicam pesquisas consolidadas na primeira parte do século. De mais, "Turquia" é uma rubrica genérica, podendo acolher toda a produção que se estende da Ásia Central ao Mediterrâneo. Ainda que dos estudos dos especialistas se depreenda o predomínio turco nos fornecimentos à Europa, via Veneza e, depois, Istambul, a geometrização dos padrões pode indicar tanto a Anatólia como qualquer região exportadora em que predomine a tradição turca de desenho, o que estende as fronteiras ao atual Sinkiang. A

---

19. Ian Bennett e outros, *Rugs & Carpets or the World*, Londres, Country Life Books, 1978. A seção dedicada à Europa é de autoria de Isabelle Anscombe: "European Rugs and Carpets", pp. 259--319. O inventário de Mazarino, de 1653, que o texto de Anscombe reproduz em parte, é instrutivo: "Un grand tapis de Savonnerie à fonds noir, dans le milieu duquel il y a une cartouche en ovalle, remplie de fleurs et de fruits, à l'entour de la quelle sont plusieurs branches de feuillages liées ensemble d'où sortent quantité de fleurs, et entre les dites branches il y a pots remplis de fleurs, de pots et de panniers plains de fleurs entre deux petites bordures, l'une ornée de coquilles planches, et l'autre de rozettes bleües et feuilles vertes, le dit tapis long de cinq aunes un seizième, et large de trois aunes trois quarts" (p. 281). Composição e elementos que se emancipam da decoração oriental.

falta de exemplares com valor de testemunho agrava ainda mais a dificuldade do historiador: os exemplares de Marby e do Museu de Berlim, antes tidos remanescentes da produção do xvi para trás hoje se atribuem ao século xviii, confinando-se a pesquisa aos fragmentos, como os de Fostat e Konya e, em direção diversa, aos exemplares figurados, desde o século xiv, pela pintura. São estes os mais valiosos testemunhos, pois permitem até mesmo classificar, distinguindo os estudiosos entre os tapetes "Holbein" e "Lotto", para ficarmos nos exemplos mais salientes. É desnecessário insistir na precariedade do enfoque, que não atende a requisitos primários: questiona-se, com razão, a justeza das reproduções pictóricas e a limitação que daí advém para a análise do desenho, ficando inteiramente fora de cogitação o estudo da estrutura material, critério de toda classificação com visada etnológica, interessada em discriminar as fontes da produção. Com a dinastia sefávida que, a partir do xá Ismail, multiplica as manufaturas, difunde-se a ornamentação áulica persa, atestada desde o século xvi por exemplares espalhados em museus, alguns dos quais destinados à aristocracia europeia, como os "Poloneses". Contaminando o geometrismo turco, a ornamentação curvilínea persa se difunde fundida nos retos desenhos dos Ushak que os Europeus, do século xvi ao xix, muito viram; apesar da diversidade de desenhos dos Ushak, dá-se à Europa o modelo turco de ornamentação, que Olivier de Serres compara com os canteiros dos jardins palacianos.

Ao ser substituído pelo ornamental, o simbolismo, essencial ao jardim renascentista, não se apaga; assim como os tapetes da *Savonnerie*, limitados à decoração, reservam um lugar para os dísticos, também o jardim segrega o símbolo. Não é uma ruptura, a recalcar o simbólico em nome do ornato, mas uma descontinuidade que é deslocamento: o simbolismo abandona os pormenores do canteiro para alegorizar o conjunto ou áreas diferenciadas do jardim. Alegorização dos lugares, simultânea da redução ornamental do canteiro; procedimento contemporâneo da ampliação do jardim e de sua conjugação com o palácio, que vem da segunda metade do século xvi, com Philibert de l'Orme e Jacques Androuet du Cerceau i, marcado por nítido corte da *maniera*[20]. A viragem, porém, ocorre na primeira metade do século xvii, quando Olivier de Serres, antecipando o sistematizador Le Nôtre, enfatiza o ponto de vista como referência obrigatória para a composição do jardim. Não só o canteiro deve ser visto da janela[21], mas as suas dimensões

20.   Louis Hautecoeur, *Les Jardins des Dieux et des Hommes*, Paris, Hachette, 1959, pp. 134-135.
21.   Marguerite Charageat, *op. cit.*, pp. 130-131.

CAPÍTULO I

mesmas se estabelecem considerando-se a distância que o separa do espectador[22]. Atribui-se à janela a função de conectar palácio e jardim, o qual se integra na concepção arquitetônica geral, ampliando-a. Integração que é colaboração: já em Vaux-le-Vicomte trabalham juntos o arquiteto (Le Vau), o pintor (Le Brun) e o jardineiro (Le Nôtre). A conjugação do palácio e do jardim, que resulta numa concepção unitária, pressupõe um embasamento teórico comum, os estudos que sistematizam a perspectiva, desenvolvidos na primeira parte do século, sobretudo por Salomon de Caus, Desargues, Bosse e Nicéron. A janela estipula o ponto de vista do Príncipe que, do palácio, o contempla e assim codifica o olhar exterior, já tematizado pelo XVI italiano. Ao mesmo tempo, expandindo o perspectivismo de maneira específica, o jardim, de cenário a ser visto do exterior, torna-se uma multiplicidade de cenas imanentes, de pontos de vista variados, previstos para quem nele passeia. Ao mostrar o andamento das obras a Luís, Le Nôtre indica os sítios perspectivistas que se abrem para uma multiplicidade de cenas ordenadas[23]; anexa-se o jardim ao Classicismo que toma conta da arte francesa: racionalismo da beleza pela submissão da multiplicidade à unidade e harmonização correlata de partes proporcionalizadas. Generalização de preceitos, antes isoladamente enunciados, como a vaga prescrição geométrica de um Le Muet – "a bela ordenação consiste na simetria" – referência cara a Condillac um século depois[24]. Ordenação que em Le Nôtre se dá como subordinação dos porme-

---

22. Louis Hautecoeur, *op. cit.*, p. 147.
23. Louis Hautecoeur, *op. cit.*, pp. 152-153.
24. *Idem*, p. 146. Citemos o excerto do *Jardin de Plaisir*, de André Mollet, que Hautecoeur transcreve às pp. 138-139: "À la face de derrière de ladite maison doivent être construits les parterres en broderies près d'icelle, afin d'estre regardez et considérez facilement par les fenestres, sans aucun obstacle d'arbres, palissades ou autres choses hautes qui puissent empêcher l'oeil d'avoir son estendue. Ensuite lesdits parterres en broderies se placeront les parterres et compartiments de gazon, comme aussi les bosquets, allées, palissades hautes et basses en leur lieu convenable, puis faisant de sorte que la plupart desdits allées aboutissent en se terminant toujours à quelque statue** au centre de fontaine et aux extrémitez desdits allées, y poser de belles perspectives peintes sur toile, afin de les pouvoir oster des injures du temps quand on voudra" (cf. I, *Essai*, p. 16, a 40-a 42). Os canteiros bordados ("en broderies") sugerem o relacionamento entre tapete e jardim, ainda que isso nos faça crer numa verdade da metáfora, segundo a qual a ornamentação do terreno corresponde a um sentido figurado, cujo sentido primitivo deve ser procurado na estromaturgia. Ainda que tal afirmação confirme Olivier de Serres, não passa de puro ludismo, de inspiração clássica e, ainda mais, condillaquiana. Quanto à simples oposição entre simbolismo e ornamentação é indiscutível que seja forçada. Tema controverso quer no que se refere à arte dos jardins clássica; quer, sobretudo, no que concerne o domínio mesmo do tapete: aqui a desinteligência é a regra. As estátuas, alegorizando, indicam o senhor do lugar de uma área determinada do jardim (cf. Marguerite Charageat, *op. cit.*, p. 147). Os vasos e outros elementos que ornam o jardim funcionam como realçadores da perspectiva.

nores aos traçados reguladores e à perspectiva, criadora de cenários, que os Bibbiena, como Serlio no xvi, desenham para o teatro francês. Ilusionismo que o jardim inclui em Vaux e, de modo decidido, em Versalhes; na multiplicação dos sítios perspectivistas que teatralizam os lugares do jardim nada pode ser fruto do acaso, prescrição primária da doutrina[25]. Coordenadas, as cenas não são feitas para a divagação: estendendo a afirmação de Lucien Corpechot, para quem Le Nôtre é o inventor do "jardim da inteligência", além dos pressupostos construtivos – geometria, perspectiva, óptica, hidráulica –, afirma-se o condillaquiano jardim *para* a inteligência quando se encarece a atenção e a reflexão. O espírito não pode divagar, de vez que a coordenação dos sítios obriga o olhar a varrer os cenários dentro das coerções ortoscópicas que exigem o máximo de concentração.

Por campo nem sempre devemos entender vegetação rasteira a perder-se de vista, à exclusão de manchas arbustivas e arbóreas; para os condillaquianos, menos ainda, porquanto a passagem da *Art de Penser* há pouco citada o contradiz. A monotonia das pastagens não convida à divagação, mas ao que Starobinski define como o reverso do prazer fugaz, a sombra que este não pode deixar de projetar no ato mesmo em que se afirma: o tédio[26]. A perseguição que o *spleen* move ao prazer, aridez que sobrevém às intensidades exaltadas, confere ao campo condillaquiano o sentido de variedade, de volúpia, capaz de abrigar até o inverso sentimento arcádico. O Classicismo subordina a variedade à unidade que, como confluência do diverso, resulta na contenção, no prazer da inteligência. O modelo inglês – as paisagens de Constable figuram a libertação da diversidade das coerções do Um –, embora associe a casa (ou palácio) ao campo, não obedece, desde Bridgeman, William Kent e Lancelot "Capability" Brown, ao padrão francês. Pois o campo é parque, o qual designa originariamente a gleba, comumente bosque, cercada para proteger os animais de caça[27]. A mudança do significado de *park* corresponde à conhecida mutação da sociedade inglesa: como na França, o palácio se ergue sobre os escombros do castelo-fortaleza; essencial para a transformação é a expansão dos cercamentos, acelerada no século xviii. O ajardinamento da gleba se inicia no xvi, mas a alteração da paisagem vem de longe, como os cercamentos: aldeias inteiras são deslocadas quando não expeditivamente arrasadas, com o que a aristocracia fundiária

25. Marguerite Charageat, *op. cit.*, p. 154.
26. Jean Starobinski, *op. cit.*, pp. 39-41 e 54.
27. W. G. Hoskins, *The Making of the English Landscape*, Londres, Penguin Books, 1977, p. 169.

CAPÍTULO I

do XVIII expande o parque para, a seguir, ajardiná-lo. Recusa-se a ordenação francesa; sendo consideradas artificiais a perspectiva e a geometria, chega William Kent ao extremo oposto quando, para tornar natural o jardim, introduz na mancha uma árvore morta[28]. Para Kent, o parque se transforma em quadro de paisagem, *landscape*; mais pintor do que jardineiro, critica a excessiva regularidade do jardim francês, inspirando-se em Salvator Rosa, Ruysdael e Poussin[29]. Família para nós contraditória, mas que dá uma direção pictórica ao enfoque de Kent; com Bridgeman, projeta para Stowe uma paisagem, multiplicando os bosquezinhos, tornando irregular a fonte octogonal existente, abrindo sendas para obter cenas variadas[30]. A recusa das regras da geometrização desemboca na valorização do irregular, que passa a determinar a escolha das cenas e dos pontos de vista. A "Capability" Brown se deve Blenheim: mais jardineiro do que o pictórico Kent, estende um gramado diante do palácio, para, adiante, por represamento, formar uma lagoa muito mais extensa do que a de Stowe, e distribui irregularmente as massas de árvores[31]. A variedade adquire um sentido antigeométrico, funcionando o conjunto como referência para o pitoresco e o romântico. Não se determinando pelas coerções matemático-perspectivas, os sítios e as cenas passam a considerar a surpresa como assunto, sem que a irregularidade negue a ordem e a harmonia[32]; não são, certamente, as surpresas dos jardins maneiristas, com suas grutas, esculturas imprevistas ou banhos de água, mas um novo sentido que se atribui à ordem. Para um filósofo como Condillac, o modelo francês de jardim ilumina a reflexão como relacionamento ordenado de elementos que a concentração atentamente destaca, em oposição à volúpia do parque inglês, campo da divagação, deriva do olhar encantado e surpreso[33].

28. Marguerite Charageat, *op. cit.*, p. 162.
29. Louis Hautecoeur, *op. cit.*, p. 171; W. G. Hoskins, *op. cit.*, p. 174.
30. Louis Hautecoeur, *op. cit.*, p. 172.
31. W. G. Hoskins, *op. cit.*, pp. 174-176.
32. *Idem*, p. 176, em que Hoskins transcreve passagem do Guia de Burghley House, de 1797. É curioso o elogio de "Capability" e nova a concepção de ordem e harmonia: "it was the genius of the late Launcelot Brown, which, brooding over the shapeless mass, educed out of a seeming wilderness, all the order and delicious harmony which now prevail. Like the great Captain of the Israelites, he led forth his troop of sturdy plaints into a seemgly barren land; where he displayed strange magic, and surprised them with miracle after miracle. Though the beauties, with which we are here struck, are more peculiarly the rural beauties of Mr. Brown, than those of Dame Nature, she seems to wear with so simple and unaffected grace, that it is not even the man of taste who can, at a superficial glance, discover the difference".
33. Louis Hautecoeur, *op. cit.*, p. 162.

O quadro exemplifica tanto a percepção em seu início como a geração da linguagem, o que se deve à representatividade do signo, manifesta na expressão das imagens sensíveis pela linguagem de ação[34]. Assim que começam a desatar, os espectadores decompõem o que a ação apresenta de uma só vez; a rapidez e a fugacidade da linguagem de ação fazem que consideremos os espectadores exímios pintores, pois, como estes, desatam o complexo-confuso que para eles se representa[35]. Apenas aqui pode propor-se a pantomima como exemplo; já linearizados, os signos se desenrolam sem perder contato com a natureza: recusa da arbitrariedade do signo apoiada na motivação que, por sua vez, se legitima com a analogia. A pantomima explicita a inteligibilidade de uma linguagem sem palavras, de que todo resquício de arbítrio se ausenta: por articular os signos e a natureza, podem os espectadores apreender o sentido dos gestos[36]. Restringe-se a voz: os gestos e as caretas sucessivos atribuem à pantomima o exemplificar o movimento dos signos visíveis.

Quando na confusa unidade do instante se delineia o desatamento, as referências espacializantes dão lugar ao emaranhado a desfazer, ao nó cujas pontas alteram o registro: o confuso torna-se intricado, o instante se muda em tempo linear, o espectador se metamorfoseia em desatador. A natureza mesma desencadeia o processo que a deixa para trás, e o que nela aparecia como coexistência de indistintos começa a oscilar, pois a decomposição, inicialmente lábil e atômica, prepara a sucessão. O quadro vai desaparecendo com a linha, as sucessões e séries arrancam a alma do estupor para, aos poucos, fazê-la aceder às faculdades superiores do entendimento, às línguas e às ideias distintas. A natureza se artificializa: a arte não é mero resultado, mas o caminho mesmo da decomposição, cabendo-lhe estabelecer os signos e as representações em seu artificialismo de fios: raciocínio, vontade, ideias distintas, línguas e linguagens científicas. O fio que é desatamento sucessivo das faculdades contidas na sensação e na carência, das ideias de que somos capazes, ou dos signos de que necessitamos para a linearização do sensível, nos conduz da opacidade em que nascemos à distinção terminal. Não há vazios entre os termos: da confusão sensível à taxionomia multiplicam-se os quadros intermediários, cada vez mais distantes do começo, cada vez menos sensíveis, embora sempre ligados à sensibilidade. A ênfase recai na linha;

34. I, *Grammaire*, p. 432, a 11-a 20.
35. *Idem*, p. 430, b 7-b 17.
36. *Idem*, p. 429, b 21-b 38; p. 443, b 5-b 13.

CAPÍTULO I

não basta compor quadros crescentemente abstratos, importa que eles nunca deixem de se encadear: o tabular subordina-se ao sequencial[37].

Embora as progressões e proporções emparelhem como fundamentos da matemática, Condillac privilegia as primeiras para exemplificar as sucessões[38]. A preferência pelas progressões – aritméticas, por adição ou subtração, ou geométricas, por multiplicação ou divisão – decorre de seu funcionamento paradigmático quando se destaca, para as ideias, a linearidade dos agenciamentos. Pois, nas progressões, pode-se determinar qualquer termo da sucessão a partir de um primeiro e da razão[39]: na progressão aritmética, cada termo é o primeiro mais ou menos a razão, iterada tantas vezes quantos forem os termos precedentes; na geométrica, qualquer termo é o primeiro, multiplicado ou dividido pela razão, elevada à potência cujo número é igual ao dos termos que precedem[40]. Crescentes ou decrescentes, aritméticas ou geométricas, as progressões consistem num conjunto de termos ordenados por uma regra fixa, tal que, conhecidos o termo e a razão, a sucessão possa ser estabelecida. Linguagem, ideias, método: linearmente considerados, submetem-se ao paradigma das progressões[41].

Não devemos generalizar o modelo, tornando-o exclusivo do progressismo; a escolha das progressões, na exemplificação do agenciar sucessivo, não afasta outros paradigmas, em particular as séries, distintas das sucessões; enquanto estas consistem num conjunto de termos ordenados por uma regra constante, as primeiras introduzem a adição: toda série é formada pela soma sucessiva dos termos componentes, requerendo-se o estabelecimento do termo geral e dos critérios básicos da convergência ou divergência. Condillac as aplica às operações da alma que, começando pela simples sensação, atinge, por etapas que se adicionam, o entendimento, faculdade que inclui as precedentes[42].

As séries e as sucessões nem definem um modelo geral nem se aplicam mecanicamente aos diversos domínios de reflexão pois funcionam de maneira restrita ao exemplificarem tudo o que é sequencial. Estudadas pelos ma-

37. I, *L'Art de Penser*, p. 726, b 33-b 44.
38. II, *La Langue des Calculs*, p. 450, a 39-a 52.
39. *Idem*, p. 451, a 1-a 9; p. 450, b 25-b 44.
40. *Idem*, p. 450, b 30-b 34.
41. I, *Essai*, p. 41, a 9-a 37; p. 41, b 34-p. 42, a 19; p. 110, b 33-p. 111, a 7; I, *L'Art de Penser*, p. 731, a 15-a 44; p. 731, b 23-p. 732, a 19; p. 763, a 54-b 1.
42. II, *La Logique*, p. 385, b 45-p. 386, a 5.

temáticos dos séculos XVII e XVIII, como Taylor, D'Alembert e McLaurin, são agenciadoras em Condillac; aliam-se a outros paradigmas locais, o mais das vezes matemáticos, como a combinatória, presente nas composições, e, mais restritamente ainda, os sistemas de equações, no relacionamento do conhecido e do desconhecido[43], ou a análise infinitesimal, nas variações em que o infinitamente pequeno diferencia o imperceptível, que confunde as classes médias, o gênio, os gêneros de discurso, tudo o que intervalarmente varia[44]. Excetuadas as incidências puras dos paradigmas, passa-se de uns aos outros sem temor, com ênfase constante no sequencial e no combinatório, orientados para a composição e a decomposição: o sequencial ilumina tanto a ordem dos agenciamentos compositivos (quando o combinatório também opera tendo em vista a taxionomia) como a dos decompositivos, pressupostos de qualquer classificação ulterior[45]. Com fornecer exemplos, a matemática singulariza-se frente aos demais paradigmas porque lhes acrescenta o papel de repto: assediam-se a moral e a metafísica com uma forma de conhecimento cuja linguagem é exata, e os agenciamentos sensíveis se mostram[46]: Normatividade que não exclui, todavia, uma discussão abrangente dos seus procedimentos, revelada no desdém pela síntese, mais notável na geometria do que na aritmética e álgebra. Exemplaridade que se estende além do progressismo e da exatidão, e destes decorre: a linguagem; a precisão dos signos matemáticos se gloria no gradualismo da abstração, que nos faz passar dos mais sensíveis – os dedos – aos que menos o são – as letras da álgebra – sem que percamos o fio que une os mais rarefeitos à sensibilidade[47]. Embora as virtudes se somem, a matemática não se eleva a método geral: limitado ao papel provocativo e crítico, o paradigma não conflita com a supradisciplinariedade do método, arte que procede da natureza e a ela se atém, cabendo a cada domínio de conhecimentos explicitar a justeza do operar: assim como há análise matemática, também existe a da física, metafísica etc., à sua maneira cada qual recomendando a arte geral[48]. Especificamente matemático é o paradigma da linha, assim como a pintura, a arte dos jardins ou da cena o são do quadro, nenhuma privilégio metodológico podendo arrogar-se os exemplos.

43. II, *La Logique*, p. 410, b 11-b 20.
44. I, *Essai*, p. 18, b 24-b 47; I, *L'Art de Penser*, p. 727, b 1-b 26; I, *L'Art d'Écrire*, p. 601, b 1-b 31; II, *La Logique*, p. 380, b 34-b 44.
45. I, *L'Art de Penser*, p. 731, a 15-a 44; II, *La Langue des Calculs*, p. 426, a 6-a 22.
46. I, *L'Art de Penser*, p. 745, a 31-b 4; p. 775, b 39-b 54; II, *La Logique*, p. 406, a 6-a 22.
47. II, *La Langue des Calculs*, p. 421, a 5-a 38.
48. II, *La Logique*, p. 407, a 1-a 19.

CAPÍTULO I

Não basta definir as regras e os termos de uma sequência: é preciso que a língua comece com palavras que todos entendam. Sempre somos principiantes, destinatários de uma instrução que não distingue entre nós mesmos e o Infante de Parma: apesar das restrições aos signos em uso, é melhor a eles nos adaptarmos do que nos deixarmos seduzir pela gíria dos filósofos[49]. Daí o constelar de palavras comuns que iluminam os sequenciais, também comuns, "começo" e "caminho": o enxamear dos "bom caminho", "via", "estrada", "primeiros passos" indicia sempre o termo inicial e a regra de engendramento dos demais, sejam eles seriados ou simplesmente sucessivos. Instados a comandar a geração de qualquer sequência, o começo e o caminho estabelecem os termos, não justapostos ou agregados por conexão exterior qualquer, mas engendrados por regra de formação; como na numeração, que parte do conhecimento da unidade e da razão = 1 para formar os sucessivos da dezena, o 2, o 3 etc.[50], também no que concerne às ideias, línguas, método, devem determinar-se o começo e o caminho de modo a conformar-se a sua geração à regra que desenvolve o ponto de partida.

Geração progressiva, que se exterioriza como linha contínua, pois, recusando-se saltos, funcionam as conexões entre termos como transmissões e transições[51]. É conexão "forte": mantida uniforme a regra, cada termo gerado exige o subsequente, salvaguardada, ao mesmo tempo, a possibilidade de volta ao começo; entretanto, por força da irreversibilidade do ponto de partida, o vínculo é de subordinação, em que o primeiro termo é absoluto e relativos os demais[52]. Absoluto, o começo é totalmente determinado, quando nenhuma relação é ignorada (ainda que frequentemente a exaustividade seja apenas suposta); herdando essa propriedade do começo, os termos subsequentes não caem na indeterminação à medida que se afastam. Atendido o requisito da determinação, e com não se admitirem saltos, apaga-se da sequência qualquer vestígio de incongruência que possa comprometer a boa formação[53]. Como as prescrições se aplicam à linearização dos termos, ganham as sensações poder genésico, engendrando faculdades e ideias, e a linguagem de ação, línguas e linguagens científicas. Lineares, as prescrições se rebatem no quadro mesmo, o qual, conquanto se distinga da linha, toma a figura de nó porque se propõe como algo a ser desatado. Originário, também

49. I, *Essai*, p. 106, a 18-a 49.
50. II, *La Langue des Calculs*, p. 421, a 13-a 30.
51. I, *Grammaire*, p. 438, b 40-b 49.
52. II, *La Logique*, p. 407, a 1-a 12.
53. I, *L'Art de Penser*, p. 769, a 36-a 59.

se considera começo, não como linha porém, antes como o que se manifesta diverso para ser superado.

Posto o originário – sensações e linguagem de ação –, também se propõem as regras do progresso. Com ser transitivo, contínuo e acumulador, o progressismo dá ao caminho o sentido de gradualismo e complexificação, sendo pertinente o modelo matemático. Se as progressões, em particular as aritméticas, exemplificam o gradualismo no desenvolvimento dos termos a partir de um primeiro e da regra, as séries dão o modelo das sequências em que a soma explicita o aumento das determinações em qualquer ponto do percurso. Por acumularem, as séries interessam mais do que as simples sucessões, uma vez que não se reduz o progresso ao um-depois-do-outro regrado. Recebe a ordem outro matiz, o da acumulação gradativa e regrada, com exclusão do simples amontoar, do mercantilista entesouramento sem progênie.

O começo é simples e sensível: todas as faculdades do entendimento se desenvolvem a partir da atenção, elemento que salta da massa das sensações; os signos se vão emancipando da estreiteza da linguagem de ação; começando individuais, as ideias se generalizam e com o tempo se desatam como espécies de gêneros; as faculdades da vontade, principiando pelas carências, progressivamente se afinam e se diversificam. Afetando todas as sequências, a complexificação gradual assegura o duplo sentido do percurso, pois o compor e o decompor, que se exercem na dupla mão, constituem o método mesmo, a análise que só como ir e vir se concebe[54]. Não erra a análise nas passagens que a levam a compor e decompor porque se dobra à ordem; marcando o tabular e o sequencial, a taxionomia e o progresso, a ordem garante a adesão do quadro à linha, não se admitindo, quanto às ideias e aos signos, progresso que não resulte em classificação nem classificação que não seja progressiva: é o sistema como quadro móvel[55], espacialização de uma inteligibilidade principialmente cabal, transparência de um cabedal em que se lê o progresso dos conhecimentos adquiridos.

Sucessiva ou serial, a sequência origina-se do quadro confuso e instantâneo; já isolados os seus elementos, a análise os complexifica como fio de quadros distintos; decompondo o amontoado sensível, é ela o princípio mesmo do devir das distinções. Motivo arborescente[56]: as sequências são cadeias, de

54. I, *Cours d'Études*, "Précis", p. 411, b 10-b 15.
55. II, *La Langue des Calculs*, p. 427, b 18-b 24.
56. I, *Essai*, p. 17, b 27-b 47.

CAPÍTULO I

cujos anéis partem outras, àquelas subordinadas, configurando o conjunto o progresso do linear que se desdobra em tabular. Mas é a linha que predomina: não só devido às ambiguidades que pesam sobre o quadro – distinto ou confuso –, mas porque o arremate mesmo na distinção, que se atribui à taxionomia, é feito primeiramente na linha e pela linha; ênfase no sequencial que não diminui o combinatório: se a arborescência se desenvolve porque enxertada numa genética filiforme, ainda é ela que espacializando distingue.

As conexões devem ser fortes para que os anéis façam as passagens nos dois sentidos e de ponta a ponta da cadeia. Por "força" não se entende uma ligação das ideias que as cimente, a ponto de impedir que se isolem os elementos de uma multiplicidade: como ordem bastante flexível para admitir o complemento da agradabilidade, a força assegura transmissões sem saltos. Aliada à imaginação, a atenção desatadora faz que o agrado não envenene a análise: classe que, submetendo a beleza à ordem, a imaginação à reflexão (em sua unilateralidade de atenção iterada e combinada), tempera os termos antitéticos para evitar tanto a imbecilidade, presa do cimento, como a loucura, desatada ligação[57].

Decompomos apenas para recompor[58], linearizamos para classificar, e ao trocarmos a coexistência sensível pela espiritual, relacionamo-las para que a diferença de regime não caia em simples acoplamento, mas glorie a continuidade genética; embora as decomposições natural e artificial difiram como o átomo da linha ou como a evanescência da duração, o desatamento, com variar, permanece princípio. Notável, todavia, a variação: artificial nem sempre é o signo, mas a sequência. Faz-se a decomposição tanto no quadro como na linha, mas apenas nesta, a distinção; abrangente aquela, esta, específica, e quando se passa do natural ao linear o decompor exalta o distinguir. Uma oposição irredutível entre os dois compromete a ordem do progressismo como também do classicismo; sem metamorfose não há progresso, com o rivalizar, arte e natureza competem, desvinculando-se o artifício da sua antecedência sensível. Recusa da emulação: prolongamento do natural, a arte desenvolve as potencialidades do corpo no contexto do refinamento das carências naturais[59]; máquina que difere do natural[60] ou conjunto de regras

57. I, *Essai*, p. 18, b 24-p. 19, a 10.
58. II, *La Logique*, p. 376, a 32-a 43.
59. II, *La Logique*, p. 393, a 28-b 15.
60. III, *Dictionnaire*, verbete "Artifice", p. 58, b 19-b 20; verbete "Nature", p. 398, b 19-b 36.

48 CONDILLAC LÚCIDO E TRANSLÚCIDO

que a ele se aplicam[61], o artifício e a arte exprimem a ordem da natureza que os determina porque os engendra, assegurando-lhes, ainda, um decompor exato, superior ao do natural[62]. Saindo da natureza, o artifício não a perde quando sobre ela se exerce, e a decomposição, desde o começo operante, se estende à arte quando considerada em seu sentido lato; no estrito, entretanto, coincide apenas com o primeiro regime, liberando átomos fugazes, pois a ulterior distinção a apaga por se efetuar como linearização dos signos artificiais.

Afina-se o dispositivo quadro-linha-quadro: não se salta do primeiro à segunda, uma vez que nem o sequencial repentinamente irrompe nem o estupor é inércia. Passagem de um a outra: lusco-fusco em que tudo é inconstância e labilidade, ainda é a natureza, mas avançada; os sentidos decompõem, as faculdades começam a progredir como atenção, reminiscência e comparação, os signos se acendem no instante, intermitência generalizada. Domínio da imagem que se tornará ideia apenas quando decomposta pela linguagem[63] e das primeiras faculdades, operantes no momento, que se estabilizarão nas formas superiores com o subsídio dos signos[64]. Anunciando o juízo que, por carecer da língua, não se pode afirmar para ainda fazer surgir as faculdades restantes, a comparação se retém no sensível; intermitente como a atenção, limita-se a comparação a iterá-la, encontrando-se ambas com a igualmente passageira reminiscência[65], só se fixando as faculdades subsequentes quando operarem com os signos articulados da língua.

A classificação dos signos em acidentais, naturais e de instituição, no *Essai*[66], reafirma o macrodispositivo; devemos considerá-la, com Sylvain Auroux, associada e, ainda mais, caudatária do devir mesmo dos signos[67], com a especificação de, aqui, a rebatermos nos agenciamentos do dispositivo. Enquanto os instituídos remetem ao artifício, os primeiros se inscrevem na natureza, sendo precaríssimo o signo acidental: como coisa que desperta a percepção, ele deve tudo à exterioridade das circunstâncias que o vinculam à representação[68]. Efêmero, desfaz-se o liame com a menor alteração das circunstâncias: à sua mercê, não podemos, em nossa irremediável passividade,

---

61. *Idem*, verbete "Art", p. 57, b 34-b 35.
62. II, *La Logique*, p. 376, a 59-b 22.
63. II, *La Loqique*, p. 398, a 7-a 43.
64. I ,*Grammaire*, p. 429, a 43-a 47.
65. I, *Essai*, p. 19, b 8-b 15.
66. *Idem*, p. 19, a 33-a 43.
67. Sylvain Auroux, *La Sémiotique des Encyclopédistes*, Paris, Payot, 1979, pp. 29-30.
68. I, *Essai*, p. 19, a 33-a 37.

CAPÍTULO I

tornar qualquer iniciativa para deter a fugacidade da coisa que nos excita. O peso da circunstância e a casualidade da ligação, que brilha para logo se obscurecer, dá à alma o modelo da criança isolada[69], tendo restringidas as operações à percepção e atenção quando desperta, e à reminiscência, que representa, enquanto duram, as circunstâncias[70].

Com os signos naturais muda o cenário: recuam as coisas-signos, a alma começa a participar na significação; o poder do exterior dando passagem ao poder de exteriorizar, relacionam-se, não mais a coisa com a percepção, mas o grito com o sentimento, novos polos, já da significação natural. De passiva, quando acordada pelas coisas, ganha duplo movimento a relação com o despertar ativo da alma: primeiramente, como mera exteriorização de afetos, o grito nada excita, apenas prolonga; ao despertar sentimentos, perde o caráter de efeito da intensificação afetiva, mudança ainda insuficiente para a metamorfose da exteriorização em signo. Pois apenas a repetição fixa os polos na imaginação, devendo incansavelmente iterar-se a experiência da alma. Suspensa ao acaso das circunstâncias que manifestam o som[71], a relação permanece circunscrita aos signos acidentais e naturais; quando se desenvolver o hábito de associá-los, fixar-se-á a relação entre o signo e a representação, podendo a alma por vez primeira dispor da linguagem. Enfatizando o progresso, os signos naturais não se perdem na acidentalidade pura: passagem dos estritamente casuais aos artificiais, o grito já se acerca da alma ativa posto que a sua emissão provém do que, para ela, já é menos distante, o corpo, a boca, o aparelho fonador.

Os signos naturais apenas se emancipam do acaso na pantomima, quando a criança solitária se desdobra para deter a relação fugaz do grito com o sentimento. Se as primeiras faculdades se desenvolvem no isolamento, a apropriação dos signos exige uma experiência comunitária, em que ao grito se acrescenta o gesto sensibilizador[72], essencial à fixação dos polos. Aperfeiçoam-se reciprocamente signos e faculdades com o desenvolvimento da memória e imaginação[73]. Reunidas essas condições, podem os parceiros, investidos dos papéis de emissor e ouvinte, transformar em signo o que inicialmente aparece como simples efeito, ou expressividade. Reconhecendo na expressão do emissor os sentimentos deste, aprende o ouvinte a inverter os

69. *Idem*, p. 60, b 7-b 33.
70. *Idem*, p. 60, b 7-b 18.
71. I, *Essai*, p. 19, b 19-b 38; p. 61, a 33-a 41.
72. I, *Essai*, p. 61, a 3-a 20.
73. *Idem*, p. 61, a 41-b 22.

papéis, transformando-se, no aprendizado, o grito e o gesto em signos de re-conhecimento. Experiência que, ao mesmo tempo, instaura a intersubjetivi-dade, pois, partindo de uma relação pré-reflexiva e pré-intencional, atingem os parceiros conhecimento não instintivo dos afetos. Fixando-se a relação entre o sentimento e a ação, recua o acaso no qual se inscreve a empatia ini-cial para saltar, nova, a intelecção[74].

A capacidade de dispor dos signos é a condição das línguas, e a lingua-gem de ação, cujos signos emissor e ouvinte fixando instituem, apenas se es-boça, como requisito sequencial, no *Essai*. Sem desenvolver explicitamente a passagem da ação à língua, o *Essai* se restringe ao âmbito da gênese absoluta e aos primeiros passos, diferindo da *Grammaire* e *La Logique*, que já princi-piam pela linguagem de ação, desprezando as preliminares da significação. É como se não se concebesse o vazio de sentido, uma geração do nada; o gosto pelas continuidades proporia, pelo contrário, a costura dos textos, partindo a *Grammaire* e a *Logique* dos resultados do *Essai*. Sendo impensável em Con-dillac um universo desde o começo dotado de sentido, a primeira hipótese é vã; mais importante é a inversão na ênfase das modalidades da ação: enquan-to o *Essai* relega o gesto a coadjuvante do grito, nos textos posteriores é a voz que recua a condição de auxiliar do gestual[75]. Subsiste a parceria, mudam os papéis e a linguagem, transformando-se o par emissor-ouvinte, do *Essai*, em ator-espectador. Se, antes, emissor e ouvinte progrediam da empatia à inte-lecção, estabilizando a relação entre grito e afeto, os novos parceiros encenam metamorfose diversa: agora é a do quadro, que representa simultaneamente o que é simultâneo no sentimento, em linha, que decompõe a imagem sen-sível. Do esquema anterior persiste a ênfase no receptor, verdadeiro autor da transformação, posto que incumbido de desatar o quadro que o ator expri-me com gestos e caretas; eminência a ser compreendida pelo apassivamento da compreensão no sensível, a atividade sendo apenas determinante a partir das faculdades relacionadas com os signos artificiais. Na pantomima, não interessa ao receptor a sucessão de quadros sensíveis que, longe de elucidar, antes aumenta a confusão inerente a cada um; sequenciar representações não é desatar, mas embaraçar o espectador ainda mais. A este efeito multiplica-dor contrapõe-se o exemplo da janela, diante da qual o espectador desata ao destacar e relacionar os elementos principais, depois os secundários que com eles se ligam, para compor, aos poucos, um quadro de distinções: disposição

74. *Idem*, p. 61, a 33-a 56.
75. I, *Grammaire*, p. 429, b 21-b 38; p. 443, b 5-b 13.

de elementos subordinados na hierarquia, a ser oposta a um encadeamento que apenas intensifica o confuso inicial[76]. Essencial é que, na pantomina, com a repetição dos quadros do ator, aprende o espectador a decompô-los; aplicando a si mesmo o procedimento, capacita-se como ator e assim apaga as fronteiras entre os papéis[77]. Na reversibilidade, instaura-se uma comunicação de iguais, atores e espectadores os dois; ao mesmo tempo, para que haja aprendizado, desata-se o quadro, e a linha nascente metamorfoseia o confuso em distinção. Daí o duplo regime da linguagem de ação: enquanto opera como quadro, pertence à natureza; quando se lineariza, torna-se artifício[78] e referência de toda língua futura à procura de origem[79].

Na relação dos parceiros, predomina a recepção, a passividade natural exigindo o começo pelo exterior. Conquanto se afirmem duas espécies de exterioridade, a da coisa lábil, circunstancial e assim superior à alma e dela independente, e a que se manifesta no desdobramento da criança, não se propõe a descontinuidade. O inacessível da primeira e o apropriável da segunda são momentos distintos, porém sucessivos, caminho que conduz do máximo afastamento à plena comunicação no elemento da parceria; embora a primeira exterioridade nada ensine por força do acaso da circunstância, e a segunda se proponha pressuposta de todo o aprendizado futuro, o gradualismo lhes dá o caráter de requisitos, estabelecendo-se assim uma relação linear de condicionante e condicionado, na qual se revelam complementares e inseparáveis. Pois é o périplo da alma que as exterioridades balizam: iniciando-se com a inacessibilidade dos signos acidentais, dela se aproxima o exterior na forma natural de exteriorização dos sentimentos, para atingir os artificiais na linguagem de ação linearizada. Como a pantomima, exercício da linguagem de ação artificial, só recobre a última espécie, nada impede que ela se estenda, como modelo, às precedentes, uma vez que a parceria nela se pensa sem referência compulsória ao artificialismo que a constitui.

No *Essai*, o grito aparece como condição e referência dos sons articulados, mas a passagem mesma não se explicita: não se tematiza o conjunto de regras que levam dos signos naturais aos arbitrários, conquanto por simples ênfase uma espécie à outra se imponha. Distinguem-se os arbitrários dos naturais da linguagem de ação pela escolha, ou instituição[80]; inicialmente

---

76. II, *La Logique*, p. 397, a 48-b 37.
77. *Idem*, p. 397, b 34-b 45; I, *Grammaire*, p. 443, b 20-b 38.
78. I, *Grammaire*, p. 443, b 39-b 52; II, *La Logique*, p. 397, b 21-b 29.
79. I, *Essai*, p. 61, b 24-b 41.
80. I, *Essai*, p. 19, a 40-a 43.

limitados, quando apenas apoiam a linguagem de ação[81], os arbitrários passam aos poucos para o primeiro plano, recuando, ao mesmo tempo, a inarticulação para a subsidiariedade de reforço[82]. Avanço e recuo de parte a parte que apenas explicita o progressismo, sem que a regra do desenvolvimento entre em jogo; e quando ela se propõe, na *Grammaire*, em *La Logique* e em *La Langue des Calculs*, a própria tipologia é questionada. Rompendo com o *Essai*, à arbitrariedade contrapõem a analogia que, motivando, efetua as passagens antes impensáveis por vincular-se a genética à compartimentação dos signos em espécies. Ainda que a tese do condicionamento amenize a compartimentação, não basta para, com a simples ênfase em um gradualismo genérico, propor regras ao sequenciar. Além disso, ressaltando a invenção em detrimento da regra – preeminência das faculdades –, minimiza o *Essai* as relações dos signos entre si. Daí também a arbitrariedade: ao privilegiar as etapas que levam da casualidade à apropriação, enfatizavam-se as faculdades e não os signos[83]: critério que apenas pode distinguir entre os que, inventando, instituímos, e que assim dependem do nosso arbítrio, e os anteriores, associados ao acaso e às circunstâncias, em que apenas opera o natural.

Nos textos posteriores, entretanto, os sons articulados tanto se voltam para o artifício como para a natureza; remetidos à sucessão, pertencem à arte, porém, considerando-se apenas os efeitos dos órgãos da fala, permanecem naturais. Mas é a natureza mesma que distingue a fala do grito: sendo obtida por emprego de língua e lábios, a articulação distingue apenas a fala[84]. Essa diferença no emprego dos órgãos da voz efetua a passagem do grito ao acento articulado, que funciona como transição entre as duas linguagens por pertencer a ambas: inarticulado na primeira, é ponto de partida da segunda, conservando-se subsidiariamente nesta – no começo da articulação, o acento é o primeiro nome[85]. Artificializando-se assim que começam a nomear, os acentos são o fundamento da expansão vocabular subsequente, sem que as regras da articulação excluam o apoio da linguagem de ação[86].

Também se lineariza a linguagem de ação: da atomicidade do gesto e do grito para a articulação do som, de instantâneos, os signos naturais tornam-

---

81. *Idem*, p. 61, b 33-b 41; p. 62, a 6-a 16.
82. *Idem*, 62, a 18-a 25.
83. *Idem*, p. 40, b 54-b 57; p. 42, a 20-a 24; p. 43, a 19-a 22.
84. I, *Grammaire*, p. 428, b 4-b 6; p. 431, b 31-b 38; p. 432, a 1-a 10.
85. *Idem*, p. 444, a 55-a 59.
86. *Idem*, p. 445, a 22-a 28.

CAPÍTULO I

-se sequenciados. Repartindo-se a linguagem de ação entre o natural e o artificial, o primeiro rebatimento se faz no corpo, o outro na analogia, aquele nos membros que se agitam, na face que se altera, na boca que vocaliza, essa apenas na regra de formação, cujo exemplo é dado pela pantomima. Exemplaridade com função negativa, uma vez que, não podendo empregar signos arbitrários para ser compreendida, a pantomima dá o paradigma da regra, não mais ao focalizar a sucessividade do desatamento, mas ao realçar, no sequencial, tanto a regra que vincula os signos entre si, quanto a intersubjetividade como posse comum do sentido[87]. Coerção da faculdade inventiva, a analogia impede o arbítrio de uma imaginação desregrada: sem a esta desdenhar como faculdade, os textos posteriores ao *Essai* põem em relevo as regras que a dirigem, a ponto de a elas se atribuir toda a invenção. Com o recuo de uma imaginação todo-poderosa, diminui-se a contribuição das faculdades e com isso abandona-se a arbitrariedade dos signos de instituição, dependente da noção de escolha e livre das coerções da analogia. Exposta principalmente na *Grammaire* e em *La Langue des Calculs*, a analogia implica a motivação do signo. Distinguindo o artifício da natureza e não, como o *Essai*, o arbítrio do natural, os textos posteriores, emhora mantenham a diferença do quadro e da linha, insistem na regra para ambos, opondo arbítrio e artifício como razão e capricho e subordinando a escolha à analogia[88]. Como consequência, recusa-se o convencionalismo: se o emprego do signo depende de convenção, esta, por sua vez, subordina-se a uma razão que a faça ser adotada[89]. É na crítica da arbitrariedade e do convencionalismo que a razão se determina como analogia e motivação. Imbricadas, ambas afastam a tese do condicionamento, frouxamente exposta no *Essai*; as passagens de linguagem a linguagem, de signo a signo, fazem-se menos em termos de condicionante e condicionado do que em nível sígnico. Mas, além de restringir, a analogia tem o poder de criar[90], estendendo-se assim para os signos os requisitos sequenciais, sem que as faculdades da alma sejam anuladas com isso. Inventividade que deve ser matizada, pois apenas indicia o deslocamento da ênfase das faculdades para a regra, uma vez que o operar em geral remete àquelas, detendo a analogia o poder de orientar.

87. I, *Grammaire*, p. 429, b 21-b 38.
88. *Idem*, p. 429, a 21-a 47; II, *La Langue des Calculs*, p. 419, a 15-a 43.
89. II, *La Lanque des Calculs*, p. 419, a 15-a 23.
90. *Idem*, p. 470, a 7-a 39.

Como os signos se regem pelas cláusulas sequenciais e o artifício prolonga o natural, é preciso determinar também aqui o começo e o caminho, cujo gradualismo comporta a mudança dos signos, já exemplificada pela transformação da linguagem de ação em língua. Abandonados, por inúteis, os signos acidentais, os textos posteriores ao *Essai* principiam com a linguagem de ação que se lineariza na situação dialogal da pantomima. Começo que honra o signo, pois do seu sequenciamento depende o das próprias ideias; recusando o inatismo destas, o sequenciamento em direção à origem, com excluí-lo, poderia defender a congenitalidade da linguagem. Como uma linguagem inata faria, entretanto, retornar o Cartesianismo por outra porta[91], esta via é desprezada. A dependência das ideias, como se verá, é de outra ordem, e a simples inversão da ênfase não se sustenta, por não ser a linguagem mesma inata, senão os seus elementos, a sua determinação natural, as disposições do corpo, o aparelho fonador[92]. E não pode ser diversa a tese, com anular todo o processo que conduz do exterior ao interior, daquilo que domina a alma ao que a alma domina, a qual, para dominar, antes deve ser dominada, e que, para de si mesma ocupar e se inspecionar, carece aventurar-se no exterior e o conhecer. É a função da parceria, quando a pantomima ilumina as conquistas da alma: partindo do que é acaso, acidente, sortilégio, atinge a alma o que ela para si mesma instaura, dominando o que ela não é. O contrário seria sem razão, mas a razão é o progressismo, que, como todo progresismo, monta o dispositivo que, aviltando e esmagando enclaves, diferenças e aporias do exterior, não poupa o descontínuo. Pleno e cômodo, *felix facilitas*.

A articulação faz diferirem a sequencialidade da linguagem de ação e a da língua. O som articulado provém do acento[93] e faz passar à analogia. Espacializada como fio, "o fio da analogia"[94], ela se afirma como desatamento, que é progresso, e como quadro, expansão igualmente distinguidora[95]. Fornece o primeiro termo a linguagem de ação: é o acento; a regra de desenvolvimento, por sua vez, tanto incide na expansão vocabular a partir de signos já apropriados, como na ideia, que se limita a correlato da palavra. Aplica-se, enfim, a analogia às conexões mesmas, quando sensibiliza a passagem de

---

91. II, *La Logique*, p. 396, b 32-b 51.
92. *Idem*, p. 396, b 32-b 44.
93. I, *Grammaire*, p. 431, b 57-p. 432, a 10.
94. *Idem*, p. 431, a 41.
95. *Idem*, p. 4 32, a 46-a 50.

elemento a elemento, pois, não lhe bastando apenas a ligação, incumbe-se de iluminá-la.

A analogia é motivadora; em sua aparição primeira, como suplemento da linguagem de ação, as palavras são indigentes, puros acentos. É quando a motivação mais claramente opera, pois limita a arbitrariedade que Condillac faz depender unicamente da escolha. A oposição entre analogia e arbitrariedade, essencial à diferenciação do *Essai* das obras posteriores termina com o cerceamento do arbítrio[96]; indiciada em nota que louva o Presidente de Brosses[97], a quem Gérard Genette distingue entre os motivadores extremados[98], é como coerção que a analogia funciona. Em Condillac, ela afirma a motivação: mímese vocal no estabelecimento dos nomes a partir dos primeiros sons inarticulados ou onomatopeias no dos nomes das coisas[99]; conquanto a onomatopeia se restrinja aos órgãos concernidos pelo som, incansável, a motivação prossegue[100] ao propor outra espécie de analogia, não sequencial, mas empírica, que aproxima a audição dos demais sentidos[101]. E continua, pois opera até no âmbito do gesto e no que concerne a coloração das sílabas e na pronúncia[102]. Efetuando as passagens entre sons, ligando o inarticulado e a articulação, a analogia dá aparência de causalidade à sequência dos signos, excluindo a arbitrariedade da escolha[103].

Produtora de efeitos causalistas, como afirma Genette[104], à analogia dá Condillac o peso de causa, ao atribuir-lhe a aparição dos primeiros nomes e

---

96. III, *Dictionnaire*, verbete "Arbitraire", p. 54, a 1-a 3.
97. I, *Grammaire*, p. 432, nota 1, b 52-b 54.
98. Gérard Genette, *Mimologiques*, Paris, Le Seuil, 1976, pp. 85-87.
99. I, *Grammaire*, p. 432, a 11-a 20; p. 455, a 1-a 2.
100. Gérard Genette, *Figures II*, Paris, Le Seuil, 1969, p. 97.
101. I, *Grammaire*, p. 432, a 21-a 24.
102. *Idem*, p. 432, a 25-a 37.
103. Gérard Genette, *Figures II*, pp. 98-99.
104. A analogia motiva o signo quando, como afirma Genette, confere-lhe aparência de causalidade; em Condillac, fazendo as passagens de linguagem a linguagem ou de signo a signo, como se fosse engendramento, ou, afrouxando, como relação entre condicionante e condicionado, a analogia motiva o signo ao derivar o subsequente do antecedente com ênfase na *phoné*, acento ou som, ou ainda, grito. Claro está que Condillac toma por ação efetiva o que os estudos atuais defendem como efeito de causa: a motivação, no que diz respeito à analogia, é, além de cerceamento, produtividade. Porque limita o arbítrio, a motivação exprime a regularidade das passagens, o subsequente só podendo aparecer devido à relação que o prende ao antecedente, e assim a regra, com a multiplicação dos elementos da sucessão nos dois sentidos, se vê afirmada. Introduzida pelos formalistas russos, a motivação se opõe ao imotivado do signo; ainda que extrapolemos a formulação saussuriana, para quem a arbitrariedade se aplica à relação interna entre significante e significado, estendemo-la à relação externa entre o signo e o seu domínio

o início da expansão vocabular; relaxa-se a motivação quando as línguas se constituem, e desenvolvem substantivos, adjetivos, preposições e verbos[105], passando a analogia a funcionar em outro regime, concernida pela função de estender as acepções dos termos já apropriados: é o tropismo, que amplia, não a gama vocabular, mas a denominação de novas ideias. Deslocada para o domínio de referência, a analogia indicia a superação da fase anterior, em que as palavras se desenvolvem a partir do acento, com ênfase no signo mesmo. Entretanto, constituído o repertório, opera a motivação na ampliação lexical pela combinatória; mesmo limitado, o repertório é o ponto de partida desse aumento, tirando Condillac o exemplo do ludismo inventivo das crianças, que às palavras compõem e decompõem para a formação de novas, exercício que, embora se faça de novo em cenário infantil, ignora a pantomima, e ainda mais, a experiência da solitária ou da desdobrada, perplexa com o efêmero, deixando o acaso e a linguagem de ação para trás[106]. A expansão das ideias significadas segue, como a dos signos, o caminho da rarefação; assim como o grito se transforma em som articulado com o acento fazendo a passagem, as ideias perdem em sensibilidade quando, generalizadas, tornam-se classes.

Nos signos, as transições exigem, a par da motivação que os deriva uns dos outros, que o precedente suplemente o subsequente, amparando-o como sensibilizador, função que os acentos cumprem quanto aos sons articulados em seu início. Fora do linearismo, quando o novo, ainda frágil, se reforça na estabilidade do antecedente, a relação é de complementariedade, pois os signos de uma espécie apenas apoiam os de outra: é o grito que evidencia ao gesto e o gesto ao grito, sem que intervenha a forma da sucessão ou se afirme entre ambos relação que assinale precedência. Já o suplemento assegura as transições sem romper a continuidade: inscrito no novo, impede a supressão imediata do precedente, do qual é condição, mantendo o princípio do gradualismo; difere assim da complementariedade que associa signos de extração diversa e não submetidos, um relativamente ao outro, ao progresso que de um tire o outro. Distingue-se também a suplementariedade da motivação: se esta é especificamente sígnica, aquela não o é, pois se determina por princípio diverso pela inteligibilidade da comunicação quando a palavra é

---

de referência. Quanto à discussão do conceito de motivação, cf., em especial, Tzvetan Todorov, "Introdução à Simbólica", em Todorov e outros, *Linguagem e Motivação*, trad. A. M. Filipouski e outros; Porto Alegre, Globo, 1977.

105. I, *Grammaire*, p. 445, b 46-b 50.
106. I, *Grammaire*, p. 432, a 38-b 5.

CAPÍTULO I

incapaz de, no começo, firmar-se sozinha. Desprovida da vivacidade sensível do grito e do gesto, aos poucos se emancipa daquilo de que, ao surgir, necessita. Fazendo confluir signos de procedência diversa, o limite do suplemento é o pleonasmo, característico das línguas antigas (não se passa incólume pelo aticismo)[107] e fundamento, como redundância, do aprendizado que ao complexo afina. Mais próximo do quadro sensível, o suplemento sensibiliza o subsequente, que, mais abstrato, nele encontra o que se perdeu na sucessão. Mas não é apenas ao signo que se sensibiliza, também à conexão, fornecendo a *Langue des Calculs* o melhor exemplo da segunda[108]: a analogia nunca foge, mesmo quando operamos com signos diversos de um mesmo domínio, os "dialetos" – dedos, nomes, numerais, letras –, que gradativamente e nessa ordem se distanciam da linguagem de ação (dos dedos), atingindo os mais rarefeitos (das letras, na álgebra); como cada dialeto é completo e homólogo aos demais, as transições de um a outro não se perdem à medida que trocamos o mais sensível para operar com o que é menos; e porque aqui a analogia melhor se mostra, a matemática dá o modelo, não só da exatidão das ideias, mas da justa sensibilização das conexões na passagem de dialeto a outro[109]. A analogia assegura que, por mais que nos afastemos da ponta, sempre a veremos no fio; sentido conectivo que a espacializa como fio do fio, com tornar visível a sequência, e fio dos termos, porque, linearizando-os, faz que os últimos aos primeiros vejam e engendrem aos últimos os primeiros.

Com sobredeterminar os primeiros signos da língua, o suplemento compensa, pela redundância, a fragilidade do nomear e fazer-se entender iniciais; sequencial apenas enquanto sensibilizador, assegura, com o recurso ao antecedente, a gradativa expansão da língua. Desatenta do estorvo da limitação original, a outra vertente é diretamente genética, tropismo: dando conta dos progressos na expansão do domínio de referência, difere da continuidade do suplemento por operar no nível dos signos mesmos em suas relações com as ideias, sem compromisso com a diversidade de proveniências que se revezam. É no horizonte do significar que mais se destaca o tropismo: inscrevendo-se no vazio teórico da significação, atende às exigências que a Época clássica propõe aos signos. Não se detém Condillac na conceituação do significar, ainda no século XVIII tão inquestionado como na *Logique de*

107. I, *Essai*, p. 79, b 23-b 59.
108. I, *La Langue des Calculs*, p. 471, b 19-b 59.
109. I, *Essai*, p. 42, a 20-a 39; p. 43, a 19-a 26; I, *L'Art de Penser*, p. 731, b 35-b 42.

Port-Royal[110], porque nem mesmo o pode vislumbrar[111]. Pois a relação entre signo e ideia define o binarismo que anula o elemento de ligação, devido ao investimento do signo pela representação[112]. A diluição do signo na representação, de que resulta a impossibilidade de tematizá-lo, é comprovada pelo inventário de Sylvain Auroux: o século XVIII não define a significação mesma, a qual, não se delineando, foge todo questionar específico[113]. Explicita-o já a tautologia da definição de *Port-Royal*, na qual tanto Michel Foucault como Sylvain Auroux insistem, o primeiro mais interessado em apontar a descontinuidade entre a formação ternária na episteme anterior e este nas relações entre *Port-Royal* e Condillac[114]. A ausência de um campo de conhecimento centrado no significar tem no *Dictionnaire* uma contrapartida bretoniana: acaso objetivo, não no encontro, senão na perda, faltando, para desconsolo do editor das *Oeuvres*, as dezesseis páginas do manuscrito nas quais o verbete "Signe" deveria aparecer[115]. Ainda assim, a *Encyclopédie*, ao justapor a definição de *Port-Royal* e a de Condillac, mantém a tautologia[116]. Vácuo que monta o cenário no qual se propõe a questão condillaquiana: o que se torna signo de algo e em que condições? Ênfase, pois, no processo de significação às expensas do conceito, destacando-se, desde logo, a analogia como regulamentadora de devires: uma palavra – poderia ser uma coisa, um movimento, um grito – torna-se signo de uma ideia quando esta é análoga à primeira que o termo significou, é a extensão[117]. Marginalizando o conceito de signo, Condillac encarece o processo de significação[118], acenando para as disposições sequenciais, em que o começo é dado pelo primeiro termo e por sua ideia, e o caminho do engendramento dos demais festeja a analogia como a regra das regras por relacionar os signos entre si e com os seus correlatos: começo e caminho, é a linha que comanda o processo da significação.

Dobrado às prescrições sequenciais, o tropismo abre uma Retórica que, longe de se voltar para os temas próprios dos tratados do tempo, orienta-se por objetivos diversos; se o objeto dos retores – de Du Marsais a Fontanier –

---

110. Antoine Arnauld & Pierre Nicole, *La Logique ou l'Art de Penser*, Paris, Flammarion, 1970, pp. 80-81.
111. Michel Foucault, *Les Mots et les Choses*, Paris, Gallimard, 1966, pp. 79-80.
112. *Idem*, pp. 78-79.
113. Sylvain Auroux, *op. cit.*, p. 22.
114. Em particular, cf. notas 112 e 113.
115. III, *Dictionnaire*, p. 510, nota 1, do editor Georges Le Roy.
116. Sylvain Auroux, *op. cit.*, pp. 22-23.
117. II, *La Langue des Calculs*, p. 428, a 13-a 16.
118. Sylvain Auroux, *op. cit.*, pp. 23 e 26.

CAPÍTULO I

é a definição e classificação dos tropos, a visada condillaquiana destaca, por um lado, a estilística, quando a Retórica se detém no *ornatus* e, por outro, a formação e as regras das línguas em conexão com os progressos dos conhecimentos. Fazendo refluir as definições e classificações dos tropos por tê-las como fúteis e inúteis[119], destaca, em detrimento do sentido restrito da metáfora, o amplo; como desvio e transporte – como processo, portanto passa a metáfora a dominar, em sua identificação com o tropo em geral, todo um campo[120]. O primado dado à metáfora não questiona a tradição, uma vez que esta não e proposta como norma a seguir ou combater: desloca-se o interesse quando se aplica o tropismo a outros campos, atitude que, entre a ortodoxia e a transgressão, escolhe uma terceira via, da simples infidelidade ou do descompromisso. O aplicar mesmo, entretanto, pressupõe a metamorfose do que se aplica, com inexistir instrumento neutro e anterior ao objeto: a economia da Retórica condillaquiana se deve, assim, à singularidade da visada que se espraia nesse desinteresse por questões específicas de linguagem que os contemporâneos enfrentam por via trópica e gramatical. Daí também a indistinção, posterior ao *Essai*, entre tropo e figura, quando não mais se discriminam por simples justaposição instanciadora e, atraindo-se em ocorrências textuais, dispensam definição. Indiferença que sacrifica as *figurae sententiae* tradicionais em benefício da palavra e do tropo que a esta se refere; mas a ênfase no átomo em detrimento da proposição, a par do desdém por multiplicar diferenças, reforça-se positivamente na homogeneização da palavra e do discurso, ou partes deste: assim como qualitativamente não discrepam discurso e capítulo, ou este e frase, do mesmo modo esta não diverge da palavra; a decomposição do complexo nos componentes desconhece qualquer discordância que não seja a do maior e do menor, quantitativa, portanto[121]. Assim, e em terceiro lugar, embora opere semanticamente, o tropo, após haver apagado as figuras, inclui-se nas voltas (*tours*) em geral, como tudo o que modifica o principal[122]. Contados apenas nas voltas, reúnem-se, sem maior cuidado quanto à divergência, conhecida de Condillac, entre o funcionar

---

119. III, *Dictionnaire*, verbete "Trope", p. 544, a 16-a 29; I, *L'Art d'Écrire*, p. 561, a 23-a 33.
120. III, *Dictionnaire*, verbete "Trope", p. 544, a 16-a 21; I, *L'Art d'Écrire*, p. 563, a 37-a 55; p. 560, b 23-b 30.
121. I, *L'Art d'Écrire*, p. 591, a 13-a 20.
122. I, *L'Art d'Écrire*, p. 552, a 11-a 20. Na tradução de *tour* por "volta", conformamo-nos a R. M. Rosado Fernandes, que assim procedeu ao traduzir os *Elementos de Retórica Literária*, de Heinrich Lausberg, Lisboa, Fundação Calouste Goulbenkian, 1972, p. 143. Embora dê conta do sentido que Condillac empresta a *tour*, cf., III, *Dictionnaire*, verbete "Circuit", p. 126, a 56-b 47, perde no jogo entre *tour* e *détour*, este termo – sendo traduzido, já tradicionalmente, por "desvio".

60 CONDILLAC LÚCIDO E TRANSLÚCIDO

semântico e sintático, a perífrase, a comparação, a dúvida, a inversão, a interrogação, o tropo mesmo, que, com brilhar, ainda nas voltas se enumera: ambiguidade que se deve ao sentido secundário que as voltas recebem, colocadas que estão a serviço da ligação das ideias, às quais devem modificar sem, no entanto, obnubilar-lhes a inteligibilidade[123].

O sentido genético do tropo manifesta-se na expansão do campo de referência do signo: a partir do primeiro termo e da primeira ideia correlata, o campo se amplia. O termo inicial é o nome próprio: é tomado no sentido primitivo quando significa a ideia para a qual foi estabelecido[124]; mas quando este termo significa outra ideia, adquire novo sentido, o de empréstimo, passando a chamar-se tropo ou figura. Conquanto trivial, a conceituação é complexa: como é o sentido, primitivo ou de empréstimo, que determina o termo, próprio ou tropo, prevalece o significado sobre a palavra; não basta, entretanto, determinar o próprio com o significado, porque outra determinação intervém no estabelecimento do próprio pelo primitivo; como primeiro, o próprio ou se afirma convencional e arbitrário, não o sendo os subsequentes devido à analogia – tese do *Essai*[125]; ou é artificial (e não arbitrário), nos textos posteriores[126], quando se enfatiza a regra que os engendra dos naturais, estendendo-se a sequência, das palavras aos gritos, passando pelos acentos. Matiza-se, então, o primeiro termo, pois o nome surge quando o artifício desloca a natureza. Como som articulado sobre o som da natureza, desta difere não como resultado de ruptura, mas por entrar deslocado em outro sistema de signos. Como a regra suprime o arbítrio, determina-se a passagem ao artifício, ao qual se atribui o termo próprio, que toca o natural considerado suplementar; ressalta, assim, uma continuidade e um gradualismo que se desdobram até o começo, satisfazendo-se ao mesmo tempo o requisito genético na limitação do institucional. Por cortar natural e institucional, o *Essai* propõe a rareza dos primeiros termos próprios[127], tese que Condillac depois retoma de modo diverso ao articulá-los com os sons naturais, de que derivam principalmente por onomatopeia. Contudo, diferenciando-se o próprio do tropo pelos sentidos primitivo e de empréstimo, os requisitos do significado devem ser atendidos na passagem dos signos de sistema a sistema; como o significado permanece invariável na mudança, são os sistemas que

123. I, *L'Art d'Écrire*, p. 576, a 51-b 3; p. 578, a 39-a 45; p. 580, a 1-a 10.
124. I, *L'Art Écrire*, p. 560, a 17-a 52.
125. I, *Essai*, p. 79, b 44-b 48.
126. I, *Grammaire*, p. 431, b 49-b 56.
127. I, *Essai*, p. 79, b 23-b 44.

CAPÍTULO I 61

diferenciam os signos. É o que permite compreender a tese condillaquiana de serem figurados os primeiros termos: próprios, são igualmente figuras e tropos, não por efeito do sentido, mas por mudança de sistema e, assim, por proximidade com o anterior que lhes confere poder sensibilizador, característico da linguagem de ação. Herança em que opera a proximidade, não o sentido: a sensibilização será, por sua vez, aplicada ao tropo que, não sendo conceito principal da espacialização, pressupõe o sensível.

Ao mesmo tempo que processo, o tropismo é emprego; estendendo o domínio de referência, o tropo reúne uma multiplicidade: operação do sentido de empréstimo, que difere do primitivo em termos de uso. Não se explicita se a mudança é por transporte, substituição ou por desvio em geral[128], o que confirma a indiferença condillaquiana por uma discussão detida do tropismo. Desinteresse que abre novo enfoque: incluindo no conceito a noção, estranha à Retórica, do representar variado do Mesmo, acresce, à pura translação sequencial do signo, a rotação. Quando o tropismo, referido ao progresso do conhecimento, estende a palavra e quando a palavra se afirma poliédrica, o gradiente, linear, e a volta, rotacional, compõem um único movimento, em que o giro corresponde à regra de sequenciar os conteúdos dos conhecimentos que se desenvolvem.

Rotação que se pensa, não nos quadros da Retórica, mas no representar perspectivo, firmando o perspectivismo a um tempo a canônica do procedimento geométrico-artístico, o modelo para a representação literária, alegórica ou não, e uma nova expressão, o *point de vue*, que, segundo os dicionaristas, surge em meados do século xvii. É o que aproxima o tropo da volta: abstraindo-se o sentido tópico que recebem o tropo, como modificação em nível da palavra, e a volta, mais ampla, como todas as modificações em nível do discurso, da proposição e do termo mesmo, coincidem ambos como sinônimos. Explicita-o a tradução de "tropo" por "volta", do *Dictionnaire*, vinculada ao étimo, e ainda mais a indiferença qualitativa entre discurso e palavra, de modo a recobrirem-se exatamente, posto que nem se admite intersecção com um terceiro que a ambos explique. Dada, porém, a generalidade da volta, o tropo nela confirma subsidiariedade manifesta que os diferencia, deslocando a sinonímia da tradução; enumerado com outras voltas, é espécie de gênero, acrescendo-se às suas propriedades específicas as da volta em geral. Desta recebe o multifacetamento: o tropo define-se como algo que se girou

---

128. I, *L'Art d'Écrire*, p. 552, a 1-a 10; p. 560, a 30-a 45; III, *Dictionnaire*, verbete "Trope", p. 544, a 16-a 19.

para apresentar uma face antes invisível[129], ou, de modo mais determinado, o procedimento mesmo quando, além da ligação das ideias, enfatiza-se cada uma no pormenor, em torno da qual se se volteia para apreender-se, sob variados pontos de vista, o seu caráter e as ligações que as vinculam às demais; torna-se a volta toda expressão empregada na representação da ideia[130]. Deixa também o tropo de ser apenas uma palavra desviada de seu uso primitivo e comum, em conexão com o sentido primitivo, para receber uma multiplicidade de sentidos que lhe conferem a forma poliédrica característica; configura-se como o procedimento mesmo que se emprega para, traduzindo, relacionar o lado novo, da ideia significada, e a expressão. Acentua-se, assim, o sentido de circuito[131]: anda-se à volta variando-se a ideia sem, no entanto, comprometer-se sua ligação com as demais. Para operar nos quadros da ligação das ideias, a metáfora deve ser transparente, realçando-lhes o aspecto que melhor as ilumina[132]. Daí a censura da metáfora de Bouhours sobre a metáfora, cuja beleza transcreve: "As metáforas são véus transparentes, que deixam ver o que encobrem, ou fantasias sob as quais se reconhece a pessoa que se mascarou"[133]. Como a metáfora bouhoursiana se encanta com a ambiguidade da metáfora, condena-a Condillac: partindo da conceituação corrente, que a propõe como comparação abreviada[134], repele tanto a obscuridade como toda ambiguidade que sobre ela possam pesar para admitir apenas a transparência, obtida por uma *similitudo*, sem máscaras e véus, partidária da analogia. A esta aderindo, ganha o tropo em poder cognitivo, aqui limitado ao papel de simples auxiliar da ligação de ideias, a qual, por sua vez, depende da analogia quando se considera a extensão das palavras e a função da língua no progresso dos conhecimentos.

Multiplicando os pontos de vista e assim fazendo aparecer facetas novas da palavra, no girar o circuito descreve a translação que a estende com o incluir regrado e gradativo de ideias no campo de referência. A metáfora, em sentido estrito e lato, torna-se transparente quando remetida à analogia porque a extensão é propriedade de qualquer tropo, mesmo da sinédoque, considerada antissequencial por Condillac[135]; exemplo com valor de cânon, a "vela" e o "navio" explicitam os requisitos do tropismo e suas propriedades:

129. I, *L'Art d'Écrire*, p. 560, a 30-a 37.
130. I, *L'Art d'Écrire*, p. 552, a 11-a 20.
131. III, *Dictionnaire*, verbete "Circuit", p. 126, b 18-b 37.
132. I, *L'Art d'Écrire*, p. 564, b 7-b 10.
133. *Idem*, p. 564, b 3-b 6.
134. I, *L'Art d'Écrire*, p. 563, a 42-a 55.
135. *Idem*, p. 561, a 34-b 12.

CAPÍTULO I

devendo curvar-se à ligação das ideias, "vela" substitui "navio" como parte e instrumento (ou causa, na formulação de Du Marsais) que tomam o lugar do todo e do efeito; quando ligado a uma ação determinada do navio, como a saída do porto, o tropo é claro pois não contradiz a ideia, tornando-se confuso quando o instrumento é inadequado à situação: na ação de um combate, porque dele distanciadas, é impertinente dizer "vinte velas combateram outras tantas". Recusa-se o confronto entre tropo e ideias. Quanto às propriedades, "vela" designa, primeiramente, uma parte do todo, mas quando passa a referir-se ao navio, apropria-se de uma nova ideia e mais se estende com o acessório que se acrescenta, o vento que a enfuna, o movimento que se segue etc. Apropriação que estende o domínio de referência com a mudança de significado (ou *designatum*) quando o termo passa do próprio ao figurado, com o recuo da primeira ideia a acessório da nova, que se torna principal; inversão como mudança de ênfase, destacando o ponto de vista o novo aspecto da palavra que ao mesmo tempo se apropria da novidade das ideias e acessórios: é o princípio da extensão.

A rotação das acepções[136] combina-se com a translação expansiva, pois, estendendo, o tropo liga o sentido primitivo com o de empréstimo e, em virtude da rarefação gradativa do significado, rebate-se o primeiro no segundo, transmitindo-lhe sensibilidade. Sensibilização sequenciada dos significados, o tropo opera desde o começo na linha quando dá às ideias, crescentemente abstratas, o subsídio sem o qual não haveria progresso[137]. É a figura princípio sensibilizador: figurados não são apenas os termos que, no próprio, significam ideias sensíveis; também o são os que se empregam para dar corpo às ideias abstratas[138]. Transitividade que o tropo assegura ao sensibilizar o abstrato à medida que este se desenvolve na linha: auxiliando na extensão do fio das ideias, contribuem as imagens para a sua exatidão[139]. Determinando-as em qualquer ponto do fio, o tropismo estende as palavras, incluindo no domínio de referência ideias cada vez mais abstratas e prefigura, assim, um

---

136. III, *Dictionnaire*, verbete "Acception", p. 14, b 45-p. 15, a 20. Apesar de os textos oscilarem entre "acepção", "significação" e "sentido", devemos reter as distinções que fornecem. A acepção opõe-se ao significado e ao sentido: este remete à proposição, os anteriores, à palavra; difere a significação da acepção por ser esta encarada polissemicamente, sendo a palavra portadora de uma multiplicidade de ideias, variáveis com as circunstâncias, ao passo que a significação se refere à palavra enquanto um único correlato a ela se atribui. Essas distinções, entretanto, não são constantemente exercidas, e menos ainda sugerem uma teoria da significação.

137. I, *L'Art d'Écrire*, p. 560, b 31-b 38.

138. III, *Dictionnaire*, verbete "Figure", p. 279, a 55-a 59.

139. I, *L'Art d'Écrire*, p. 560, b 52-b 57.

64 CONDILLAC LÚCIDO E TRANSLÚCIDO

dos princípios da formação das línguas e exigência das linguagens científicas: a polissemia que, em conjunto com as imagens, exprime o requisito da poupança lexical. Quanto ao progresso da língua, facilita o tropismo a invenção de signos por uma imaginação inicialmente acanhada; porque poupa, assegura a boa formação vocabular, afastando o temor de uma multitudinariedade arbitrária que, na forma-limite de gíria, compromete a compreensão. As palavras apenas são transparentes quando bem formadas, pois a derivação nunca divaga e a etimologia pode exercer-se. Articulada em derivação recuperável, a etimologia constitui, na foucaltiana Época Clássica, uma das disciplinas fundamentais que têm a língua por objeto: voltada para a genética, estuda-a como processo, que a derivação explicita.

Retomemos a distinção entre as disciplinas da linguagem na Época Clássica: Retórica e Gramática[140] articulam-se na diferença de suas visadas. Voltada para o discurso como sequência de signos verbais[141], a Gramática geral liga-se à Retórica que os espacializa nos tropos e figuras[142]. A generalidade do enfoque de Foucault especifica-se em Condillac: considerando-se a gênese dos signos e a gradativa constituição das disciplinas, a Gramática geral provém da Retórica, assim como a figura[143] antecede a língua constituída. Já operante na linguagem de ação e nos primórdios das línguas, o tropo, como imagem que se destaca na troca dos sistemas de signos, é anterior, como procedimento, às regras do discurso. Do mesmo modo que a figura constitui a língua, o seu saber antecede o da Gramática; anterioridade disciplinar que corresponde à sequencialidade dos signos e ao revezamento que se estabelece entre seus sistemas. Pois, recuando a linguagem de ação e os nomes-acentos, os signos articulados gradativamente se libertam de sua função suplementar; idêntico movimento nas disciplinas: a Gramática geral como análise dos elementos da língua emancipa-se da Retórica, que recua como inconsistência disciplinar no desinteresse da delimitação de seus objetos e procedimentos. Diacronicamente articulada à Retórica, a Gramática se apossa do campo todo dos signos quando se propõe o investigar das regras comuns às línguas e dos signos mesmos[144]. Por ser posterior, desloca a Retórica, relegando-a a um operar secundário, o que a *Art d'Écrire* explicita quando a emoldura com a estilística ou lhe atribui a investigação do sensibilizar. Dissolvendo-se, a

---

140. Michel Foucault, *op. cit.*, pp. 97-98.
141. *Idem*, p. 97.
142. *Idem*, p. 98.
143. II, *Cours d'Histoire*, p. 46, a 36-a 40.
144. I, *Grammaire*, p. 427, b 5-b 8.

CAPÍTULO I

Retórica deixa de ser disciplina que se pensa para operar desterritorializada como conhecimento de procedimentos que nem mesmo procura classificar: artesanal, detém-se na extensão e sensibilização das ideias, no que confirma a secundariedade de sua visada; embora não se apague, pois cuida do ornar e caracterizar no âmbito da estilística, do sensibilizar no do conhecimento, do estender no da Gramática, dissemina-se e desaparece como disciplina ao perder a sistematicidade que o século XVIII considera requisito de toda pretensão científica. Frente a uma Gramática poderosíssima, a Retórica decai, ainda que em Du Marsais e, pouco depois, em Fontanier, se reforce no interesse pela classificação e definição de tropos e figuras. Em Condillac – é a sua modernidade de coveiro do que está morto no século XIX e parte do XX –, uma única disciplina de linguagem se afirma, a Gramática geral, desdobrada nas particulares, cujo objeto são as línguas nacionais[145].

São três as propriedades dos tropos: designar coisas ou ideias, a estas significando; sensibilizar, dando corpo (isto é, espacializando e colorindo) às ideias que não caem sob os sentidos; dar a cada pensamento caráter apropriado[146]. Das propriedades, a caracterização é contida pela subsidiariedade do literário: caracterizando apropriadamente as ideias, quando se dobra à sua ligação, o tropo regula-se pela conveniência – *prepon, decorum* –, conjurando as figuras que possam transgredir a inteligibilidade; remetido ao acessório, torna-se o discurso nítido e agradável[147]. A caracterização difere das demais propriedades pela agradabilidade na ponderação de uma beleza subordinada à nitidez. Já a sensibilização trópica dá corpo às abstrações; como a caracterização, o sensibilizar opera no nível da ideia significada, destacando o aspecto figurado da palavra, no que as ideias subsequentes ganham corpo dos termos antecedentes. Abstraindo-se a visada literária da caracterização, as duas propriedades convergem na nitidez, dando caráter apropriado às ideias ou sensibilizando-as, no que se distinguem da terceira, referida à extensão, que destaca o signo mesmo. Embora as precedentes contribuam para o conhecimento, é mais relevante a extensividade, única a tropicamente significar ideias novas. Remetido à sequência dos conhecimentos, o tropo permite significar ideias abstratas com os próprios nomes dados às sensíveis, explicitando a derivação, na linguagem, o que a sequência faz com as ideias. Pois a derivação, pressupondo a constância da palavra para

145. I, *Grammaire*, p. 443, a 30-a 38.
146. I, *L'Art d'Écrire*, p. 568, a 24-a 31.
147. *Idem*, p. 547, a 1-a 26.

uma multiplicidade sequencial de correlatos, afirma a polissemia, resultado da gênese, como reunião sob o mesmo signo de ideias crescentemente abstratas. A propriedade que sensibiliza e a que comanda a extensão combinam polissemia e imagem, funções que os estudiosos atuais da Retórica tendem a excluir. Em belo ensaio, Jean Cohen contrapõe a nossa contemporaneidade, seduzida pela polissemia, à concepção poética que precede a crise romântica da Retórica, toda ela voltada para a figura-imagem; diferença que, para Cohen, estabelece o atual primado quantitativo sobre o qualitativo da imagem[148]. Caracterização provocativa, no limite justa, desde que a contraposição da imagem à multiplicidade dos significados o fosse; já em Condillac as duas coexistem, desempenhando cada uma delas função específica: a palavra se mantém inalterada na sucessão das acepções, no movimento que torna principal o novo e acessório o precedente; as abstrações recebem a figura que determina a primeira acepção na mudança de sistema. Amplia-se simultaneamente o domínio de referência, tornando-se solidárias figuralidade e polissemia, esta como condição de poupança terminológica, aquela como sensibilizadora das ideias abstratas.

As derivações trópicas explicitam-se na etimologia: evidenciando as acepções ao relacioná-las na sequência, começa pelas últimas para gradativamente atingir as primeiras; como as primeiras ideias são sensíveis[149] no movimento que leva à abstração, a metáfora, comparação abreviada, realiza o regulamentar analógico, garante supremo da transição[150]. Pois a comparação e a analogia recobrem-se nos tropos[151], cerceando a *similitudo* o arbítrio; por repelir a incompatibilidade não-trópica e a que pode insinuar-se no tropo mesmo, modera a intensidade do desvio, em particular na oposição (ênfase nas ideias) e ainda mais na antítese (tônica nos signos)[152]. Cuidado hierárquico diminui a antítese, o tropo mais encarecido pelos jogos da *maniera*, porque mais oculta a ligação das ideias; rigor que liberta a metáfora, em sentido estrito, que, mesmo abreviando, não perde a analogia no figurar com exatidão[153]. Similitude inscrita na comparação, a metáfora satisfaz os requisitos analógicos e torna visíveis as passagens de acepção a acepção[154], assegu-

---

148. Jean Cohen, "Teoria da Figura", em Jean Cohen e outros, *Pesquisas de Retórica*, trad. L. P. M. Iruzun, Petrópolis, Vozes, 1975, pp. 37-38.
149. I, *L'Art d'Écrire*, p. 567, a 29-a 37; II, *La Logique*, p. 400, b 11-b 25.
150. I, *L'Art d'Écrire*, p. 563, a 43-a 45; III, *Dictionnaire*, verbete "Trope", p. 544, a 16-a 23.
151. II, *La Logique*, p. 400, b 11-b 21; I, *L'Art d'Écrire*, p. 560, a 53-b 3.
152. I, *L'Art d'Écrire*, p. 558, a 20-a 45.
153. I, *L'Art d'Écrire*, p. 563, a 37-b 12.
154. *Idem*, p. 560, a 53-a 58.

CAPÍTULO I

rando a restituição etimológica. Sempre operante, *a fortiori* no *Dictionnaire*, a etimologia explicita a formação das noções da metafísica, determinando as suas acepções sensíveis – "alma" como sopro, "reflexão" como rebatimento entre as coisas etc. –; movimento que refaz os progressos do conhecimento dos *designata* sensíveis às faculdades superiores do entendimento[155]. Derradeiras acepções, correlatas ao desenvolvimento dos conhecimentos – etapas em que se detém a *Grammaire* –, ligam-se às primeiras, reconstituindo-se o caminho dos *designata*: conhecimento e nome do objeto sensível, dos sentimentos da alma, dos órgãos dos sentidos, das operações do entendimento; correlação que também explicita as passagens da exterioridade da coisa ao interior na espiritualização gradativa do nomear e do conhecer. No movimento que se rarefaz, cumpre o tropismo papel de destaque, embora não exclusivo, no progresso de ideias e signos, que formam sistema articulando-se às carências[156]. Ainda que menos concernido pela regra, também o *Essai* produz movimento semelhante, ao relacionar palavra, ideia, faculdade e carência quando deriva os termos gerais, que nomeiam as abstrações, dos nomes dados ao particular e sensível; comprovando os limites da imaginação na multiplicação indefinida de signos, estabelece o geral como poupança: os termos gerais desenvolvem-se gradativamente dos particulares, em correlação com a passagem das ideias sensíveis às gerais, cabendo à metáfora, por abstração, estender o significado[157].

Não é por ser menos abrangente que a analogia que a metáfora a ela se subordina; antes, é pela amplitude da motivação que, incluindo o tropo, o ultrapassa. Explicita-o a distinção entre nome e denominação: se o nome pode ser motivado ou imotivado, a denominação, fazendo-se a partir de propriedades conhecidas, inclina-se decididamente para a motivação[158]. Remetendo ao sequencial, as propriedades levam em conta as precedentes no designar e as denominações motivam as palavras com as ideias anteriormente significadas. Excele a metáfora porque, motivada pela ideia, a esta retribui quando a sensibiliza[159]; contudo, a sensibilização é uma das funções, não a principal, pois recai apenas na metáfora considerada no sentido estrito e não no amplo, quando se propõe gênero de todos os tropos. No lato, a me-

---

155. I, *Grammaire*, p. 445, b 54-p. 446, a 15.
156. II, *La Logique*, p. 380, a 8-a 25; p. 393, a 23-p. 394, a 47.
157. I, *Essai*, p. 86, b 46-p. 88, a 35.
158. III, *Dictionnaire*, verbete "Nom", p. 403, b 54-p. 404, a 2.
159. I, *L'Art d'Écrire*, p. 560, b 31-b 41.

táfora nem sempre sensibiliza, sem com isso deixar de ser tropo[160]: velho objeto de disputas, a figura pode não figurar na distinção entre os sentidos primitivo e de empréstimo, como no símbolo[161]. Outro caso em que o poder sensibilizador diminui é o do tropo que se torna nome próprio da coisa da qual era signo figurado[162]: exceções que confirmam a regra da figuralidade do tropismo. Confere-se à motivação valor mimético, quando os primeiros termos da língua são motivados pelo som articulado e pelo acento, sendo a onomatopeia o exemplo característico da operação; ou quando, nas línguas já constituídas, a motivação se exerce tanto em nível intersígnico como no das relações de signo e correlato[163]. Prepondera o correlato sobre o signo no emprego; interessando evitar nomes cuja referência ou se ignora ou é vaga, a motivação explicita a regra do bem formar termos com domínio de referência exato. Combatendo a indeterminação, a motivação salva, ao mesmo tempo, da arbitrariedade a sequência de ideias e assegura a etimologia; não se desconectando as palavras e as ideias, a analogia mostra-se e determina os próprios significados[164].

Embora regulamente o funcionamento dos signos em todos os níveis, a analogia tem circunscritos os seus poderes, pois não é apta a comandar sozinha as sequências sígnicas, independentemente da irrestrição com que Condillac por vezes a recomenda[165]. Os seus limites manifestam-se em passagens, que mais detidamente a expõem, da *Grammaire* e da *Langue des Calculs*. Pensada relativamente à denominação das operações do entendimento, na *Grammaire*[166], a analogia considera-as multiplicidade, cabendo aos signos referir-se tanto à comunidade (a sensação, que diferentemente se combina para resultar nas faculdades) quanto à variação (cada operação, que difere das demais enquanto tal ou qual combinação efetuada). Combinatória em campo aberto, ou ainda, variação central, em que o leque, abrindo-se em roda, destaca resultados discretos e finitos; devem os signos, no que concerne o elemento comum, realçar a identidade de fundo, mas, no que respeita à diversidade, destacar a diferença, requisito do sequencial. Predomínio ponderado do idêntico sobre o diferente, o qual, como submisso poder de variar, exprime

---

160. *Idem*, p. 562, a 6-a 13.
161. *Idem*, p. 567, a 29-a 40; p. 568, a 24-a 40.
162. *Idem*, p. 567, a 29-a 51.
163. II, *La Langue des Calculs*, p. 471, a 25-a 28.
164. II, La Langue des Calculs, p. 419, a 31-p. 420, a 12.
165. *Idem*, p. 427, a 29-a 36.
166. I, *Grammaire*, p. 429, a 48-b 20.

o enunciado primeiro do que se chamará Classicismo. Como a linearidade pende para as ideias em detrimento dos signos, compete à analogia motivá--los para que, designando, relacionando, poupando e sensibilizando, sempre correspondam às ideias, com sentido de patente subsidiariedade. Na *Langue des Calculs*[167], não se altera a subordinação dos signos às ideias na sequência: dada uma coisa, podemos designá-la de diversas maneiras, correspondendo a cada signo uma das atualizações possíveis do visar finito, em consonância com relações igualmente variadas. Como o leque da *Grammaire*, este é central; determina-se o termo próprio como a expressão preferida entre muitas e, assim, a sequência mesma, entendida aqui como o caminho da inexatidão: matizando o idêntico, a variação dos signos, medida pelos parâmetros da comunicação, pressupõe condescendência. Satisfazendo-se com valores aproximados, os interlocutores, reais ou virtuais, introduzem o impreciso na variação, e a analogia, sequencialmente considerada, intensifica o inexato, não para reafirmar sob o impreciso uma comunidade que funcionasse como esteio ao anular ou absorver a discrepância, mas para extremá-lo. Multiplicando o aproximado, a divergência das linhas de cada interlocutor se impõe à convergência comunitária, porque a analogia amplia as distâncias recíprocas à medida que se afastam do ponto de partida, em que a discrepância é infinitésima ou tende, no entorno, ao Mesmo. Desenvolvendo os interlocutores linhas divergentes, o diferencial da aproximação, que na sequência é ampliado, estende-se à ininteligibilidade cabal. Potência do inexato, a analogia não assegura a boa formação das sequências sígnicas; incapaz de operar sozinha com o significado e de regulá-lo, também se revela inepta na linearização com intensificar a imprecisão[168]. Sentido inexato que tem quando referida menos aos signos do que à empiria; desta recebe valor de mera aproximação, porque, distanciando-se ao extremo da evidência, ainda entre esta e a sua própria posição admite a menos imprecisa conjectura[169]; mas isso já a arrasta além da linguagem, à qual com a análise divide.

Motivando os signos, a analogia circunscreve os poderes de sequenciar da língua: porque relaciona os signos e o domínio de referência, as representações fogem; também como fraca certeza, na empiria é remetida a uma constelação

---

167. II, *La Langue des Calculs*, p. 419, a 44-b 30.
168. II, *La Logique*, p. 399, b 1-b 4.
169. I, *L'Art de Raisonner*, p. 683, a 4-p. 685, b 59; II, *La Logique*, p. 412, b 22-p. 413, a 46.

de valores que estranham a motivação. Ambiguidades que a limitam e a diminuem no que concerne a referência; restringe-se a analogia às relações dos signos com a referência enquanto estes a representam, designam, significam. Como o outro do signo é mais geral, a representação antecede a língua – o quadro é anterior à linha, o processo de significar é apropriação –, abre-se um domínio de operações que a analogia não recobre por confinar-se às linguagens. Mais geral e assim diacronicamente anterior, o procedimento não-analógico ordena as representações que antecem os signos e com estes coexistem; primado não só sequencial, mas teórico, da representação sobre as linguagens: por ter escopo mais vasto, a análise contém a analogia, que àquela se subordina. Os termos que a analogia desenvolve acomodam-se às exigências da análise que sequencia as ideias[170]. Referindo-se as duas ao sequenciar, a analogia, por força principalmente da motivação trópica, e a análise, por composição e decomposição de ideias, confluem e se articulam. Exemplo de relação entre termo e ideia, não a única operação combinada, mas a que melhor se explicita relativamente ao sequencial: compete à análise ligar o termo à primeira acepção, desfiando a analogia as restantes; predomínio do primeiro sobre o subsequente, do começo sobre a regra, da representação sobre o signo[171]. Não se segue daí que se isole a análise: antes, um procedimento que as alia para desenvolver qualquer sequência; a maior latitude da análise, posto que se aplica tanto às representações como aos signos, à analogia não deprime: como esta é limitada – sequenciando os signos, pode enlouquecer no erro da divergência que se amplia –, requer orientação analítica, pela qual se dirige; entretanto, quando as línguas se constituem, os papéis se invertem e a análise se orienta por ela ao mesmo tempo que a dirige.

Assim como a analogia não se compartimenta pela tipologia dos signos, a análise por nenhuma classificação se territorializa: sempre que houver representações a desatar ou linguagens sequenciando ideias, haverá análise. Operante em toda parte[172], em qualquer ponto a sequência, em todo tipo de conhecimento, atende ao requisito fundamental: como a analogia, que apenas se exerce sequencialmente com a constituição do sígnico por tênue e grosseiro que seja, a análise regula-se por um devir que a limita enquanto procedimento ao determinar-lhe o começo. A ubiquidade de seu operar depende de territorialização preliminar: sequencial, é sequenciada quando o

---

170. II, *La Logique*, p. 399, a 19-a 25.
171. *Idem*, p. 402, b 29-b 32.
172. II, *La Logique*, p. 407, a 1-a 19.

CAPÍTULO I

quadro a repele para inscrevê-la no artifício. Exemplo preferido de artifício é a máquina: desmontamo-la peça por peça para conhecê-la no pormenor e, a seguir, remontá-la facilmente[173]. Decomposição e recomposição, duplo movimento que caracteriza a análise e a inclui na arte; essencial é a duplicidade, pois a simples decomposição também pertence à natureza: os sentidos decompõem[174], mas o espírito, recompondo[175], já explicita a análise como artifício. Retendo-se unilateralmente a decomposição, a análise seria generalizável, pois recobriria tanto a sequência quanto o quadro; entretanto, até em seu regime de decomposição, devemos distinguir a que se faz sem arte da que a pressupõe[176]: a primeira, feita pelos sentidos, a outra, pelo que já ultrapassou a sua imediatez. Distinção que não dissipa totalmente as dificuldades, pois até a sucessividade da decomposição sensível chega a ser proposta[177]: contudo, logo é abandonada, considerando-se outra determinação do natural, a labilidade: mesmo que sucessivas, as representações se apagam com o desaparecimento da coisa[178]. À natureza se atribui a decomposição sequencial assim como, em outro contexto, o signo efêmero; mesmo se passando por cima da diferença de natural e arte, enfatiza-se a regra que, ao estender àquele propriedades do artifício, recusa uma descontinuidade que seja ruptura, tanto para louvá-lo como, conferindo-lhe um operar embrionário, para ampliar-lhe ao extremo o alcance. Sendo próprio da natureza o encaminhar e munir o artifício, nela bruxuleiam as propriedades cristalizadas no estágio posterior; daí também o apelo ao instintivo como germe do refletido, ou ainda, ao pré-aprendido, que se aplica, como extensão em que recursivamente esmaecem as propriedades do artifício, seja este a língua ou a análise mesma[179]. Recorrência que revela uma natureza operante como guia e ponto de referência, a armar-nos para progressos de toda espécie[180]: ao mesmo tempo que prepara o novo, a natureza reflui e, ao elevar-se a método, a análise mapeia o que serão vertentes para sempre separadas, uma, a caracterizar o natural, a outra, o artifício[181]. Como método, a análise se

173. II, *La Logique*, p. 377, a 40-a 59.
174. *Idem*, p. 373, a 56-b 4; I, *Cours d'Études*, "Précis", p. 410, a 4-a 16.
175. I, *Grammaire*, p. 439, a 17-a 21.
176. I, *Grammaire*, p. 436, b 3-b 11; p. 439, a 51-a 59.
177. *Idem*, p. 439, a 7-a 12.
178. *Idem*, p. 439, a 28-a 34.
179. *Idem*, p. 436, b 25-b 45.
180. I, *Grammaire*, p. 438, b 53-b 59; p. 439, a 3-a 43.
181. *Idem*, p. 442, b 16-b 33; I, *Essai*, p. 25, a 9-a 22.

reparte claramente entre um exercício que se ignora e um que se conhece[182], por passar pelo aprendizado. De decomposição sensível, cuja insuficiência e grosseria são indiciadas pela labilidade da coisa, atinge a plenitude do compor e decompor após lento e gradual aperfeiçoamento[183].

Apenas existe análise quando referida ao artifício porque sequencia representações considerando o começo e conformando-se às regras de gênese[184]. Atendendo às exigências sequenciais do início e da regra geradora, pauta-se a análise pela natureza, começo absoluto como sensação e regra como engendramento progressivo de representações. E porque começa pelo sensível, as primeiras representações são as do exterior, de indivíduos, particulares e sensíveis, que os sentidos representam[185], ponto de partida das ideias subsequentes. Representações que geram representações, multiplicando-se e expandindo-se, a tudo invadindo: a origem e a regra que demarcam a análise nada mais são do que a natureza mesmo que, lábil, contém a plenitude como a envoltura a desenvolver[186]. Principalmente correto, o postulado da plenitude se matiza: afastando-se da natureza, o artifício com ela aprende os primeiros passos[187] – não há primeiros passos sem progressismo – e, fortalecida, a análise tende a, no limite, prescindir de seu esforço; suplementar, a natureza contudo não desaparece pois assegura uma transitividade gradualista que impede o errar. Por mais que se distancie da origem, a natureza se faz sentir em qualquer ponto da sequência e, como todo sequenciar pressupõe o bem formar, todo elemento herda as propriedades do começo: como sensibilidade, o natural transita pela linha. O bem formar como engendrar[188] são o decompor, o recompor, o relacionar, o comparar, que se combinam no calcular como operações que identificam gênese e análise[189]. Decompomos para conhecer a origem e a geração, remontamos ao começo de maneira lenta, gradual e segura, relacionando poucas ideias de cada vez para recompor progressivamente os elementos num novo composto[190]. Embora possamos distinguir entre a análise completa e a incompleta, entre a que atinge as qualidades primitivas e a que se restringe às secundárias, entre o conhecimento

---

182. II, *La Logique*, p. 398, b 42-b 57.
183. I, *Grammaire*, p. 442, b 25-b 33.
184. I, *Essai*, p. 27, a 3-a 8.
185. II, *La Logique*, p. 379, a 27-a 34.
186. I, *Grammaire*, p. 439, a 51-a 59.
187. *Idem*, p. 439, a 35-a 43.
188. III, *Dictionnaire*, verbete "Décomposer", p. 179, a 47-a 59.
189. I, *L'Art de Penser*, p. 769, a 14-a 32.
190. *Idem*, p. 769, a 14-a 32.

CAPÍTULO I

absoluto e o relativo que assim se alcançam, permanece constante o cerne da análise como método[191], vias, das quais uma vai ao começo, e a oposta, que dele torna à composição. Ida e volta que distinguem dois momentos e regimes do sequencial, imbricados num único procedimento que, inicialmente, incide nas representações para logo delas desviar-se.

Primeiro objeto e elemento, a representação é superada; entretanto, porque orientada pela natureza, a análise nela tem o único começo que não leva ao erro. O começo é o individual e as correspondentes sensações na alma: ocasionalismo que justifica a inconstância das representações iniciais. Os sentidos são a causa ocasional das impressões exercidas pelas coisas, posto que é a alma que sente[192]; como para as sensações ainda não se estabeleceram signos, não se saiu do começo em que tudo é lábil e efêmero, não se podendo por isso conceber um modo de conhecer que seja ativo. Análise embrionária, decomposição sensível: é o ponto de partida da criança isolada, como também da criança desdobrada, nas quais a aquisição da linguagem acompanha os progressos analíticos; fazendo-se o aprendizado dos signos nos parâmetros de uma decomposição em que sobressai o sucessivo, firma-se o artifício que, superando o simples desmembramento, encarece a distinção, excelência do desatar. Superioridade que é a da língua, na qual luz o passo: o quadro em que a criança se representa, como o das decomposições examinadas, atrai uma nova criança: não mais sequenciadora – seja agente simples ou desdobrado –, formando signos, mas denominadora, fazendo transpor de vez a representação sensível[193] que domina as apropriações precedentes.

Começamos pelo sensível: do individual, que a alma representa como quadro, saltamos para o geral, operação do nome. Dizendo "Papai", "Árvore", "Pedro" ou "Paulo", nomeia a criança indivíduos; subitamente, passam os nomes a denominar uma classe de indivíduos: generalização com que o natural é superado[194]. Mudança repentina, exercício de uma semelhança isenta de diferença, primeira operação que altera o domínio de referência e prepara o refinamento das divisões da classe geral[195]; com a subdivisão, afasta-se a

---

191. I, *L'Art de Penser*, p. 769, b 1-b 56.
192. II, *La Logique*, p. 372, b 1-b 6.
193. I, *Cours d'Études*, "Précis", p. 411, a 4-a 10; I, *Grammaire*, p. 439, b 1-b 32; II, *La Logique*, p. 379, b 18-b 59.
194. I, *Cours d'Études*, "Précis", p. 411, b 40-b 44; I, *Grammaire*, p. 439, b 14-b 20; II, *La Logique*, p. 379, b 38-a 42.
195. I, *Cours d'Études*, "Précis", p. 410, b 21-b 43; I, *Grammaire*, p. 439, b 46-b 56; II, *La Logique*, p. 379, b 41-a 54.

74 CONDILLAC LÚCIDO E TRANSLÚCIDO

semelhança em benefício da diferença, única doravante a interessar a linguagem infantil[196]. A passagem do geral às suas subdivisões, que recebe o sentido de transição de gênero a espécie[197], não restitui o sensível: a diferença perde o indivíduo pois se contém nos limites da ordem. Por mais que a diferença subdivida, tem por limite a confusão[198]; se o limite inferior é a distinção plena, além do qual tornaria o confuso, esmagam-se, ao mesmo tempo, as classes médias[199] que devem, por semelhança, assimilar-se nas mais abrangentes subclasses. E o preço da distinção, arborescência que, perdido o sensível, desenvolve-se com a semelhança que estende o nome e a diferença que inventa novas palavras ao subdividir o campo de referência. Dispositivo classificatório que não designa o sensível, mas o cataloga, posto que ao nome geral nada corresponde na natureza[200]. O que vale para o sensível também se aplica às qualidades[201] no desenvolvimento da classificação: é a ordem das distinções, a de uma análise inequivocamente artificial. Determinados os limites, que também são limiares, além dos quais o distinto se confunde e a ordem se compromete, efetua-se o desatamento, devendo a diferença ser contida; ainda que finura, o excesso de discernimento compromete o conhecimento, o que se atribui apenas às limitações da finitude[202]. Como caminho que leva do individual ao geral e deste às subdivisões, a análise opera propriamente a partir da generalização quando se subtrai à instabilidade do sensível; pois é no âmbito do gênero que se estabilizam as qualidades por uma semelhança grosseira que do múltiplo apenas retém as propriedades comuns[203]. Daí também a contraposição, que determina a terminologia, da ideia individual, imagem ou representação sensível[204] e da ideia geral, ou noção[205]. Conquanto nos textos nem sempre se precisem os termos, a sua oposição na sequência determina posições e funções: no começo, só há imagens, sendo as noções por elas engendradas analiticamente.

196. I, *Cours d'Études*, "Précis", p. 410, b 25-b 33; I, *Grammaire*, p. 439, b 44-b 56; II, *La Logique*, p. 379, b 43-b 59.
197. I, *Cours d'Études*, "Précis", p. 411, a 46-a 54; I, *Grammaire*, p. 439, b 56-p. 440, a 2; II, *La Logique*, p. 379, a 35-a 54.
198. II, *La Logique*, p. 380, b 45-p. 381, a 14.
199. *Idem*, p. 381, a 15-a 45.
200. I, *Cours d'Études*, "Précis", p. 411, b 40-b 44; II, *La Logique*, p. 380, b 6-b 14.
201. I, *Cours d'Études*, "Précis", p. 411, a 55-b 9.
202. II, *La Logique*, p. 380, b 34-b 44.
203. *Idem*, p. 401, b 21-b 23.
204. *Idem*, p. 379, a 27-a 31.
205. I, *Essai*, p. 40, b 30-b 36.

CAPÍTULO I

A "noção", do *Essai*, ou a "ideia", de textos posteriores, resultam da abstração que opera sobre o sensível: o salto que o abandona não contradiz o natural – nomeando, a criança explicita a retidão –, mas o prolonga como artifício. E o caminho da gênese, dependendo o generalizar dos princípios contextualizadores que são as carências, as paixões, o corpo[206]. Estes determinam o tornar-se ativo da criança, quando recua a receptividade dos sentidos[207], aos quais apenas se atribui uma decomposição lábil porque dependente da coisa, em oposição ao espírito que, vinculado à forma superior da análise, destaca o ativo da composição[208]. A simples distinção em tipos não basta para caracterizar a gênese, que requer a explicitação das passagens; pois o salto que institui o geral é graduado por uma operação que o sensível já realiza toscamente: o abstrair. Resultando o geral da operação da semelhança e por retroceder a análise aos sentidos, a noção principia com o sensível, seu pressuposto genético. A abstração faz a passagem do sensível ao geral pois separa as qualidades de um composto quando destaca uma delas às expensas das demais[209]; caracteriza-se a abstração como a operação que, na multiplicidade, ressalta o que convém em detrimento do que distingue[210]. Recorta-se, assim, a representação para enfatizar ideias parciais que, desligando-se da diversidade sensível[211], estabilizam-se em coleções; operação pautada pelo natural por, precariamente, o fazerem os sentidos. Daí a continuidade, não quanto à ideia – sensível ou noção mas no que concerne a operação, com mudança de regime que não contraria o salto do geral; continuidade que se atribui à invariância da abstração, operante desde os sentidos às superiores faculdades da alma. Atendendo aos requisitos sequenciais, a metamorfose do receptivo em ativo, da imagem em noção, não se dá como ruptura, mas como deslocamento, constituindo as ideias gerais sistema diverso do das sensíveis.

Geneticamente, o abstrato precede o geral: para generalizar, é preciso antes separar, recortando-se, sob enfoque determinado, as qualidades; unilateralidade que vinca a ideia geral com uma visada que é viés[212]. Lateralidade que comprova os limites da finitude[213] e faz brilhar as qualidades que con-

---

206. II, *La Logique*, p. 393, a 28-b 15.
207. I, *L'Art de Penser*, p. 738, b 19-b 25.
208. *Idem*, p. 739, a 29-a 43.
209. I, *Grammaire*, p. 439, a 22-a 26.
210. I, *Essai*, p. 48, b 42-b 49.
211. I, *L'Art de Penser*, p. 738, b 7-b 12.
212. I, *Essai*, p. 49, a 1-a 9.
213. *Idem*, p. 49, b 18-b 31.

76 CONDILLAC LÚCIDO E TRANSLÚCIDO

vergem ao obscurecer a divergência[214]; operar poliédrico, quando o espírito hachura as faces que a visada não destaca, enfoque em que o limite é força de, sombreando, distinguir. A noção lineariza-se: se a abstração se estende da receptividade dos sentidos às faculdades ativas da alma, que caracterizam o espírito, o artifício continua a natureza; porque, sendo atribuível aos animais mesmos, a noção pode incluir-se no natural[215]. Ainda assim, há mudança, que é de regime, com enxertar-se a diferença na continuidade e, na inva-riância, a variação: distingue-se o artifício do natural como o fixo do lábil, e a análise, pautando-se pelo regime anterior, dele retira o sentido de gêne-se[216]. Ponto de inflexão, o engendramento linear distingue a continuidade que, pressuposta, é passo para regime diferente. Nem mesmo a distinção das ideias gerais nega o contínuo: as noções ou se formam com a colaboração dos sentidos e das faculdades superiores, ou apenas a estas podem ser atribuí-das, como as da moral e da metafísica, em que o sensível se reduz a material para a formação do espírito[217]; colaborando ou municiando, o sensível opera mantendo a continuidade sequencial. O sensível é condição do artifício, sen-do inconcebível linha sem quadro ou ideia abstrata e geral sem representa-ção. Ainda que a generalização, como mudança, diminua o sensível, não o anula, passando-se de sistema a sistema, de antecedente a subsequente, sem rupturas: mudança de regime que atesta a homologia, definindo as proprie-dades do primeiro sistema ao segundo, embora este o exceda como artifício e a análise se conforme às prescrições genéticas da natureza.

A ordem da análise é a da classificação; não se admitindo rupturas, não é como método, ou procedimento que se conhece, ou, ainda, como projeto que ela se inicia[218]. Conquanto o seu difira do escopo do simples decompor natural ao incidir nas noções, o começo exclui a reflexão que determina a intencionalidade. Anterior ao método, a análise é um operar que se igno-ra: exercendo-se impensada, não compromete a continuidade de natureza e artifício. Como o primeiro operar na classificação é a generalização que se efetua pelo viés abstraente, a semelhança, que é impensada, abre passagem para o pensado e deliberado da diferença que desmembra em subordinadas a classe geral[219], ou em espécies de gênero, ou, ainda, em classes particulares

214. *Idem*, p. 24, a 31-a 39.
215. I, *L'Art de Penser*, p. 740, a 25-a 38.
216. I, *L'Art de Penser*, p. 740, a 1-a 16.
217. *Idem*, p. 738, b 45-b 49; p. 739, a 34-a 43.
218. II, *La Logique*, p. 379, b 35-b 37.
219. II, *La Logique*, p. 379, a 35-a 54; I, *Cours d'Études*, "Précis", p. 410, b 41-b 43.

CAPÍTULO I

da generalidade[220]. Diferenciação com dupla marca: ordem e distinção[221]; consumado o desatamento, o extremo inferior linda com o confuso, mas o superior é aberto, porque referido a determinantes contextualizadores, responsáveis eles próprios pelo refinamento a ser detido pelo outro. Determina-se o extremo superior pelas carências e pelo desejo que, operantes tanto na encenação infantil quanto no âmbito vasto do social, marcam a gênese em que o tabular adere ao linear explicitando uma psicopedagogia ou uma antropossociologia[222]. Enfatizando-se a taxionomia, são exemplos as tabuletas numeradas de gabinete de história natural[223] ou o arranjo de livros de história em estantes[224]: espacializações da ordem que estabelece indicação precisa de tabuletas ou prateleiras vindouras sempre que as classes se multiplicarem[225] com o aguçar tolerável do refinamento na subdivisão. A proliferação das classes subordinadas estende as ligações de umas às outras[226], podendo o sistema ser percorrido – posto que o sequencial indicia movimento e o tabular, nele enxertado, pura distribuição –, nos dois sentidos: do indivíduo à espécie, passando pelo gênero e, inversamente[227]. Sequenciando, a classificação distribui ordenadamente os elementos distinguidos. Por isso, é insuficiente a simples inclusão, devendo explicitar-se o sentido da distinção resultante da análise e de sua espacialização no quadro aberto do sistema; sentido conferido pelo quadro, já como modalidade derradeira de dispor os agenciamentos. Não é, por certo, o quadro sensível inicial do macrodispositivo, senão o último, que coroa a linha como linha e a si mesmo como desdobramento arborescente dessa. Não é o sistema senão o quadro móvel que progressivamente se estende[228], limitado apenas pelas prescrições que o impedem de passar para o lado da confusão por zelo excessivo ou mal principiar, quando desatento às exigências regimentais dos princípios contextualizadores. Móvel e artificial, desdenha a inconstância do quadro sensível, inapreensível porque lábil e efêmero, ao encarecer o progresso que fixa as distinções no catálogo; os elementos distribuídos ordenadamente sempre

---

220. I, *Cours d'Études*, "Précis", p. 411, a 31-a 37.
221. II, *La Logique*, p. 380, a 1-a 6.
222. II, *Cours d'Histoire*, p. 15, a 12-p. 16, a 23; II, *Le Comerce et le Gouvernement*, p. 244, a 32-b 45; III, *La Logique*, p. 380, b 26-b 30.
223. I, *L'Art de Penser*, p. 740, a 47-b 2.
224. I, *Cours d'Études*, "Précis", p. 410, b 25-b 51.
225. II, *La Logique*, p. 380, a 11-a 25.
226. *Idem*, p. 380, a 11-a 25.
227. I, *Cours d'Études*, "Précis", p. 411, b 10-b 15.
228. II, *La Langue des Calculs*, p. 427, b 18-b 24.

podem localizar-se e, reconhecíveis, abrem-se para o exercício de novas operações[229]. Atingem as ideias, no quadro do sistema aberto, plena distinção, requisito também de retomada; sequenciais – sucessivas e sistematizadas –, distinguem-se e compendiam-se como término e recomeço na constância do artifício. Como fichas, mais acenam para o movimento subsequente do que se petrificam como resultado, adquirindo, nessa duplicidade tendida pelo progresso, o caráter de resumo ou de abreviação, que assegura o desenvolvimento de noções cada vez menos gerais[230]. Para que as noções sumarizem, não lhes é suficiente o distribuir, que também pressupõe a fixação de signos, condição do progresso classificatório. Excluídos os da natureza, por lábeis, e os acidentais, por imprevisíveis, apenas se aceitam os artificiais, únicos a constituírem uma linguagem estável[231]. Artifício e linguagem se imbricam e reciprocamente se exigem, repondo sob outro enfoque a distinção não resolvida do natural e do artificial. Atribuindo-se à animalidade o abstrair e, em certa medida, o generalizar, a distinção apenas se especifica como linearização quando os novos signos decompõem e classificam ao mesmo tempo. Além da caracterização negativa, que estabelece o artifício como ordem em oposição à desordem do lábil, o fichamento com expressões abreviadas, operação exclusiva dos signos da ciência, indicia a especificidade do humano proceder: dos animais nos distinguimos porque, abreviando e resumindo com signos artificiais, podemos linearizar e linearmente progredir[232].

De ideia pouco têm as ideias gerais: dos *designata* dos nomes, passamos com eles aos nomes mesmos, posto não serem correlato do nome, senão o nome mesmo sem correlato: a noção é o nome que se despoja da referência sensível, único modo de significar comprovado pela análise. Distingue-se, aqui, ideia de noção: a primeira é representação sensível ou imagem, que no sentido primitivo é ideia[233], mas a noção pressupõe o operar da semelhança que a separa do indivíduo: participando de sua ideia, pertence-lhe e a ele se refere[234], ou então o abrevia por remeter a uma multiplicidade de indivíduos sem pertencer especificamente a nenhum[235]. Nominalismo: a noção é puro nome, que não designa o sensível, mas o classifica; é ideia subsidiariamente,

---

229. II, *La Logique*, p. 379, a 55-b 9.
230. I, *L'Art de Penser*, p. 739, a 44-b 8.
231. *Idem*, p. 740, a 25-a 31.
232. I, *L'Art de Penser*, p. 740, a 28-a 31.
233. II, *La Logique*, p. 376, b 51-b 54.
234. *Idem*, p. 401, a 45-a 55.
235. I, *L'Art de Penser*, p. 738, a 44-b 8.

CAPÍTULO I

apenas enquanto se inclui na ideia total do indivíduo como parte. Nada designando, posto que não tem correlato existencial (o indivíduo, o particular sensível)[236], contenta-se com o papel de etiqueta. Não podendo designar, a noção ganha outra função, a de classificar no âmbito delimitado da maior ou menor generalidade; sendo desprovidos de estatuto existencial os gêneros e as espécies, o designar recua[237] para que brilhem separadas tanto a ideia geral, resultado da análise, quanto a análise mesma como operação: objeto da análise e funcionamento da análise são as ideias gerais e o caminho que as distingue ao classificar[238]. Retendo-se os movimentos analíticos, o compor e o decompor pressupõem passagens incessantes do nome ao sensível. Tudo pode ser catalogado, coisas, qualidades, representações[239]; combinando rótulos, a ordem analítica se afina à medida que se distancia do geral, como nos corpos, cuja qualidade absoluta, a extensão, termina na ideia de grandeza[240]. Relações que comparam o geral com o que menos o é, este com outros, estendendo-se e refinando-se as combinações[241] na passagem dos nomes mais extensos aos que o são menos, às classes subordinadas que menos elementos catalogam, sejam coisas, qualidades ou representações[242]. Começando-se com os nomes gerais, início da sequência analítica separada do sensível, e cuja extensão restringe o léxico ao mínimo por incluir lateralmente o máximo de indivíduos, muda-se de regime quando a diferença apaga a semelhança ampliadora do nome para subdividir as classes. Multiplicam-se os nomes[243]; ordenados quando também a analogia regulamenta sua escolha ou quando, revelando-se insuficiente a motivação na distribuição das espécies, o léxico se amplia e se reduz a extensão do nome[244].

A subordinação das classes, ou nomes, forma o sistema cujas partes se explicam mutuamente. Embora ciências e artes sejam sistemáticas[245], pois analíticas, nenhuma delas pode elevar-se a modelo, porque é a análise que, supradisciplinar, subordina classes de qualquer domínio de conhecimento. Sem pertencer especificamente a nenhuma disciplina, em todas se encontra:

---

236. II, *La Logique*, p. 380, b 6-b 11.
237. *Idem*, p. 380, b 11-b 16.
238. *Idem*, p. 402, b 53-b 58.
239. I, *Cours d'Études*, "Précis", p. 411, b 23-b 36.
240. *Idem*, p. 410, b 7-b 14.
241. *Idem*, p. 410, b 15-b 20.
242. I, *Cours d'Études*, "Précis", p. 411, a 31-a 37.
243. II, *La Logique*, p. 380, a 46-a 56.
244. *Idem*, p. 379, a 35-a 54.
245. I, *Traité des Systêmes*, p. 121, a 7-a 16.

passa a análise do conhecido ao desconhecido, tanto nas disciplinas voltadas para a empiria quanto nas que partem da identidade, entendida como signo da evidência de uma proposição[246]. Distinções em que se detém a primeira parte da *Art de Raisonner* ao destacar, como rapidamente a *Logique*, três níveis de evidência, que explicitam três graus de certeza: de razão, dada pela identidade que opera nas passagens de proposição a proposição[247]; de fato, ligada à observação exterior[248]; de sentimento, também de observação, mas introspectiva[249]. Assim como a representação sensível se distingue da noção, nessa mesma diferença o absoluto é o que a nada remete, mas ao qual tudo se refere: primado da evidência de razão, ou da identidade, posto que, escapando dos sentidos as qualidades absolutas, são suficientes as relativas[250]. Referindo essas distinções à análise, os pares absoluto e relativo, ou geral e sensível, desempenham funções que enfatizam o relacional; como a análise parte de um princípio ligado às regras de formação, o absoluto e o relativo, como níveis da evidência, além de explicitarem o grau da certeza[251], combinam-se no progresso dos conhecimentos por aliarem o sensível e o geral. Se o absoluto é sensibilizado pelos signos mesmos que o representam – numerais, dedos, identidade –, quando é irrelevante a contribuição do observacional, assimetricamente o geral é obrigatório para a observação. Ordenando-a, confere-lhe demonstrabilidade; inversamente, a forma demonstrativa da matemática nem relega o observacional a um segundo plano nem se emancipa da física, à qual, enfim, compete o fato[252].

Sequenciais, tanto as demonstrações da matemática como os encadeamentos causais da física ou os desenvolvimentos dos sentimentos atendem às exigências analíticas da determinação do começo e do caminho; pois é o começo que determina o que é absoluto ou relativo, podendo tomar, ocasionalmente – de acordo com o tipo de evidência –, o lugar do absoluto: para distinguir as maneiras de começar, devem hierarquizar-se as propriedades, que, por sua vez, esclarecem outra distinção, a do condicionado e a do incondicionado, centrada nas essências. A essência é a propriedade da qual dependem as demais[253]; como propriedade primeira, essência propriamente

---

246. I, *L'Art de Raisonner*, p. 621, a 20-a 26.
247. *Idem*, p. 620, a 45-a 49; II, *La Logique*, p. 411, b 1-b 7.
248. I, *L'Art de Raisonner*, p. 620, a 21-a 23; II, *La Logique*, p. 411, b 43-b 51.
249. I, *L'Art de Raisonner*, p. 620, a 52-b 16; II, *La Logique*, p. 411, b 52-p. 412, a 2.
250. II, *La Logique*, p. 412, a 3-a 10.
251. I, *L'Art de Raisonner*, p. 621, a 32-a 37; p. 623, a 14-a 26.
252. I, *L'Art de Raisonner*, p. 637, a 41-b 12.
253. III, *Dictionnaire*, verbete "Essence", p. 260, a 15-a 26.

CAPÍTULO I

dita[254], deve ser contraposta à essência secundária, ou às propriedades secundárias, que cumprem, em certos casos, a função de essência propriamente dita, quando comandam a demonstração das demais[255]. Hierarquizadoras, diferem entre si como o absoluto e o relativo, mas distinguem-se ainda mais quando não se pode estabelecer a hierarquia das propriedades por impossibilidade de se encontrar secundária que possa demonstrar as demais. A solução é a enumeração, único procedimento ordenador concebível[256]. Com a essência primeira, todas as relações se conhecem, com a segunda, algumas fogem, mas, sem nenhuma delas, apenas podem enumerar-se propriedades e, no limite, comparar-se os corpos entre si a partir de sua simples comprovação[257]. Por operar com abstrações, a matemática pertence ao primeiro tipo de conhecimento, mas a metafísica, em que se encontram abstrações e sensibilidade ao mesmo tempo, e que por isso se desdobra em metafísica de reflexão e de sentimento[258], começa, em seu sentido reflexivo, com a essência segunda quando se trata de demonstrar as faculdades da alma[259]; a faculdade de sentir, no que concerne a alma, e a extensão, no que se refere ao corpo[260], constituem o começo, como essências segundas, de demonstrações que têm idêntico estatuto ao das da matemática[261], com a diferença de não esgotarem, como esta, a totalidade das relações.

O sentido demonstrativo da análise e a sua modalização no que concerne a certeza, da qual decorre a esgotabilidade total ou parcial das relações, aplica-se às faculdades mesmas, cuja constituição progressiva os textos diversamente expõem. Diferentemente do *Essai*, desinteressado da demonstração, a *Art de Raisonner*, a parte introdutória do *Cours* e, principalmente, a *Logique*, contentam-se com uma breve exposição que, por um lado, tem forma demonstrativa, na qual se incluem, relativamente à análise, as regras de formular questões; e que, por outro, não multiplica as faculdades, em decorrência da forma mesma da demonstração, no que os últimos textos se

254. I, *L' Art de Raisonner*, p. 628, a 38-a 44.
255. I, *L'Art de Raisonner*, p. 628, a 45-a 54.
256. *Idem*, p. 628, b 3-b 40.
257. *Idem*, p. 628, b 41-b 46.
258. *Idem*, p. 619, b 18-p. 620, a 16.
259. *Idem*, p. 629, a 1-a 7.
260. *Idem*, p. 629, a 7-a 23.
261. *Idem*, p. 629, b 16-b 23.

82 CONDILLAC LÚCIDO E TRANSLÚCIDO

afastam do *Essai*. As primeiras faculdades – atenção, comparação e reminiscência – nada mais são do que sensação isolada, simples ou iterada, mas as subsequentes – retenhamos as da *Logique* –, juízo, reflexão, imaginação, raciocínio e entendimento, relacionam-se com as atômicas[262]. Por partir da essência segunda, a demonstração das faculdades da alma obedece aos requisitos sequenciais; podendo operar com a identidade, a propriedade primeira, por tornar-se absoluta a segunda, comanda o desenvolvimento que toma forma matemática, com prejuízo do antropológico da exposição do *Essai*[263]. Demonstrabilidade que também é explicitação do que, no começo, está implícito e, ao mesmo tempo, é desatamento do que está enovelado na faculdade de sentir[264]. Desenvolver o envolto, desatar o emaranhado virtual, linearizar: não são casuais as metáforas do rio, da fonte, do lançar-se, na geração das operações da alma, quando a fonte é a sensação, lançando-se a atenção na comparação, esta, no juízo, como se rios fossem, para sensibilizar o sequencial de sua constituição[265].

A atenção, simples enfoque, e a reminiscência, focalização do ausente, ficam na sensação recortada, mas a comparação, dupla atenção, duas sensações, ainda se cinge ao atômico que as três destacam do confuso. Todavia, na comparação, que recorta duas sensações coexistentes, já se pressente a faculdade subsequente: assim que os elementos coexistentes entram em relação, passa-se ao estágio posterior que, com a semelhança e a diferença, relaciona os átomos. Porque os relaciona, a comparação é juízo, que nela está envolto[266]; considerando os elementos diferentes ou semelhantes, estende-se com o juizo por vez primeira a ligação por cima dos átomos. Semelhança e diferença são

262. I, *L'Art de Raisonner*, p. 629, a 41-b 23; I, *Cours d'Études*, "Précis", p. 412, a 34-p. 414, a 48; II, *La Logique*, p. 384, a 26-p. 386, a 5. Coincidem os dois últimos na especificação das faculdades: atenção, comparação, juízo, reflexão, imaginação, raciocínio, entendimento. Na *Logique*, p. 410, b 51-b 59, o desenvolvimento das faculdades se faz com o modelo matemático da formulação de um problema, no estabelecimento dos dados e das incógnitas, de modo a se obter um sistema de equações. Em *L'Art de Raisonner*, com ênfase nas essências, cada faculdade é demonstrada a partir da identidade como variação que, desenvolvendo-se, introduz novas relações sobre o fundo comum das sensações.

263. No *Essai*, as faculdades são mais numerosas do que nos textos posteriores; articulando-se com as carências e os signos, as faculdades se sucedem segundo a relação de condicionante a condicionado e a forma demonstrativa, que realça a continuidade, torna-se menos visível. Contrapor a *La Logique*, p. 410, b 20-p. 411, a 29, em particular.

264. II, *La Logique*, p. 384, b 7-b 9.

265. I, *L'Art d'Écrire*, p. 560, b 58-p. 561, a 7.

266. II, *La Loqique*, p. 385, a 21-a 30; I, *Cours d'Études*, "Précis", p. 413, a 28-a 46.

as primeiras relações[267] – cujo interesse se explicita também na formação de noções e classes, em outro contexto – e, caracterizando o juízo, recebem na *Grammaire* a eminência devida: no desenvolvimento das faculdades, o juízo desloca a sucessão por introduzir o relacional, constituindo-se, assim, como sensação, que temos, e afirmação, que relaciona as ideias entre si. Destaca-se a afirmação que, como proposição, faz operar a linguagem[268]. Remetendo às sensações e aos signos, considerados separadamente delas – são relações entre ideias –, o juízo tem na duplicidade o que o vincula à sequência da sensação e o que o torna divergente dela quando se propõe separado: cara e coroa, solidários na distinção, sensação e signo[269] não se contentam com a mera duplicidade do enfoque, pois o superam ao destacarem o relacional que possibilita o sequenciar daquilo que, como sensação, não pode fugir o atômico. É com a proposição que o juízo, linearizando, desata ideias[270], introduzindo os signos sobre o fundo sensível o artifício que confere às faculdades sentido sequencial. Quando a *Grammaire* louva o juízo, faz para ele confluir a análise e a linguagem, pois apenas os signos artificiais podem linearizar as faculdades subsequentes[271]. Inflexão no progresso, o juízo rompe com o domínio inconstante de elementos atomizados, estabelecendo a linguagem que passa a constituir as operações subsequentes. Com as relações que os signos desenvolvem, ressaltam no campo das operações a reflexão e o raciocínio; a atenção, a reminiscência e a comparação são precisamente delimitadas em seu operar sensível e discreto, passando as faculdades envoltas no juízo a relacionar-se com as noções. Recuando as representações sensíveis, as noções abstratas e gerais tornam-se o objeto específico das faculdades que com elas emergem para, sequenciadas, sequenciar.

Do mesmo modo que a atenção é sensação isolada, a comparação, atenção repetida, o juízo, comparação relacionada, reflexão e imaginação vinculam-se ao juízo e, assim, à sensação mesma, começo absoluto da sequência. A reflexão provém do juízo como relação multiplicada[272]; também linguagem, estende o juízo quando não se contenta apenas com os dois termos que esse relaciona, pois, ricochete, passa de coisa a coisa, de qualidade a qualidade, tecendo uma rede que relaciona todos os elementos, sob diversos

267. I, *Cours d'Etudes*, "Précis", p. 413, a 46-b 2.
268. I, *Grammaire*, p 437, a 8-a 50.
269. *Idem*, p. 437, b 58-p. 438, a 2.
270. I, *Grammaire*, p. 437, b 37-b 49.
271. *Idem*, p. 438, a 3-a 15.
272. II, *La Logique*, p. 385, a 32-a 48.

enfoques[273]. Também atenção sucessiva, o juízo liga-se à antecedente comparação enquanto a supera quando se estende sobre elementos co-presentes e, introduzindo a diferença, discrimina a simples coexistência tética[274]. Com isso, a reflexão difere da imaginação, centrada na semelhança, viés que lhe dá a força de reunir as qualidades que se encontram disseminadas no múltiplo: as ideias passam a imagens inventadas[275], que ou presentificam o ausente ou combinam o díspar, tornando-se representações sem correspondência com o exterior[276]. Conquanto sequencial, a reflexão não é linha, mas teia; tece a rede de relações e difere não só da imaginação que, operando com a semelhança, tem tendência retrátil e opõe-se à expansividade da teia, como ao raciocínio mesmo, faculdade subsequente. Linearização pura apenas se consegue no raciocínio; se a reflexão faz conhecer as relações que determinam a coisa, o raciocínio depende da consequência, sendo direta subsequência do juízo. Como juízo linearmente estendido, o raciocínio sempre visa a um antecedente implícito em outro, estando o último envolto no penúltimo, o penúltimo no antepenúltimo, até o primeiro; mas o primeiro é o conhecido, o último, o desconhecido – a matemática assim formula a questão: "sendo dados... conhecer a incógnita" –, cabendo à identidade evidenciar a envoltura dos termos uns nos outros, desde o absoluto, ou ideia geral, ou nome, ou, enfim, essência segunda, no caso das faculdades, e primeira, no da matemática[277]. Linearidade final, não apenas por se tratar de signos, posto que com eles se opera a partir do juízo, mas porque só há encadeamentos: não os da reflexão que se expandem abertos, mas os que se sucedem uns nos outros implícitos. Fora da forma: $J_1 \supset J_2 \supset ... J_{n-1} \supset J_n$ não há raciocínio. Forma que, como a análise mesma, apresenta-se de modo supradisciplinar, coindindo, assim, como processo, o juízo, a proposição (o aspecto "linguagem" deste) e a equação[278], inscrevendo-se todos eles no raciocínio como procedimento linearizado e linearizador: incidem, com relevância, na língua, na linguagem algébrica, até na linguagem de ação quando matematicamente operante. Simplificando ao resumir e sempre sensibilizando, as linguagens bem formadas pela analogia iluminam uma forma que também é cálculo;

---

273. I, *Cours d'Études*, "Précis", p. 413, b 6-b 22.
274. II, *La Logique*, p. 385, a 49-a 51.
275. *Idem*, p. 385, a 52-a 59.
276. I, *Cours d'Études*, "Précis", p. 413, b 26-b 39.
277. II, *La Logique*, p. 385, b 1-b 44; p. 408, b 48-p. 409, a 11; p. 410, a 13-a 40.
278. *Idem*, p. 410, b 11-b 19.

CAPÍTULO I

como procedimento, cálculo e raciocínio não divergem, a menos que sejam considerados em seus campos de aplicação tópica[279]: explicitando a linha pura – abstraindo-se a arborescência do classificatório – como encadeamento demonstrativo de proposições ou como sistema de equações, cálculo e raciocínio coincidem também no que concerne os signos. Estes, resumidores e facilitadores, atraem a tradução[280] como passagem de sistema de signos a outro, equivalente, ordenada pela analogia enquanto se destaca a sensibilização. A tradução se estreita nas passagens de raciocínio a cálculo: abreviando o que é longo no discurso, os signos resumidores menos sensibilizam do que facilitam o emprego dos elementos[281]. Embora nunca se despreze a analogia, o signo que resume tem a função de poupar o raciocínio em seu desenvolvimento linear. O cálculo é raciocínio resumido.

Encadeamento de juízos, o raciocínio explicita e coroa o sucessivo das faculdades; dos átomos da atenção, reminiscência e comparação, passa-se às relações com o juízo, o qual, como linguagem, estabiliza-se no artificialismo dos signos. Tornando sucessivas as proposições, elas mesmas elementarmente sucessivas como juízo, o raciocínio é artifício extremado, artifício de artifício. Serial é o entendimento: estando as faculdades envoltas nas sensações, essência segunda que assegura a demonstração de todas elas, tanto das atômicas que permanecem apenas sensação, quanto das sucessivas que progridem porque incluem o aspecto "linguagem", é no entendimento que se reúnem desenvolvidas. O serial do entendimento explicita o operar da alma: as ideias são entendidas por ela porque aciona as faculdades que nela se somam; pois, remetidas à alma, todas as operações são faculdades porque facultativamente empregadas[282]. Dispondo da multiplicidade de operações desenvolvidas, nela virtuais quanto ao emprego, a alma seleciona-as e as combina em consonância com aquilo que deve ser entendido. O entendimento como soma de faculdades e resultado de operações, reúne signo e sensação: como ouvido[283], não é senão a alma mesma que desenvolveu todas as operações e, à escuta, delas pode dispor. Na alma, o sucessivo está nas faculdades superiores, que é o espírito, exclusivamente voltado para as noções; distingue-se o espírito porque se atribui apenas as últimas faculdades em detrimento das primeiras, no que reforça a discriminação da linguagem e

---

279. II, *La Logique*, p. 409, b 39-b 43.
280. *Idem*, p. 411, a 30-a 43.
281. I, *L'Art de Penser*, p. 739, a 44-a 52.
282. I, *Cours d'Études*, "Précis", p. 414, a 26-a 48; II, *La Logique*, p. 385, b 45, p. 386, a 5.
283. I, *Cours d'Études*, "Précis", p. 414, a 26-a 33.

da sensação. Porque serial, o entendimento não só alia as diversas operações em conformidade com a solicitação do objeto, mas as hierarquiza: as últimas como superiores, as primeiras como inferiores, e cada uma relativamente à precedente, abstraindo-se a oposição do signo à sensação. Enfatizando-se o sucessivo, a delimitação dos dois tipos de faculdades indica mudança de regime: a extensão dos progressos torna-se precisa porque a sensação às operações contém virtuais, e o entendimento, com reuni-las, tem como virtual apenas seu emprego. Com o desenvolvimento das faculdades, tanto as representações quanto as noções se desatam, as representações como noções e estas como subdivisão de classes. Considerando-se passagens na mudança de regime, a diferença dos tipos – pois a proposição, no juízo, não anula a sensação – salva a continuidade progressista. Não se confunde, entretanto, o agenciamento das faculdades linearmente formadas com as ideias tabularmente discriminadas. Quanto à relação que se estabelece entre cada modo de agenciar ideias e cada operação, não há indeterminação: as representações ou as noções são dispostas por faculdades que, preservada a diferença tipológica, as agenciam em conformidade com as suas características; as representações ou se isolam ou se reapresentam ou se comparam, em correspondência à atenção, à reminiscência e à comparação, mas as subsequentes, exercendo-se com signos, ou se fundem, ou são reticuladas ou se linearizam como disposições da imaginação, da reflexão e do raciocínio. Ressaltando-se o aspecto "sensação" das últimas faculdades, as primeiras, a contar da atenção, nelas se encontram desenvolvidas: quando a distinção, característica da atenção, é fixada pelo signo, torna-se reflexão e o átomo ricocheteia nas coisas enquanto as relaciona; quando a atenção se diverte ao reunir qualidades dispersas e díspares, torna-se imaginação; e quando ganha a linearidade do juízo, com a identidade fazendo as passagens, torna-se raciocínio[284]. Todas as faculdades reduzem-se à atenção.

Diferença, semelhança e identidade definem o cânon de todas as faculdades, quer isoladas quer combinadas, atendendo apenas a última às exigências demonstrativas estritas. Operante nas demonstrações do próprio Condillac, não exclui as demais formas canônicas: os modos de variar pressupõem o emprego da diferença e da semelhança, com função discriminadora (a imaginação, na semelhança, distingue-se das faculdades restantes); pois, demonstrar é partir de um fundo comum, variado por diferença e semelhança,

---

284. III, *Dictionnaire*, verbete "Pensée", p. 433, a 12-a 26.

CAPÍTULO I

fazendo a identidade as passagens e, essas especificando cada modalidade segundo combinações igualmente variadas.

Dizendo que a atenção é simples focalização, a reminiscência, reenfoque, a comparação, dupla focalização, a reflexão, o ir e tornar pelas coisas tecendo-as na teia, o raciocínio, linha de engates, e o entendimento, a reunião delas enquanto virtualidades atualizáveis seletiva e combinatoriamente, espacializamos as noções. Sem o remorso que afugenta as figuras, é afirmativo o tropismo: ainda que vigiada quando submetida à lei do *decorum*, a um tempo preceito de estilo e regra de conduta, a figura não é o outro da noção, senão a noção mesma quando remetida ao sentido primitivo. Não há noção que não seja figura, posto que a língua é metafórica e a dessensibilização atual pressupõe figuração anterior. Como o tropismo é condição da etimologia e os últimos termos diacronicamente pressupõem os primeiros, o movimento das acepções não força abandonarem-se as antecedentes como se fossem decadentes ou grosseiras com relação às subsequentes. Podem as acepções confraternizar na palavra. No que concerne as faculdades, exemplificadas pela reflexão[285] e imaginação[286], abundantes nos textos, o sentido primeiro se acrescenta ao atual na caracterização de propriedades essenciais para elas; polissêmicas, as palavras não achatam os dois significados, mas os abrem para captar a simultaneidade de duas orientações, quando também não optam por uma delas em oposição à outra.

O entendimento é a metade do pensar; reunindo as faculdades nas quais se combina a sensação representativa, atrai a metade faltante, igualmente reunitiva, associada não às representações e noções, mas às carências: a vontade[287]. Reunião das reuniões, faculdade das faculdades, o pensamento também é reunião e faculdade; duplicidade que a etimologia explicita: o sentido primitivo do latino *pensare*, referido aos corpos, é "pesar", significando no de empréstimo, quando do sensível se passa ao espiritual, "abalançar" ou "relacionar". Já aplicado à alma, em novo deslocamento, dá o "reunir": o pensamento, como operação do entendimento e da vontade, junta as ideias. Dupla metaforização, em que a primeira configura o "relacionar" e a segunda,

---

285. III, *Dictionnaire*, verbete "Réflexion", p. 481, a 33-a 53; verbete "Réfléchir", p. 480, b 42-b 48; I, *Cours d'Études*, "Précis", p. 413, b 6-b 22; II, *La Logique*, p. 385, a 42-a 49.
286. I, *Cours d'Études*, "Précis", p. 413, b 26-b 39; II, *La Logique*, p. 385, a 49-a 59; III, *Dictionnaire*, verbete "Imagination", p. 322, a 16-a 34.
287. I, *Cours d'Études*, "Précis", p. 414, b 43-b 48.

o "reunir": a relação é a comparação do que, na balança, se pesa; a reunião é o sentido atual da conjunção das faculdades do entendimento e da vontade[288]. Explicitando o pensamento, a metáfora aplica-se também a qualquer faculdade e à alma mesma, a tudo o que pode receber sentido derivado do emprego primitivo, porque primeiro se conhece e designa-se o sensível.

Articulação de duas acepções que, extensivas, não apenas determinam o pensar, senão o entendimento mesmo como reunião (que discrimina as faculdades que provêm da sensação) e relação (que define as faculdades correspondentes àquelas, mas artificiais, acrescentadas da primeira acepção). Contudo, o que determina uma das metades, não pode faltar à outra, tendo a vontade o duplo significado de reunião, como faculdade que inclui as precedentes, e de juízo sem obstáculos, linear como o raciocínio[289]. Porque inclui no sentido trópico, a vontade coroa o mal-estar, a inquietude, o desejo, a paixão e a esperança; como metáfora, em conjunção com o primeiro tropismo que a sequencia, a vontade amplia-se; coexistem as duas acepções, mas, quando se enfatiza a sucessividade, o último tropo contém o primeiro[290]; como o pensamento, a vontade reúne duas acepções, metáfora e metáfora de metáfora, encarecendo a primeira o relacional e o unitivo a segunda, de modo que a reunião também é relação. Assim como as faculdades do entendimento são demonstradas a partir da simples sensação, as operações da vontade o são a partir da sensibilidade, que, anexando o agradável e o desagradável, a vagueza do mais ou menos, atinge a determinação[291]. Do mesmo modo que a exposição das faculdades do entendimento, a das da vontade varia tanto na ordem da aparição quanto na simples omissão de alguma delas. Importando, porém, as passagens que a demonstração efetua, é comum a todas as exposições começar pelas carências: primado da exterioridade. Privação da coisa, a carência é experiência negativa, sofrimento genérico[292]; já o mal-estar é sofrimento liminar, menos dor do que estado, vagueza de um não estar à vontade, com ausência de mobilidade ou intencionalidade[293]. Levando à aquisição do movimento, torna-se inquietude, quando o mal-estar aciona a alma contra obstáculos[294]; intensificando a inquietude, os obstáculos exigem

---

288. *Idem*, p. 415, a 10-a 30.
289. I, *Cours d'Études*, "Précis", p. 414, b 27-b 38; II, *La Logique*, p. 386, b 25-b 31.
290. II, *La Logique*, p. 386, b 25-b 41.
291. *Idem*, p. 386; a 13-a 19.
292. II, *La Logique*, p. 386, a 20-a 37.
293. II, *La Logique*, p. 386, a 38-a 42.
294. *Idem*, p. 386, a 43-a 51.

CAPÍTULO I

não só que a passividade do estar seja superada como a abrem para o desejo. Mero gozo do obstáculo, a inquietude torna-se desejo quando assedia a coisa que falta, a qual deixa, então, de se manifestar como algo que se opõe, para ser suplantado; fazendo todas as faculdades convergir para a coisa, desenha o desejo uma direção para o movimento: o desejo é movimento direcionado para a coisa[295]. Entendido como privação, o sofrimento opõe-se ao agradável, que é plenitude e carência[296]; à medida que a simples privação se afasta com o surgimento das faculdades, primeiro desponta, depois cresce o prazer, objetivo dos movimentos: direcionando as faculdades, o desejo concentra-se para chegar ao gozo[297]. Das faculdades do entendimento, age mais que as outras a imaginação, quando aumenta ao prazer[298] e intensifica a tendência; firmada esta, fixa o desejo como paixão[299], hábito de gozar e desejar. Estabilizado o desejo, sua determinação afirmativa provém do juízo: é a esperança[300] puramente interna. Ao seu *obtê-lo-ei* acrescenta-se outro juízo, o *nada me pode resistir,* que incide no exterior a ser superado. É a vontade em sentido estrito, interna e exteriormente determinada, última faculdade da sucessão. Abrindo-se para o serial, a sequência a ambas inclui, pois lhes confere acepção segunda que amplia a noção[301].

Dupla como o pensamento e o entendimento, a vontade é relação e reunião, indicando a primeira o sucessivo e a segunda, o serial das faculdades. Sucessivamente considerados, a carência e o mal-estar não passam de estados, que se caracterizam pelo sofrimento na privação; com a inquietude, a coisa que falta aparece e determina a atividade, superando-se o simples estado. Intencional, a inquietude refuta o estado, deixa de sofrer para gozar; mas é o desejo que determina a coisa como gozável e a faz ceder; pura direção, o desejo fixa-se como paixão no hábito. Esta se transforma com o primeiro juízo em esperança; com o segundo juízo, a esperança torna-se vontade, determinando-se por vez segunda no imperativo da irresistibilidade. Duplamente relacionado, consigo mesmo, no *obtê-lo-ei*, e com a coisa no *nada me pode resistir,* o desejo é visada do gozador. Serialmente considerado, adquire mobilidade extrema quando pode, combinada e seletivamente, acionar as faculdades para

295. *Idem*, p. 386, a 52 -b 10; I, *Cours d'Études*, "Précis", p. 414, b 12-b 15.
296. II, *La Logique*, p. 386, a 24-a 34; a 52-b 6.
297. *Idem*, p. 386, b 1-b 10.
298. *Idem*, p. 386, b 4-b 6.
299. II, *La Logique*, p. 386, b 11-b 20.
300. *Idem*, p. 386, b 21-b 24.
301. *Idem*, p. 386, b 29-b 31; I, *Cours d'Études*, "Précis", p. 414, b 33-b 38.

o prazer. A paixão nega a inconstância pois só como desejo estabilizado no hábito pode pronunciar juízos. Do mesmo modo que os signos artificiais, o hábito estabiliza as faculdades anteriores à paixão, assegurando o exercício dos juízos que determinam as faculdades superiores e sua reunião. O corpo ou é acionado pela natureza, quando apenas a organização física intervém, ou é movido pela vontade, quando o hábito o dirige[302]; a ação habitual naturaliza-se, por sua vez, como espontaneidade firmada na repetição, e mascara o artifício[303]. Adquirida no aprendizado repetido, a ação habitual, com aparentar naturalidade, estende o artifício além da natureza[304], singularizando a espontaneidade aprendida frente à estritamente corporal: é o "natural", a conduta que finge uma espontaneidade sem, contudo, denunciar o artifício. Se, genericamente, as carências remetem à estreiteza do natural, as faculdades consolidadas no hábito podem desenvolver-se ilimitadas; todavia, o factício não deve perder as regras do natural, sob pena de corromper-se à medida que se afasta das primeiras necessidades[305].

Quanto à sucessão das faculdades da vontade, as carências funcionam como as sensações com relação ao entendimento, estendendo-se, entretanto, sobre a constituição das operações como contextualizadoras quando articulam conhecimento e sociedade. Começamos pela carência natural, condicionante tanto do lábil quanto do próprio estável, inicialmente indiferenciado. À instabilidade natural, ou migração – a horda –, acrescenta-se, quanto à carência natural, a fixação primitiva – as primeiras povoações –, a sedentariedade[306]. Como, no início, é apenas natural a carência ligada à conformação do corpo e factícia a que decorre do hábito contraído no emprego, caçando e coletando, vivendo errante, a horda opõe-se aos sedentários. Estes, pastores e agricultores, trabalham unicamente para satisfazer as primeiras necessidades, o que, por pressupor a escolha dos meios, distingue-os dos nômades[307]. Diferenciando-se as carências, o artifício no trabalho e o implícito na noção mesma de escolha, bem como a ausência desses na errância[308], determinam os princípios das duas modalidades de existência: tanto os selvagens que nomadizam quanto os povos que se fixam definem-se pelas carências,

---

302. I, *Cours d'Études*, "Précis", p. 415, a 43-b 10.
303. III, *Dictionnaire*, verbete "Naturel", p. 399, b 11-b 19.
304. *Idem*, p. 398, b 54-p. 399, a 49.
305. II, *Le Commerce et le Gouvernement*, p. 244, b 18-b 29.
306. *Idem*, p. 244, a 49-b 20.
307. *Idem*, p. 244, a 45-b 2.
308. II, *Le Commerce et le Gouvernement*, p. 244, b 3-b 17.

os primeiros em incessante deslocamento por territórios que lhes deem o mínimo requerido para subsistir, os segundos sem deslocarem-se e por isso mais sujeitos a sofrer com as restrições decorrentes da sedentarização; pois a fixação contradiz a estabilidade da ordem social, comprometendo-a qualquer alteração nas carências. Por não se restringir ao nomadismo, a carência natural inclui a própria sociedade civil e, assim, ao factício mesmo, do qual prescinde no início[309].

Predomina a exterioridade na carência natural, quer se trate, por certo, do nomadismo quer da sociedade civil; abrangendo as primeiras necessidades, as coisas sem as quais não se pode conceber a existência, desloca as artes, pelo menos na generalidade que as opõe à natureza. Remetidas às coisas de segunda necessidade, as artes não se ligam à produção do alimento, da vestimenta, da arma, mas à escolha que os apura por diferenciação[310]; é como refinamento que se opõem à natureza, assim como esta se contrapõe ao artifício quanto à formação de signos. Apenas quando uma sociedade complexa se constitui e a divisão social do trabalho se estabelece, alimentando os agricultores a sociedade, pode desenvolver-se o factício[311]. Derivando as carências factícias das naturais, opera a agricultura como referência da sociedade civil, não só como geradora de alimentos, senão como fornecedora de matéria-prima, propondo-se começo da indústria e das atividades do artesão. Sucessividade que não ignora os Fisiocratas, em particular as análises de Quesnay, que defende a agricultura como a única atividade produtora de riqueza[312]. Parentesco que é preciso matizar: em Condillac, o agricultor que fornece matéria-prima faz surgir um novo produtor de riqueza, o artesão que, por sua vez, atrai o comerciante[313]. Embora dê à agricultura a eminência de começo, o sequencialismo condillaquiano não se identifica com as teses de Quesnay, pelas quais apenas a agricultura produz riqueza, dela tudo saindo e tudo se a ela referindo como improdutivo. Articulando agricultura e indústria, conquanto a esta dê o sentido de atividade devinda, não lhe suprime alcance produtivo; como a agricultura, a indústria produz e multiplica

---

309. II, *Le Commerce et le Gouvernement*, p. 244, b 30-b 45; p. 257, a 30-a 38.

310. *Idem*, p. 257, b 23-b 37.

311. II, *Le Commerce et le Gouvernement*, p. 257, b 46-b 54.

312. Alaíde Taveiros, *O "Tableau Économique" do Dr. Quesnay*. Tese de Doutoramento, Faculdade de Economia e Administração, USP, São Paulo, 1972, p. 155. Além de interpretar o quadro em termos de contabilidade nacional, a doutora Alaíde Taveiros expõe as teses gerais dos Fisiocratas, em particular as de Quesnay, com preocupação metodológica expressa. Traz o seu interessante trabalho apêndices com os artigos *Grains* e *Fermiers*, de Quesnay.

313. II, *Le Commerce et le Gouvernement*, p. 257, a 1-a 34.

as riquezas[314]. É impertinente, pois, incluir *Le Commerce et le Gouvernement* na Fisiocracia, sob pena de, perdendo-se o sequencial, unilateralmente se destacar o que é ponto de partida que assegura toda a cadeia.

O progresso tem limites: a intensificação do factício pode atingir o extremo da corrupção no luxo. Ainda que os luxos de magnificência e comodidade sejam tolerados, a terceira espécie, o luxo de frivolidade, não se admite[315]. Ilimitando os anteriores, esgota-se no ato mesmo em que se manifesta, puro esperdício a interromper um progresso em princípio irreprimível. Por vez primeira aparece a descontinuidade no horizonte sequencial: fratura, e não deslocamento, não sendo invocado princípio algum que retome a continuidade, o luxo de frivolidade traz a decadência[316] geral, pois, rebatendo-se em todas as sequências, interrompe-as bruscamente. O frívolo, em nível das carências, renega todos os postulados sequenciais, pois é queima no instante, volatilização sem retorno, ação sem progênie, no que difere da transitividade da riqueza, em que a agricultura e a indústria, produzindo, e o comércio, fazendo circular, são os parâmetros de um infindável acumular. O adjetivo mesmo indicia: enumerado com o vão, o fútil, o ridículo, o abusivo, denuncia o desregramento na produção das riquezas, a desordem das ideias dos sistemas, o maneirismo de um estilo efeitista e ornamental, a imaginação despoliciada que se sobrepõe às faculdades restantes.

Antes de o factício comprometer a transitividade dos engendramentos, as carências articulam-se com as faculdades; começo da sucessão volitiva, rebatem-se na do entendimento conferindo-lhe a mobilidade que ela, por si mesma, não comporta; determinando-a, relacionam o corpo e as coisas, e, em seu próprio progresso, fazem desejar, quando orientam para a coisa e tiram a alma de sua passividade original[317]. Direção que passa a exigir conhecimentos das coisas, não se satisfazendo mais a alma com o atender às carências naturais[318] e tornando-se insuficientes as lições que, com o gozo e o sofrimento, a natureza ministra em resposta à obediência ou transgressão

---

314. *Idem*, p. 257, a 50-b 1.
315. II, *Le Commerce et le Gouvernement*, p. 310, b 16-b 47.
316. *Idem*, p. 310, b 40-b 47.
317. II, *La Logique*, p. 393, a 23-b 15.
318. *Idem*, p. 393, b 9-b 15.

CAPÍTULO I

da Lei; pois, fazendo-se o conhecimento na análise e ligando-se com o gozo, brilha o artifício que, mesmo regrado, foge o domínio da natureza[319].

As duas metades do pensamento, séries da vontade e do entendimento, formam sistema; sucessivas, ambas se vestem com a primeira acepção e, seriadas, com a segunda, que àquela inclui. O serial estabelece o sistema como dispositivo de acionamento combinado das faculdades, não se atendo às de cada sequência isoladamente tomada – que ainda assim é sistemática –, mas a todas em conjunto, de modo a vinculá-las no pensamento[320]. Restritos no começo, os conhecimentos comunicam-se com as carências que os delimitam: o primário, estritamente sensível, e com mais forte razão o efetuado nos signos são confirmados ou desmentidos pela experiência[321]; passivos, quando a sucessão da vontade não atinge a inquietude e a do entendimento ainda ignora as possibilidades do artifício, ou ativos, quando operam as faculdades subsequentes, tanto as volitivas como as representativas, sempre, em maior ou menor grau, os conhecimentos submetem-se à natureza. Enquanto as coerções das carências se fazem sentir, antes de o frívolo recalcar o natural para exaltar a pura perda e assim traçar o limite ao progresso, a quantidade é diminuída para não comprometer a ordem, lema que se aplica a qualquer sistema[322]. Representado este pelo quadro móvel, classificatório ou circulatório, os ziguezagues de Quesnay, espacialização analisada por Alaíde Taveiros, exemplificam o último à falta de equivalente condillaquiano[323]. O sistema torna-se complexo, a ordem comanda a expansão dos elementos, signos ou ideias: de quadro a quadro, nenhuma falha, continuidade que destaca os deslocamentos na mudança de regime. A artificialização das ideias ou a fixação direcional do volitivo não fazem perder o fio, não só o do artifício, senão o que a este liga o sensível, conectando-se ativo e passivo.

Entre a assistematicidade do quadro inicial, a exterioridade da coisa, a passividade das faculdades da vontade e do entendimento, as representações sensíveis, a nomadização, e a estabilidade do sistema, a apropriação dos signos artificiais, a atividade das duas espécies de faculdades, as ideias gerais, a produtividade da sociedade civil que até se permite os luxos de magnificência e comodidade, nenhuma fratura, apenas mudança de regime. Deslocamen-

---

319. *Idem*, p. 393, b 16-b 21.
320. II, *La Logique*, p. 393, b 22-p. 394, a 2.
321. II, *La Loqique*, p. 394, a 3-a 19.
322. *Idem*, p. 399, a 10-a 18; II, *La Langue des Calculs*, p. 427, b 37-b 43; II, *Le Commerce et le Gouvernement*, p. 311, a 14-a 36.
323. Alaíde Taveiros, *op. cit.*, pp. 151-169.

tos, que não ferem os postulados sequenciais, na sistematização das faculdades nas séries, das ideias na taxionomia, dos signos na língua ou linguagem científica, da produção e circulação das riquezas. Continuidade na diferença, determinada pelas carências; contextualizadoras até a ruptura, sem que com o termo atualizemos Condillac; antes, porque a noção mesma de contexto é operante nas Luzes. Metáfora cujo sentido anterior é tirado da arte de tecer, no discurso a contextura difere do tecido por significar este o encadeamento das ideias e, aquela, a maneira pela qual são dispostas e encadeadas[324]; agenciadora, a contextura, ou contexto, por nova metáfora, estende-se tomando o sentido de determinação enquanto modalidade de dispor; modo de agenciar, a carência é, como afirma Condillac, "determinante"[325]. Contextualizadoras porque determinantes, as carências comandam os agenciamentos sequenciais como regimes; duas espécies propõem-se: uma, que vincula a carência à utilidade, outra, ao luxo de frivolidade. Determinando os regimes, extremam--se as carências: o primeiro extremo determina o quadro, a passagem deste à sequência e a própria sequência, independentemente de referir-se à natureza ou ao artifício, à passividade da alma ou à sua atividade; a esse funcionar utilitário contrapõe-se a desordem do luxo, quando a utilidade recua para que a frivolidade domine como ausência de regime, como antidispositivo que recusa o agenciar regrado com ressaltar o esperdício instantâneo. Ao sentido contextualizador e determinante da carência pautada pela utilidade, acrescenta-se, como explicitação do processo, a causalidade: a utilidade que determina a carência é causa do progresso[326]. Referida aos diversos domínios de conhecimento, faz que variem os avanços[327] de uns relativamente aos de outros, estabelecendo-se assim um desenvolvimento desigual, por vezes combinado, sendo cada domínio mais ou menos afetado pela utilidade[328]. Efetuando uma progressão desigual dos conhecimentos, as carências, no regime de utilidade, ou simplesmente operantes, atribuem a si mesmas todos os avanços como causa principal que tem, na contraprova da experiência, a direção correta; regulando-se por esta, à pura positividade do útil se acrescenta a regra natural, negativamente operante[329]. Progressiva como soma de avanços, positiva como impulso e regrada como contraprova, a utilidade confere às sequências

---

324. III, *Dictionnaire*, verbete "Tissu", p. 534, b 48-p. 535, a 5.
325. II, *La Logique*, p. 396, a 33-a 35.
326. II, *Cours d'Histoire*, p. 28, a 48-a 56.
327. III, *Dictionnaire*, verbete "Avancement", p. 71, b 51-p. 72, a 3.
328. II, *Cours d'Histoire*, p. 28, a 56-b 42.
329. *Idem*, p. 28, a 48-a 51.

CAPÍTULO I

o sentido transitivo e acumulador que se opõe ao luxo, o qual, supérfluo em geral, deprava costumes e conhecimentos[330]. A intransitividade e a instantaneidade do luxo indiciam a depravação, filha da estreiteza de seu escopo: desviado do geral e da riqueza, é apanágio dos privilegiados[331]. A simplicidade opõe-se ao luxo assim como o geral e a carência de utilidade, ao específico e ao luxo de frivolidade[332]. A riqueza do Estado não é o luxo, mas a simplicidade de uma agricultura altriz da população e fonte da indústria[333]. Pois o luxo – de magnificência –, como ostentação da Cidade[334], mais ainda – o de comodidade –, como embelezamento dos privilegiados[335] e, acima de todos – o de frivolidade –, como ilimitação da vaidade, corrupção dos costumes e conhecimentos, é empobrecimento do Estado[336]. Os dois primeiros mantêm-se nos limites que o terceiro explode[337] porque se desvia das carências da população e desatende aos progressos da indústria, desorganizando a produção e a circulação, comprometendo a riqueza das nações[338].

Do quadro à linha, da linha à desordem: delimita-se o progresso pelas carências. Sendo quadro e linha regidos pela utilidade e a desordem pela ausência de regime do luxo frívolo, duas espécies de barbárie se contrapõem: a primeira, associada ao quadro, desenovela as linhas que a fazem deixá-lo e à barbárie mesma; a segunda, consequência do luxo frívolo, queimando os progressos, é ruína[339]. O progresso é luz delimitada pelo luxo frívolo, segmento que, como a vida, é ciclo: encurvamento da reta que coincide com a circularidade da história, como destruição de tudo o que nasce[340]. Três idades se destacam: princípio, progresso e decadência, a qual, na forma aguda de declínio, é estágio final, quando predominam o vício e a corrupção[341]. Circunscrito pelas duas barbáries, o progresso provém da primeira e firma-se, para na segunda arder; tendência, não fatalidade, a das luzes à decadência, quando o reformismo é convocado para emendar a linha que arrebenta, reorientando os costumes, as artes e a linguagem, com a reeducação a vários

330. *Idem*, p. 112, a 8-b 38.
331. *Idem*, p. 112, b 28-b 33.
332. *Idem*, p. 112, a 42-b 38.
333. II, *Cours d'Histoire*, p. 113, a 6-a 17.
334. *Idem*, p. 112, a 12-a 27.
335. *Idem*, p. 112, a 42-b 6.
336. *Idem*, p. 112, a 7-a 33.
337. *Idem*, p. 113, a 34-a 38.
338. *Idem*, p. 113, b 31-p. 114, a 16.
339. II, *Cours d'Histoire*, p. 9, a 24-b 8.
340. I, *Essai*, p. 102, b 49-b 57.
341. II, *Cours d'Histoire*, p. 9, a 8-a 23.

passos operante contra o supérfluo do luxo. A educação impede tanto a formulação de um fim da história, postulado como progressismo inquebrantável, quanto a inação frente a um ciclo fechado na passagem das três idades que engolfa o avanço. Estando nas carências a causa, é sobre elas que se deve agir para indefinidamente prolongar a linha; desencadeando-se os progressos na primeira barbárie, é a utilidade que a faz superada, mas a terminal, irreversível quando atingida, implica mudança de regime. Ascendente um e decadente o outro, os dois regimes diferenciam-se na circularidade[342], que, em seu duplo sinal, propõe uma história causalista quando destaca o acontecimento; seu enunciado só pode ser: "conhecidos os efeitos, remontamos às causas, conhecidas as causas, podemos prever os efeitos"[343].

Três espécies de causas articulam-se: sequencial, o evento sobressai como identidade diferenciada, modalização que se estabelece como generalidade do caráter enquanto fixação de uma reunião de qualidades que distinguem um estado[344]. A generalidade do caráter, como estabilização da identidade, é a causa primeira, mantidas invariáveis as circunstâncias, dos mesmos efeitos: identidade que reúne carências utilitariamente determinadas, organização corporal e mesmo modo de sentir[345]. Invariância originária que as circunstâncias modificam: clima, natureza do governo, artes, toda uma lista que se estende e altera-se com os textos, mantendo-se fixas, entretanto, as três funções destacadas por serem abrangentes o bastante para articular invariantes e variáveis[346]. À segunda causa, circunstancial-modificadora, acrescenta-se, enfim, como terceira, o acaso, que se furta ao conhecimento porque imprevisível, embora decorrente da ordem geral[347]. Remete-se, assim, o evento ao campo das variações, apenas negativamente demonstrando o acaso a verdade dos fatos[348], válida para cada atualização das variáveis que a circunstância expressa. Homogeneizando o começo, o caráter geral modifica-se com a intervenção das circunstâncias que diferenciam a humanidade, originariamente idêntica, em povos, ou nações, aos quais, a seguir, o comércio aproxima, amenizando as diferenças nas artes e nos costumes[349], sem que faça voltar a identidade de origem. Inscrevendo-se no campo da variação, que se inten-

---

342. III, *Dictionnaire*, verbete "Chute", p. 124, b 54-p. 125, a 15.
343. II, *Cours d'Histoire*, p. 11, a 20-a 30.
344. III, *Dictionnaire*, verbete "Caractère", p. 110, a 19-a 31.
345. II, *Cours d'Histoire*, p. 11, a 32-a 41.
346. II, *Cours d'Histoire*, p. 11, b 1-b 13; I, *Essai*, p. 99, a 39-a 45; p. 100, b 43-b 48.
347. II, *Cours d'Histoire*, p. 11, b 14-b 21.
348. *Idem*, p. 11, b 39-p. 12, a 4.
349. *Idem*, p. 12, a 5-a 23.

CAPÍTULO I

sifica com as circunstâncias ou matiza-se com o comércio, as sequências, conquanto constantes para cada nação, também variam no tempo. Os desenvolvimentos desiguais e combinados do governo e dos costumes, do regime de utilidade das carências e do não-regime do luxo de frivolidade, têm no tempo discriminação semelhante à das circunstâncias que variam o caráter.

Embora só haja sequência para o contextualizador utilitariamente determinado, a recíproca não vale, posto que o regime se estende ao quadro como princípio mesmo de sua superação. Além disso, são linhas, qualquer que seja a variação espaço-temporal; mais ou menos avançadas umas com relação às outras, desde que prevaleçam as carências do regime e se limitem inferior e superiormente pelo não-regime e pelo primarismo do contextualizador do quadro. Quando, no entanto, passa a prevalecer o luxo frívolo, as linhas se interrompem, permanecendo apenas as pontas; truncamento, a decadência deve, no mínimo, admiti-las como referências do não-regime, sendo as disfunções das faculdades e a confusão dos signos e ideias relativas ao progressismo, postulado como condição ótima e normativa. Retendo-se não as sequências, posto que limitadas, mas as pontas como vertentes, anteriores ao regime e dele independentes, elevam-se a referência primeira devido à generalidade que alcançam como invariantes de qualquer etapa. Explicitam, então, tanto as relações que mantêm entre si quanto a própria inversão, quando o determinante é, por sua vez, determinado por aquilo mesmo que ele determina. Não se isenta a causa: rebatendo-se nela os efeitos, o que, no conceito, propõe-se como variável independente, deve ela admitir dependência relativa daquilo mesmo que é dependente dela: circularidade em que se distingue, porém, um primeiro e um segundo graus, a causa e os efeitos que, rebatendo-se sobre ela, modificam-na como causa.

Na fase ascendente, a carência contextualiza, dela dependendo os desenvolvimentos das vertentes que se começam a desenovelar na barbárie, limitada à satisfação das primeiras necessidades. Fluxo cuja secção relaciona faculdades do entendimento e da vontade, ideias e signos, assimilados em carências, conhecimentos e linguagens, representado por círculos concêntricos[350]. Outra família de círculos concêntricos é a das carências consideradas quanto aos diversos níveis de desenvolvimento: o círculo menor representa as necessidades dos selvagens; outro, maior, as dos pastores; maior ainda é o que figura as dos agricultores; em contínua expansão, o maior de todos

---

350. I, *Grammaire*, p. 434, b 6-b 53.

exprime os povos inventores das artes[351]. Crescentes os círculos com a extensão das carências, a família apenas faz ver a amplitude das necessidades de cada modo de existência e não as relações que transversalmente se estabelecem entre a carência, os conhecimentos e a linguagem. Enfatizando-se o progressismo, todos os círculos se expandem, tendendo o menor a coincidir com o maior, em desenvolvimento centrado; sem discriminar as relações internas transversalmente determináveis, a família destaca quatro níveis, conquanto pudesse admitir uma infinidade de atualizações, pois a variação se exerce do menor ao ilimitado. Variação em que se despreza a qualidade, homogeneizando-se a família com a quantificação em que as carências são funções das sociedades. A essa relação simples, a transversalidade opõe a que se estabelece entre carência, conhecimento e linguagem: precedem as carências aos conhecimentos e estes à linguagem em dependência funcional. Variável independente, a carência atribui dependência ao conhecimento, que se torna função; como a linguagem depende dos conhecimentos, relaciona-se com a carência como função de função. Nova família de círculos, mantida constante a sociedade; para a mesma sociedade, traça-se o mais extenso círculo de todos para representar as carências; considerando-se o grau de dependência, os menores correspondem, concentricamente, ao conhecimento e à linguagem. Relações funcionais em que luz a anterioridade e a exigência: os conhecimentos dependem das carências porque estas são primeiras e exigem o progresso dos conhecimentos; do mesmo modo, o conhecimento é anterior à linguagem (não se discute, aqui, a formação dos conhecimentos, que se fazem na língua) e exige o desenvolvimento dela para, por seu lado, desenvolver-se até coincidir o seu círculo com o das carências. Tendem os círculos a coincidir, satisfazendo as variáveis dependentes as exigências da independente[352]. Comparando-se os dois gráficos, suprime o segundo a vagueza do primeiro, os conhecimentos e linguagens dos selvagens não ultrapassam os rudimentos enquanto persistir tal modo de existência, e assim por diante, até se atingir o círculo das sociedades civis, ilimitado em seu progresso[353], uma vez que o regime funciona sem interrupção. Variável independente, determinando e causando, a carência expande as dependentes quando as faz encher os círculos que lhes assigna; tendência que não se detém no enchimento devido a rebaterem-se as dependentes na independente, com

351. *Idem*, p. 434, b 6-b 23.
352. I, *Grammaire*, p. 434, b 24-b 40.
353. *Idem*, p. 434, b 41-b 53.

CAPÍTULO I

desenvolvimento concertado e geral. Abstraindo-se os progressos resultantes da interação das sequências, o limite de variação de todas as funções é a coincidência dos círculos, e o menor, o dos selvagens, tem restringidos conhecimento e linguagem, a ponto de roçarem no estático e serem marginalizados por uma história progressista. No outro extremo – Condillac passa por cima dos círculos intermediários, atualizados pelos pastores e agricultores –, tendem à ilimitação os progressos da sociedade civil, desenhando-se no mesmo movimento e em filigrana os limites da expansão; limite do ilimitado, o luxo frívolo assombra, como disfunção, o funcionamento do artifício utilitariamente determinado: o outro lado do progresso é a desconexão e o relacionamento perverso de carência, conhecimento e linguagem, ameaça ao regime e que nele vem incubada para substituí-la assim que as funções deixarem de articular-se funcionalmente.

Quando suplanta a carência progressiva, o não-regime do luxo frívolo desregula, como intransitividade e improdutividade, a circulação, desordenando as relações funcionais figuradas pelos círculos. Explicita-o a linguagem que embaraça as paixões quando a imaginação se liberta da vigilância da reflexão[354]; corrompendo os costumes, perde a propriedade de, fixada, positivamente determiná-los[355], em associação com as ideias gerais, por um lado, e o raciocínio, por outro. À sistematicidade das vertentes na sua modalidade de sequências opõe-se o desregramento generalizado: a imaginação toma o lugar da reflexão no âmbito do entendimento, as imagens substituem as ideias gerais, as paixões, por aquelas medusadas, ocupam o campo todo da vontade, e dos signos deserta a analogia. Quanto às carências, o geral recua com o confisco dos conhecimentos pelas seitas – sacerdotais ou filosóficas –, que, na gíria de iniciados, atende apenas ao interesse de poucos[356]. Mas é o despotismo oriental que, com o luxo de frivolidade, torna insuportável o prazer áulico – tudo conduz apenas ao agrado que no instante arde –, para os cidadãos esquecidos, apenas interessados na riqueza da nação[357]. Pobreza generalizada e luxo do déspota, é o retorno à barbárie, não à primeira que ignora quase tudo e a divisão da sociedade, mas à segunda, infância esta dolorosa porém fecunda, porque a ruína é sinal de outros tempos, do começo de uma nova sociedade[358].

354. I, *L'Art de Penser*, p. 760, a 18-b 29.
355. I, *Essai*, p. 103, b 27-b 41.
356. I, *Essai*, p. 96, b 14-b 25; II, *Cours d'Histoire*, p. 25, a 40-p. 26, a 45.
357. II, *Cours d'Histoire*, p. 102, a 28-a 36; p. 112, a 4-a 7.
358. *Idem*, p. 112, b 15-b 38; p. 113, b 20-b 40.

Do quadro à linha, regime sem falha das carências, mas com o estilhaçamento do factício no luxo de frivolidade, disfunção das vertentes; propondo-se os limites superior e inferior como duas barbáries ou duas infâncias, ascendente a primeira e a segunda decadente a ponto de ser irreversível, apenas dois regimes (ou um regime e um não-regime) operam, o agenciar sucessivo e o nada ordenar. Determinando utilitariamente as carências, a natureza é ponto de partida e norma do artifício; mesmo distanciada pela linguagem, ainda se faz sentir como carência. São naturais as propriedades e ações inatas com poder de propagação pela linha: organização do corpo e faculdades regidas por suas necessidades[359]. Como regime, as carências também são inatas; imediatez germinal, pois, a rigor, só existe regime referido ao progresso. Mesmo no quadro, quando o artifício apenas está implícito, o progresso é tensão de vertentes, pois as ideias, faculdades e signos atendem à carência do corpo[360]; a experiência do prazer e da dor com que a natureza corrige e orienta, faz a passagem ao artifício e o garante nas observações e testes que exige como contraprova[361]. Por gerar o artifício e por regulá-lo, as carências se afirmam como o regime geral de qualquer progresso[362]. Enquanto desenvolvimento do envolto – das faculdades do entendimento na sensação e das voluntárias na carência –, distinguem-se duas modalidades: ou a atinente à demonstração, com o operar exclusivo da identidade, ou a referente à imbricação das vertentes como sequências; tomadas transversalmente, as sequências têm baixada a tensão que se estabelece quando progridem em regime liso. Tensor genérico, a carência causa e determina porque contextualiza; não explícita, entretanto, os avanços relativos de sequência sobre sequência, tensão interna que molarmente produz o regime liso da utilidade. Em razão da generalidade da carência progressiva, sujeitam-se a ela tanto a linha como o quadro, a sucessão e a classificação, também se conformando o sistema taxionômico ao regime[363]; do mesmo modo, a linguagem, língua ou puro artifício da ciência, corresponde às necessidades do corpo[364], devendo sua exatidão ser atribuída, genericamente, ao regime[365] e a limitação inicial, à estreiteza

359. II, *La Logique*, p. 373, a 13-a 28.
360. *Idem*, p. 374, b 7-b 30.
361. *Idem*, p. 373, a 45-p. 374, a 10.
362. *Idem*, p. 378, b 23-b 40.
363. II, *La Logique*, p. 380, a 8-a 25.
364. I, *Grammaire*, p. 442, b 34-b 54.
365. II, *La Logique*, p. 399, a 1-a 18.

das carências mesmas[366]. Cada vertente articula-se as carências, mas, quando reciprocamente consideradas, evidenciam a tensão que, como defasagem, faz o conjunto progredir. Porque não se pode remeter cada sequência apenas às carências, tomadas como regime genérico e, assim, superior às tensões entre as vertentes, é unilateral o esquema demonstrativo pois pende excessivamente para o começo. Por envolver as faculdades na sensação, atém-se à demonstração de uma gênese uniforme, com desprezo pela metamorfose que o juízo inicia quando destaca tanto o sensível como o sígnico. Cai a tensão: requisitos da constituição das faculdades superiores, os signos artificiais exemplificam o desequilíbrio que faz o conjunto das sequências progredir: as faculdades do entendimento, as da vontade quando a esperança enuncia o seu imperativo, e as ideias gerais. Reciprocamente, os signos progridem com a imaginação, rebatendo-se neles, assim, as faculdades mesmas. Exemplo ótimo é o da relação signo e ideia: o signo se constitui quando se fixa a relação do representante e da coisa; a seguir, as representações tornam-se referência do signo; com as ideias gerais, recuam a sistema de classificação. De gerado, passa o signo a gerador: surgindo como signo-coisa por força do hábito, fixa-se definitivamente como polo na referência e produz, quando esta se apaga, a arborescência que, deixando de nomear o sensível, o cataloga. Faculdades, ideias, signos – também o método – acabam identificando-se quando o artifício se distingue como força estabilizada[367].

Transversalmente, a tensão se evidencia nos avanços diferenciados das sequências, diminuindo quando remetida às grandes unidades, natureza e artifício: inscrita na sensibilidade, a linguagem de ação tem por escopo o sensível, fugindo-lhe o insensível – e não apenas as ideias gerais –, como as faculdades da alma e a mesma alma[368]. E quando despontarem pensáveis, receberão nomes transpostos de designações do sensível, metáforas que indiciam os poderes do deslocamento na passagem de sistema de significação a outro: regulamentação pela analogia. Heterogeneidade dos sistemas sígnicos que não faz prevalecer a diferença sobre a identidade, dada a uniformidade do regime geral das carências, como se fosse passagem do quantitativo ao qualitativo quando um sistema de signos ultrapassa o limiar diferenciador por incrementos imperceptíveis. Não é o que ocorre, pois um sistema é aban-

---

366. I, *Grammaire*, p. 445, a 3-a 21.
367. II, *La Logique*, p. 402, a 16-a 20.
368. I, *Grammaire*, p. 445, b 54-p. 446, a 15.

donado quando os signos subsequentes passam a predominar sobre os anteriormente dominantes: é assim que os signos naturais perdem para os artificiais, indicando o suplemento em sua dupla orientação a preponderância de um sobre o outro. Mais: não há sistema puro em parâmetros molares, o que, aliás, o suplemento confirma; já no artifício, a multitudinariedade de sistemas moleculares, exemplificados pelas linguagens científicas, também exclui a pureza. O predomínio é ponderado: tanto o suplemento natural, no artifício, quanto a multiplicação progressiva dos signos, nas ciências, em nenhum momento se opõem. Irreversível uma vez constituído, cada sistema tem na analogia o seu princípio: a metáfora o demonstra quando, parcimoniosa na multiplicação das palavras, estende sem constrangimento os significados do mais ao menos sensível.

Não se confinando em um sistema de signos determinado, a análise por esses se diferencia: vinculada aos signos naturais quando começa, apenas apreende a sua precariedade inicial ao mudar de sistema[369]; passagem que a transforma de opacidade em diafaneidade de método, metamorfose da linguagem de ação no movimento lúcido da língua. A análise pode pensar-se apenas com os signos da língua, tornando-se método o que era procedimento cego. O método também diferencia a sucessão desatadora da simultaneidade confusa[370]. Sucessividade que, na língua, enfatiza o discurso, a um tempo fala ou escrita e encadeamento linear de proposições[371]; dupla sucessividade que marca o discurso como tempo da fala e tempo do juízo, fluentes na linearização dos signos artificiais. Sendo ambos da sucessão, ligado um à locução e mais virtual o outro que material e ainda assim linearizador, fazem sobressair com força igual a decomposição pelos signos.

Operando os signos a passagem da análise de sistema a sistema, o antecedente configura-se como condição do subsequente, e a grosseria, na linguagem de ação, é pressuposta pelo refinamento, no discurso; abstraindo-se as transições de um a outro, como os acentos, o primeiro funciona como o ato a que o segundo pensa, por não caber ao impensado senão o fazer-se pensar pelo pensado, sem que o segundo, com isso, deixe ele mesmo de ser ato, mais, ato propriamente, visto que o primeiro é mais passivo e o segundo,

369. I, *Grammaire*, p. 442, b 5-b 33.
370. *Idem*, p. 436, b 46-b 54.
371. *Idem*, p. 438, a 3-a 33.

CAPÍTULO I

ativísimo[372]. Na língua, na ação, se apreende o proceder, e apreendendo-se se aprende, e aprendendo-se já é método[373]. Relação entre sistemas efetuada das sequências todas, devendo o subsequente a sua complexidade ao antecedente, quando à língua a linguagem de ação se subordina: na língua não só pensamos, mas graças a ela, fazendo-se o pensamento no juízo e no discurso[374]; sucessividade, também os signos progridem na autoanálise das línguas, na qual consomem o confuso da linguagem de ação nas distinções cursivas do discurso[375], quando à capacidade de decompor acrescentam o próprio compor na formação das classes. A autoanálise das línguas não se faz como progresso autocentrado, as sucessões operam defasadas, singularizando-se, como instrumento do pensar, o discurso que se constitui pensamento quando se analisa[376]. Instrumento da análise, mas imanente, pois é na língua mesma que essa se produz, sendo o intermediário o elemento e a ferramenta, a mão: análise propriamente é a da língua, que tanto a si tem por objeto quanto ao que não é ela, o pensamento analítico; ainda assim, a análise, por exigir signos, tem na língua o primeiro modelo, não o único, como as linguagens artificiais das ciências o provam. A análise, função da língua, precede e determina outra, a comunicação: para que esta se exerça e a intersubjetividade supere a relação empática, pressupõe-se o analisar, porquanto apenas comunicamos as ideias que conhecemos, ainda que a situação dialogal genérica de emissor e receptor, no limite simples desdobramento do Mesmo, seja condição da fluência, do discurso[377].

Como na língua e com a língua pensamos, nela estão o método analítico e as regras do juízo elementar[378]. A Gramática geral, disciplina que investiga os princípios e as regras do método, distingue-se das Gramáticas particulares, cujo objeto são as concreções, as línguas nacionais; não só a visada, mas o alcance: conquanto na Gramática particular operem os princípios da geral, apenas esta analisa o pensamento porque se detém tanto no juízo, unidade do discurso, como no mesmo discurso[379]. Alcance que divisa a Gramática geral como entrada e primeira parte da arte de pensar, devendo os desenvolvimen-

---

372. II, *La Logique*, p. 398, a 22-a 26; b 7-b 29.
373. I, *Grammaire*, p. 442, a 46-b 4.
374. *Idem*, p. 427, a 41-b 3.
375. *Idem*, p. 435, a 26-a 45.
376. I, *Grammaire*, p. 436, b 25-b 54; II, *La Logique*, p. 400, a 16-a 40.
377. I, *Grammaire*, p. 442, a 1-a 12.
378. II, *La Logique*, p. 400, a 16-a 26.
379. I, *Grammaire*, p. 443, a 30-a 41.

tos em outros domínios de signos, como os das ciências, corresponder analogicamente aos requisitos da Introdução[380]; pois é específico da Gramática investigar as regras e os signos, o método, portanto, condição de toda análise de discurso que tenha a clareza e a precisão como principal requisito[381]. Conjunto de regras, a Gramática não satisfaz inteiramente as prescrições da análise. Por isso, as regras da arte de raciocinar extrapolam as da sintaxe: o falar corretamente não é o bem falar porque este implica o corretamente pensar; apenas se fala bem quando bem se raciocina, as ideias se analisam e a sintaxe a elas se ajusta. Pois a sintaxe não exclui a semântica, podendo corretamente ligarem-se ideias vagas, abstratas e mal formadas em geral sem que o modo de agenciá-las seja, por isso, invalidado[382]. Deve, assim, a exigência extragramatical da ligação das ideias ser atendida: requisito do *Essai* e da *Art de Penser*; ou a da geração das ideias: condição da *Grammaire* e da *Logique*. Ligação ou geração das ideias são parâmetros que coincidem na diferença de seus lemas: exigências que a Gramática não satisfaz porque a ultrapassam quando ainda se estendem ao impensado. Pois, artifício, deve a análise prolongar a natureza sem romper com o que a engendrou, as representações sensíveis e depois a linguagem de ação; a maior amplitude das ideias exige do artifício adequação ao regime liso das carências, que comanda a geração em qualquer etapa dos progressos. Por serem atendidas as carências naturais, as línguas e, por extensão, qualquer linguagem artificial, tiram da sua limitação inicial a força do exato[383], critério de formação de toda espécie de signos, não estando na quantidade, mas na precisão, a perfeição[384]. Corolário é o encarecimento das línguas vulgares nascentes, mais apropriadas ao raciocínio do que as eruditas importadas, por próximas da natureza e puras[385], ou das nacionais que, autógenas, com a analogia se formam e barram a confusão de uma contribuição cosmopolita, fora de lugar[386]. Boa formação que a analogia assegura e a etimologia verifica: a arte à natureza não contraria, antes desenvolve, mantendo-se intacto o princípio de não-contrariedade da ligação das ideias ou o de sua geração e o dispositivo gramatical, por mais longe que o artifício vá; verificado o critério da parcimônia, o autocentramento sígnico

---

380. *Idem*, p. 427, a 33-b 8.
381. *Idem*, p. 427, b 9-b 25.
382. II, *Cours d'Histoire*, p. 91, a 49-b 28.
383. II, *La Logique*, p. 399, a 1-a 18.
384. *Idem*, p. 399, a 14-a 18.
385. *Idem*, p. 399, a 1-a 7; p. 400, b 5-b 15.
386. *Idem*, p. 400, b 40-p. 401, a 3.

CAPÍTULO I

não contraria a articulação de todas as sequências[387], mantendo-se a tensão que as faz progredir.

Como linguagem, a análise submete-se unicamente ao regime liso, sendo inconcebível fora dele por dominar a confusão[388]; coincidem a fala, o raciocínio e a formação de ideias gerais: tendo na Gramática geral o modelo de língua bem feita, por ser a ordem das ideias subordinação dos nomes das espécies aos dos gêneros, determinando-se as ideias pelas classes, a arte de raciocinar torna sucessivo e tabular à medida que sequencia[389]. O bem falar e o raciocinar na língua e com ela identificam-se na distinção das ideias quando satisfazem todos os requisitos e atingem cabal desenvolimento. Assim como o raciocínio se faz graças à língua e com ela se desenvolve[390], também se liga aos seus antecedentes na sequência das faculdades que coroa; gerada pela linguagem de ação, a língua por sua vez se especifica, e para analisar-se depende das faculdades, desde o juízo, à medida que progride: novamente, combinação defasada de sucessões. Uma vez coincidentes, o bem falar e o analisar fazem valer a analogia como coerção do progresso dos signos e da formação dos seus sistemas[391], critério que se aplica à identificação e crítica da confusão cosmopolita, da gíria das seitas, de tudo o que, como a curiosidade, infringe a regra[392].

Não havendo sistema fechado, afirmam-se as continuidades com dominante: um sistema é superado quando seus signos passam a funcionar como suplemento, e o que operava como suplemento no antecedente constitui o modo dominante de análise e comunicação. Isso é revelado, por um lado, pela referência quando, em um sistema, insiste-se no que os signos podem designar, significar ou representar. A linguagem de ação tem por domínio o sensível, mas as línguas, por motivação, retomam-na e a desenvolvem com o tropismo; por outro, as categorias gramaticais o evidenciam, quando substantivos, adjetivos ou verbos sucedem-se com o predomínio gradativo do insensível e da abstração. É a analogia que regula a autoanálise das línguas quando do impensado conduz ao pensado, ampliando as possibilidades de designação, homogeneizando os sistemas, vinculando-os uns aos outros.

387. I, *Grammaire*, p. 440, a 19-a 53.
388. *Idem*, p. 440, a 43-a 53.
389. II, *La Logique*, p. 402, a 3-a 15.
390. *Idem*, p. 396, b 23-b 37.
391. II, *La Logique*, p. 402, a 16-a 53.
392. *Idem*, p. 401, a 4-a 17.

Limitando-se pela má formação de signos e ideias, a análise, que destas cuida, corrige a analogia, quando juntas estendem a linguagem; sob o regime constante das carências, a análise, ligada às ideias, e aos signos, a analogia, explicitam o regime útil e liso. Constituem-se, assim, como estalão que mede as filosofias, as artes e as ciências, não se reduzindo à simples comparação quando derribam o que compromete os progressos.

CAPÍTULO

II

Ao entrar na *iurta*, o visitante identifica, no *khali*, o morador; sabe onde este pastoreia porque o insere, além do clã (*obe*), composto de unidades familiais das tendas, além até do ramo (*tireh*) e da subtribo (*tayefeh*), em que mais prontamente o Oguz se reconhece, no *khalk* (tribo, que contém as divisões anteriores)[1]. Ao *khalk* se atribui o território, cujas fronteiras, por demarcadas, sempre estão sujeitas a mudar. A fraqueza da terra, estepe e deserto, mantém as tribos em constante beligerância, e a disputa territorial, que ocasiona deslocamentos maciços com alternância na hegemonia, atinge os oásis, afetando populações sedentarizadas e os canatos mesmos, vítimas das razias dos nômades.

Não se concebe nômade sem sedentário, nem aldeia ou cidade sem transumância: troca *in natura* e, além, perpetuação, no agricultor, artesão e comerciante, dos valores do nomadismo ancestral[2]. Conhecido exemplo dão os Uzbek, diferentes porém dos Oguz, sedentarizados: nos fundos da casa, mantêm a tenda, para a qual se mudam passada a estação fria[3], devolvendo à primeira os valores do nômade. Símbolos que encarecem o solo: terras de pastoreio, mas também o chão da *iurta*, coberto de têxteis, feltro e tapetes, almofadas, sacos para guardar os trens, sal, roupas; ligação com a terra que não é apanágio do Oguz, abrangendo todo o mosaico étnico do atual Sinkiang uighur ao Mediterrâneo árabe. O chão, como referência primordial, pois nele se dorme, ora-se, senta-se, come-se, brinca-se, tão fortemente atrai o corpo que a anisotropia espacial do Oriente difere, a ponto de se tornar irreconhecível, dos parâmetros espaciais do Ocidente; até os estudiosos do espaço arquitetônico que mais

---

1. Siawosch Azadi, *Turkoman Carpets and the Ethnographic Significance of Their Ornaments*, trad. R. Pinner, Fishguard, The Crosby Press, 1975, p. 10.
2. Elizabeth E. Bacon, *Central Asians under Russian Rule*, Ithaca, Cornell University Press, 1980, cap. III.
3. *Idem*, p. 61.

108   CONDILLAC LÚCIDO E TRANSLÚCIDO

se detêm na escala humana como, recentemente, Bruno Zevi[4], desinteressam-se do solo, não o considerando sob o enfoque psicofisiológico. O chão, como visibilidade teórica e como princípio ordenador do espaço, exige a conversão do estudioso para ser entendido nessa função e poucos, como Kurt Erdmann, enfatizaram suficientemente sua importância para o Oriental: "apenas no Oriente podia originar-se [o tapete], e apenas no Oriente podia ele desenvolver formas tão abundantes que mal se consegue divisá-las. Pressupõe-se uma relação inteiramente diversa entre o espaço e o homem oriental que, mesmo após séculos de existência sedentária, ainda preserva a reminiscência da vida na tenda. O acocorar-se, o acaçapar-se ou o deitar-se em almofadas ou colchões diferem do sentar-se em cadeiras e do dormir em camas por uma relação mais estreita com o chão, cuja superfície tem, ao mesmo tempo, significado diverso, como espaço amplo e vazio, relativamente ao dos nossos quartos entulhados de móveis, em que a parede e determinante. Por isso, desenvolveu o Ocidente a tapeçaria (*Wandteppich*), o Oriente, o tapete (*Bodenteppich*)"[5].

Os símbolos investem o chão: solo cujas ervas nutrem os rebanhos, território que o poderio dá à tribo, no qual assim se guerreia, escraviza-se, foge-se, mas também, uniformemente para o nômade e o sedentário, chão da tenda ou da casa voltada sobre si mesma, indistinção que não faz aflorar uma cultura diferenciada à qual pudéssemos dar o nome "popular".

Entrando na *iurta*, o visitante identifica, no *khali*, a pertença do Oguz: sabe muito porque vê, onde tudo se vê, no chão, estendido em cima do feltro, o *göl*, que nos dois sentidos do *khali* se repete para assinalar o infinito. Capital entre os tapetes, o *khali* apenas se abre em ocasiões especiais; dos bens, joias, ourivesaria (esqueçamos os trastes), os têxteis são distinguidos pois, sendo ao sunita vedado representar, é na cor que investe o desejo estético. Não se reduz à decoração o interesse do *khali*: orgulho oguz, o *göl* que nele se tece revela a pertença e assim situa a tenda no conjunto variado das tribos. Identificador, o *göl* com elas se multiplica, cada qual destacando o seu *onighun* estilizado, águia, falcão, sobre o qual pesa o interdito da caça[6].

Motivo principal, o *göl* não se confunde com o que, fora das preocupações etnológicas, generalizou-se com a denominação *gül* (flor). Ornamento principal e símbolo identificador, o *göl* contrapõe-se ao *gül*, não apenas como elemento da decoração, cabendo a este papel secundário na ornamentação geral, mas como referência ao poder. Privilégio dos dominantes ou livres de dominação, aos dominados – os vencidos em guerra ou os que, colocando-se sob a proteção de outra tribo, submetem-se –,

---

4.   Bruno Zevi, *Saber ver a Arquitectura*, trad. M. Delgado, Lisboa, Arcádia, 1966, p. 56.
5.   Kurt Erdmann, *Der orientalische Knüpfteppich*, Tubinga, Wasmuth, 1965, p. 11.
6.   Siawosch Azadi, *op. cit.*, pp. 9 e 20. Desenvolve Azadi as investigações da etnóloga soviética V. G. Moshkova no que concerne a identificação da tribo pelo *göl*, publicadas na URSS. Já em outra direção, com preocupação iconográfica e em âmbito mais vasto, com não se deter em povos determinados, encaminha-se a investigação de Armen E. Hangeldian. Cf. *Les Tapis d'Orient*, trad. J. de Recqueville, Paris, Guy te Prat, 1959, pp. 34-49, em que o Autor retoma, para interpretar os símbolos, o conceito de *Kunstwollen*, como o aplica R. Bianchi Bandinelli à numismática, e, mais além, como o expõe Wilhelm Worringer.

sendo proibido tecer o *göl*: só a soberania se identifica. Restam dois caminhos ao dominado, a adoção do *göl* dominante ou simplesmente parar de tecer o *khali*. Quanto ao *gül*, em sua contraposição ao *göl* e ao sentido divulgado que recebe, pode o dominante adotá-lo, dando-lhe um lugar secundário, limitando-o ao ornamental. Sempre remetidos à soberania, *göl* e *gül* têm seu emprego estritamente regulamentado: o *gül*, *göl* desqualificado como ornamento secundário, não pode aparecer no tapete capital; despojados dele, os dominados perdem a identidade anterior, restando-lhes, quanto ao *göl* próprio, o deslocá-lo do chão para as laterais da tenda, para os sacos, de preferência para o *tchuval*, desprovido de função identificadora: é a morte do *göl*.

O *göl* morto é o grande tema da sociedade oguz. Deslocado do chão para as laterais, retirando-se do *khali* para o *tchuval* (às vezes outro saco, o *torba*), lamenta, em seu derradeiro refúgio, o destino dos vencidos. A elevação do chão é queda da soberania, não se detendo nas laterais o olhar identificador do visitante. Ornando o secundário, por secundário e por ornar, pode o *göl* morto no saco coexistir com o *göl* vivo – e novo – no *khali*.

É a tópica que comanda o emprego do *göl*: regulamentação inflexível, o estar fora do lugar nada mais é senão o resultado de um deslocar ativo, reduzindo-se o espaço à verticalidade, que com duplo sentido marca os lugares. Do chão para o alto, do *khali* para o *tchuval*, é morte como desativação e desterritorialização, por ser o solo referência das referências. Abandonar o chão e o *khali* é, para o Oguz, superlativa desonra, reconhecimento de submissão, manifesta com a metamorfose do *göl* em *gül*; movimento que é dupla desterritorialização: perda do domínio das pastagens, perda do *khali*, suporte do símbolo de soberania. Finura oguz na síntese do símbolo, do deslocamento, da terra: obrigando o vencido a se desfazer das marcas que no chão o identificam, dá à mudança de lugar o peso da aniquilação, e o *göl*, de símbolo de vida como totem, decai ao subir, mas ao morrer, vira ornamento. Confessar-se dominado é romper, no deslocamento, a unidade do símbolo e do ornamento: mudança de lugar que apenas faz manter o adorno, pois o chão, que é vida, deserta[7].

"Todos sabem que a arte não deve aparecer numa obra; mas talvez não se saiba igualmente que é apenas por força de arte que se pode ocultá-la"[8]. O natural que se sabe artifício impede o virtuosismo porque se dá como natureza. O engenho torna-se disfarce, a arte na natureza se oculta. Enuncia-se a regra do bem fazer um discurso que seja liso, apagando-se os vestígios do artifício para que, soberano, desenvolva-se o verossímil. Ocultar os andaimes (o esquema demonstrativo da exposição) e interditar o excesso nas paixões (as figuras reduzidas a marcas de caráter): (neo)classicismo, como se diz, atado à horaciana *ut pictura poesis*. Do escrever, incessantemente remetido aos

7. Siawosch Azadi, *op. cit.*, pp. 31-32.
8. I, *Essai*, p. 116, a 25-a 28.

CONDILLAC LÚCIDO E TRANSLÚCIDO

quadros do pintar, exige-se a mesma duplicidade das pinceladas que pintam e se pintam na superfície do suporte para velar os traçados reguladores, os empastamentos, tudo o que possa confundir a visão[9]. Nitidez e caráter são os equivalentes discursivos do modelo pictórico: disposição ordenada e modulada dos enunciados em consonância com os sentimentos exigidos pelo assunto[10].

Não deixaremos de ser condillaquianos quando, ultrapassando as prescrições do estilo, atentarmos para os desequilíbrios e incongruências, investimentos de tensões que, no clarão, exibem o momento – *memento mori*, pulsão de morte – que sacode os regulamentos estilísticos. Pois também isso é *conseguido*; menos até pela prescrição da máxima do que pela quebra da uniformidade, admitida como diferença, efeito calculado a ser cobrado do leitor. Sempre pressentidos, entramos no jogo do maquilado maquilador que se refugia no caráter para poder irromper como paixão. Revelação, e não desmascaramento, efetuada menos pelo estilo, com seus filtros e disfarces, do que operação das paixões que, intensificando o sujeito da enunciação, inscrevem, ao esgarçar o texto, a suposta mão que escreve: o Abade como invenção do texto do Abade.

A hipérbole é dos tropos que pintam: associada às paixões em conflito com a regra, apenas é admitida para manifestar um caráter presa de emoções desordenadas[11]. O seu circunscrito operar determina-se pela circunstância textual: o sujeito suposto aflora quando se defronta com o insuportável. Surpreendemo-lo no texto quando se acumulam marcas intensivas, como pontos de exclamação e ironias, fingindo rasgar a textura. Transportemos o filósofo de seu gabinete para o campo da batalha ou para o palácio do governo: é hiperbólica a ironia dos duplos antitéticos, espantosos o Descartes-Turenne, o Malebranche-Richelieu, o Leibniz-Colbert[12]. Logo, porém, o aceramento hiperbólico é denunciado, vincando a contextura como marca da incompatibilidade; puro efeito[13], que afasta a suposição de se reconhecer na hipérbole uma perda ou incapacidade qualquer frente aos limites da conveniência: singularidade, encarrega-se de preparar a tensão ao balizar o

9. I, *L'Art de Penser*, p. 774, b 51-p. 775, a 9; III, *Dictionnaire*, verbete "Naturel", p. 399, b 11-b 18.
10. I, *L'Art d'Écrire*, p. 517, a 6-a 27.
11. I, *L'Art d'Écrire*, p. 563, a 56-b 14.
12. I, *Traité des Systêmes*, p. 125, b 45-p. 126, a 24.
13. *Idem*, p. 133, b 1-b 5. "Raillerie à part, car je ne sais si l'on me pardonnera ce badinage dans un ouvrage si sérieux, ce n'est qu'avec beaucoup de précaution que les hommes devroient se servir d'expressions métaphoriques".

CAPÍTULO II

crescendo do discurso. Intensificando, acusa a hipérbole o que desencadeia as paixões: fingindo trair-se no sujeito da enunciação, o suposto escritor faz cintilar o insuportável, seus oponentes. A aparição simultânea do escritor e do que, para ele, é incompatível com a lisura, já é diferendo, e a dureza do texto flete-se como querela.

As escaramuças condillaquianas voltam-se contra o estilo estendido como aplicação das prescrições da nitidez e do caráter, para realçar o áspero momento; é quando se encenam as táticas, devendo o cenário incluir a acepção militar: tudo é montado para a dissuasão, não mais de um simples leitor, mas do espectador que o desdobra, suposto presa dos Cartesianos. Situação que investe a teoria de papel combativo, sem disfarce; aliada à Retórica, a produzir efeitos cênicos, a doutrina define o leitor-espectador diante do texto: menos objeto da instrução que da persuasão, é determinado a comprazer--se com o recuo do discurso como dissertação a aprender para apreender a dicção que se impõe em cena. Uma adjetivação precisa – os "vão", "ridículo", "inútil", "frívolo", "abusivo", "fútil" – agrega-se aos enunciados teóricos, como também o fazem a ironia e a hipérbole, destacados intensificadores. O cenarista é consumado retor; não lida com enunciados supostamente neutros, endereçados a um leitor anônimo, como se a persuasão fosse efetuada pela argumentação. Por encarecer a pragmática, na qual o enunciado de conhecimento é modalidade entre outras, esse se vê explicitado como parte interessada na querela, participando no trabalho retórico de demolição do adversário.

O cenário representa um ataque frontal: a descoberta do ponto fraco dos sistemas cartesianos propõe-se como expedito encurralar[14]. Visando diretamente os princípios, o interrogatório aperta os sistemas seiscentistas no que lhes é vital: a dedução, procedimento que trama a teoria a partir de princípios considerados insuspeitos. Arvora Condillac descabida pretensão, seja por enfrentar a alma de qualquer construção, a sua própria, portanto – para ele, toda ciência bem feita também comporta princípios e consequências que, juntos, formam sistema[15] –, seja por nada indicar a vulnerabilidade porque, aspirando ao mínimo, no limite, a um só[16], cercam-se de cuidados os sistemas. Retomando o construtivismo, não procura Condillac a vulnera-

---

14. I, *Traité des Systêmes*, p. 143, a 26-a 33. "Demandez à un philosophe ce qu'il entend par tel ou tel principe; si vous le pressez, vous découvrirez bientôt l'endroit foible; [...] et, pour lors, il vous sera tout aussi aisé de le renverser que de l'attaquer".

15. I, *Traité des Systêmes*, p. 216, a 33-a 36.

16. *Idem*, p. 121, a 12-a 16.

bilidade na pura forma da demonstração; como peleja sem investir os flancos – articulações secundárias, conceitos de pormenor –, visando a alma da construção, depressa localiza o ponto fraco. Desenhando o secundário e reafirmando a arquitetônica das proposições, ataca os sistemas enquanto modos determinados de construir. Retendo a diferença das modalidades, determina a tática: não desmonta os sistemas do interior, já lançando conceitos contra outros à procura de contradição íntima, já surpreendendo incongruências em suas articulações, mas do exterior, opondo aos conceitos e agenciamentos dispositivo que os mede e os condena. Tornando excêntrico o domínio de referência dos termos que acaso retém ou desativando os agenciamentos mesmos, o estalão condillaquiano faz o discurso atacado padecer sob os rigores de um crivo que o devolve como balbuciar insensato.

Acionando o serial e o sucessivo, opõe aos princípios a análise e a analogia, menos temas que operadores, os quais, medindo, desativam um Cartesianismo tenebroso[17]. Obscurecendo a luz cartesiana, o adjetivo desqualificador também ilumina quando concentra o confronto nos princípios: patentes e exatos no estalão e obscuros e imprecisos no Cartesianismo, estende-se aos princípios o sentido de começo, sobre a diversidade de sua concepção[18]. Concurso que evidencia a correção de uns e a presunção de outros, posto não haver sistema sem começo, mas o que é ou bom ou mau. Os princípios do estalão validam-se por coincidir tropicamente com o começo[19] e com a origem dos conhecimentos[20]; sendo bons esses princípios, os atacados, atros e estéreis, devem ser tidos como maus: pretenso começo, nada podem principiar[21]. O estalão que, com visada tópica, sobre si mesmo os rebate, revela-o: incapazes de começar, deslocam-se na sequência para o lugar da noção geral. Quando esta é bem formada, investe-se tanto de poder prospectivo ao desenvolver as espécies de que é gênero, como do recapitulador ao balizar, na sucessão gerativa, os conhecimentos adquiridos, explicitando-se como resultado[22]. Nada podendo iniciar por serem resultado, os princípios gerais também revelam-se incapazes de desdobramentos classificatórios como gêneros: relegados à unilateralidade de estação retrospectiva, apenas confirmam seu sentido devindo. Deslocados tanto da eminência de origem por não atenderem aos

17. II, *La Logique*, p. 405, a 45-a 50.
18. III, *Dictionnaire*, verbete "Principe", p. 459, a 22-a 26.
19. II, *La Logique*, p. 403, b 57-p. 404, a 4.
20. *Idem*, p. 404, a 5-a 8.
21. *Idem*, p. 405, b 42-b 49.
22. I, *L'Art de Penser*, p. 746, b 32-b 39.

CAPÍTULO II

requisitos da sensibilidade, quanto do poder de iniciar ou desdobrar espécies por carecerem das determinações a que satisfazem as noções formadas no fio da sensibilidade, confinam-se na unilateralidade de paradas retrospectivas. Nada começando, os princípios gerais tampouco podem operar como etapas retrospectivas ou como sumários, pois estas pressupõem o bem formar.

Desligadas do sensível, as definições, axiomas e proposições em geral alegam a indemonstrabilidade dos princípios como defesa e imposição. Não é aceita a alegação defensiva, simples barricada contra qualquer questionamento[23]. Defesa que o atacante ignora e desmascara, quando desqualifica os princípios como dupla treva: os sistemas nem explicitam o que lhes dá a convicção de poderem começar, nem justificam, abstraindo-se a matéria da presunção, a autoevidência proclamada. Quando, entretanto, a presunção da inquestionabilidade passa ao arrazoado, e o princípio alega a simplicidade para se defender, basta deslocar o conceito, tornando-o excêntrico: para poder começar, deve o simples atender ao requisito da progressividade das sucessões[24], nela perdendo a generalidade de noção frente à simplicidade sensível da decomposição original. Assim se introduz o caminho: ligado ao começo, participa de uma inquisição cujo âmbito se estende. O deslocamento do princípio para o fim da sequência compromete o caminho, que os sistemas afirmam dedutivo e o estalão recusa. Sendo o sólido, para a análise, anterior à linha e esta ao ponto em que o sensível evanesce, os sistemas tomam caminho oposto: atribuem ao ponto simplicidade exemplar e consideram o sólido noção composta. Modos de agenciar inversos[25], em correspondência à inversão das posições dos princípios; noções gerais, os princípios pressupõem a abstração que, por semelhança, generaliza os conhecimentos particulares e sensíveis[26]. Posteriores aos sensíveis, ou se localizam no término da sucessão quando esta se abre em leque no tabular, ou se tornam etapas quando recapitulam e auxiliam na ligação das ideias como abreviações de descobertas feitas[27]. Relegados à desimportância de estações ou aos confins do desenvolvimento genético[28], os princípios são desativados: subindo na sucessão, quando apenas mostram, caem na pretensão de comandar. Arrui-

---

23. I, *L'Art de Penser*, p. 745, a 31-b 4; *Traité des Systêmes*, p. 128, a 2-a 15.
24. I, *Essai*, p. 112, b 34-b 49.
25. I, *Essai*, p. 112, b 49-p. 113, a 5.
26. I, *L'Art de Penser*, p. 744, b 34-b 46.
27. *Idem*, p. 748, a 9-a 19.
28. I, *Traité des Systêmes*, p. 124, b 4-b 20.

nados e desterritorializados porque invertidos por crivo que atua do exterior, os sistemas ainda têm no caminho defesa a ser vencida.

É síntese a dedução que se desenvolve com princípios gerais; opõe-se à análise, sem que possa ser admitida complementariedade das duas. Embora signifique propriamente "decomposição" em geral, a análise não reparte com a síntese o operar agenciamentos: incompatíveis, elas ressaltam orientações contrárias. A tese da complementariedade pretende que a análise decompõe e que a síntese compõe[29]; heterogêneas, não se completam em regime diferencial e integrado, pois, mutuamente excludentes, negam o sincretismo como pretensão[30]. Desprovida de força geradora, a síntese não agencia: partindo do que é resultado, é recusada não apenas como procedimento complementar, mas, simplesmente, como operação; em oposição ao demonstrar analítico, restringe-se, efeitista, ao mostrar[31]. Nem começo, porque resultado, nem caminho, porque intransitiva enquanto noção recapituladora, é abandonada; com isso, desdenha-se a dedução do sensível a partir de princípios gerais, por apenas haver caminho quando se parte do sensível e se atinge a noção. Desenvolvendo o complexo do simples[32], a análise, regrada e gradualista, nega o sentido inverso da síntese, que nem é caminho pois nada faz conhecer. Todavia, como se afirma caminho, inventa uma ordem ilusória e já não é engano, mas erro e descaminho[33]. Desencaminhando da reta ordem, é paradoxal pois, relacionando proposições distantes umas das outras, prova na desordem qualquer coisa[34]. *Quodlibet* resultante de operações sem sentido gradualista, exercidas sobre proposições disparatadas, a síntese é apresentada pelo estalão como paradoxo que se mascara. A ordem com que ilude apenas se desmascara quando a análise investe os pressupostos vigiadíssimos e os põe à roda: pressupostos que têm seus próprios pressupostos, noções que pressupõem ideias sensíveis, tudo o que se afirma indemonstrável e tudo o que assim se deduz, dançam à roda para que sejam vistos mascarados e, aparência ilusória[35], sejam desmascarados.

A análise prossegue: detecta o maior perigo para a boa formação das noções, a abstração, pressuposto operatório do geral. Localizar a operação

---

29. I, *L'Art de Penser*, p. 747, a 15-a 26.
30. II, *La Logique*, p. 405, b 20-b 33.
31. *Idem*, p. 404, b 21-b 36.
32. I, *Essai*, p. 112, a 15-a 28; II, *La Logique*, p. 404, a 39-a 57.
33. II, *La Logique*, p. 406, a 17-a 20.
34. I, *L'Art de Penser*, p. 745, b 35-b 55.
35. *Idem*, p. 747, b 33-b 55.

CAPÍTULO II

em que indiscriminadamente as sequências podem perder-se, amplia a análise que, sobre ser estalão e desembuste, estende-se à dificuldade que afeta o conhecimento em geral, tanto o bom quanto o mau. Não se reduzindo a má-fé o ocultamento da síntese, é insuficiente encurralar os filósofos arguindo sua retidão ou sua gíria, inventada como linguagem de seita[36], para se darem importância e defenderem interesses específicos. Por ser novo o prazer de desmascarar e nova também a perseguição da infâmia, da canalha e das seitas, o Iluminismo inaugura, em nome do interesse geral e do método acessível a todos – exercemo-lo sem o conhecer quando a natureza fala em nós –, a atitude de revolver os signos. Essa modernidade, que não congela o significado nos parâmetros do verdadeiro e do falso, mas que neste percebe ilusão emboscada, ainda assim pressupõe um sentido verdadeiro e primeiro para os signos: não há máscara sem rosto atrás. Mesmo que sob sua lei tudo seja lícito como prazer do instante, o rosto é um primeiro e só se mascara para se desmascarar. Tirada, voltam o quotidiano e o conhecido: Tiepolo, Longhi. Exceção na festa, regra em Condillac: a má-fé e a gíria, o interesse e a vaidade, embora pesem, reforçam-se na fraqueza da finitude.

A obscuridade da síntese inscreve-se na abstração: armadilha que apanha o conhecimento, desencadeia os sonhos dos visionários metafísicos e os erros involuntários. Sendo a noção gerada pela ablação que por semelhança seleciona ínfima parte das propriedades concorrentes num suporte, a abstração é o momento em que os conhecimentos se podem desviar: defeito do mecanismo e cilada para qualquer conhecimento. Localização precisa, porque o sensível, por determinado e anterior, não falha; nem as noções, quando bem formadas, porque a regra é patente. No meio: é na passagem do sensível ao geral que, lugar da abstração, está a cilada em que apenas a boa metafísica não se deixa apanhar. Boa porque a análise se apoia na analogia, explicitando-lhe as noções fundamentais: a noção de substância tem o sentido daquilo que "está em baixo" quando a metafísica, desdobrando-se em etimologia, distingue o primitivo do figurado[37], operando como sustentação de propriedades e modos[38]; equivalente é a noção de sujeito, correlato exterior da substância, investido da mesma função de suporte[39], por também atrair a multiplicidade. Subposição, substância e sujeito são suposição: assim como se supõe na alma

36. II, *La Logique*, p. 395, b 11-b 23.
37. III, *Dictionnaire*, verbete "Substance", p. 521, b 3-b 9.
38. I, *Essai*, p. 42, b 30-b 58.
39. *Idem*, p. 52, a 48-a 54.

um suporte que reúne as modalidades das sensações, também o sujeito, cuja exterioridade é a da proposição, junta as qualidades que, formando coleções, constituem os corpos[40]. Subposição suposta, a substância recebe, tal como o sujeito, estatuto operacional: ordenadora das qualidades que convergem, é apenas operatória e incognoscível porque a nada de sensível correspon- de[41]. Equivalentes operacionais, substância e sujeito distinguem-se como o interior do exterior, sendo homólogos, no juízo, à sensação e à proposição, respectivamente. O duplo e o unitivo estendem à substância as propriedades do signo, e este, por sua vez, por ela é mais bem determinado quanto ao poder de ordenar e classificar. Para classificar, o signo tem que antes reunir, pois na taxionomia está implícito o sentido integrador do *symbolon*; quanto à substância, são as propriedades enumeradora e discriminadora do signo que a determinam quando é preciso especificá-la no que concerne o número e a variedade[42]. Embora difiram, signo, substância e sujeito têm a proprieda- de comum de reunir uma multiplicidade qualquer. É o que faz a substância distinguir-se da essência, tanto da primeira, que assegura a demonstrabilida- de exaustiva das relações, quanto da essência segunda, incompleta e relativa à primeira; a operação unitiva da substância não se orienta para a demons- tração, quer no sentido exaustivo quer no parcial, pois sua função é dar ser à multiplicidade. A substância tampouco se confunde com as propriedades; estas, como qualidades particulares que diferenciam as coisas, distinguem-se da substância considerada em seu sentido unitivo e realizador de suporte. A substância também difere dos modos como o estável, do passageiro; pois os modos referem-se, não à coisa, mas àquilo que nela se altera[43].

Excluem-se o *quodlibet*, paradoxo da síntese, a proposição qualquer que ilusoriamente se conclui de proposições distantes e disparatadas, e o *quolibet* dicionarizado por Condillac[44]. Engenho este, aquele é inútil, frívolo, abusi- vo. Captura do pensamento na cilada, o *quodlibet* explicita a fragilidade da finitude que se distancia da natureza. E a finitude que a arma para si mesma quando abandona o sensível e tenta o geral; limitada, cai na contradição do ser e do nada, prova a superar. Situação em que a alma não pode abarcar todas as modificações que se devem distinguir na sucessão: o fluxo das mo-

---

40. I, *L'Art de Penser*, p. 750, a 53-b 37.
41. *Idem*, p. 743, a 37-a 53.
42. I, *Essai*, p. 42, b 30-b 36.
43. III, *Dictionnaire*, verbete "Modification", p. 388, a 1-a 26.
44. III, *Dictionnaire*, verbete "Quolibet", p. 469, b 21-b 22.

dificações supõe uma substância à qual se referem[45]. Ela deve distinguir as modificações entre si, mas também distingui-las do ser, substância suposta que lhes dá realidade[46]. Abstração: destacando-se do suposto ser que lhes dá o ser, as modificações o perdem, tornam-se nada[47]; mas, como a alma não pode refletir sobre o nada, a elas atribui o ser que lhes era dado pela substância, ou ser, da qual se separaram. Contradição que sofre a alma: confere o ser ao que o perdeu, pois o nada, por nada ser, não pode ser objetivado para a reflexão. Quando dá ser às abstrações, a alma as realiza[48]. Oscilando entre as modificações abstraídas do ser como modificações, que não são, encara o nada como algo quando lhes dá o ser que a elas não podia ser dado; vincula, definitivamente, o que não passa de nada com o ser[49]. A alma trafica o ser: por um lado, as modificações do seu próprio ser, que são as sensações de sua suposta substância, ou, correlatamente, as qualidades das coisas, ou sujeitos, com que a alma se relaciona[50]; por outro, a objetivação dessas modificações, de que a alma necessita para pensá-las, faz que percam o ser que a suposta substância a elas confere. E quando a elas o devolve, já não o pode[51]. Tráfico que a reflexão exige para exercer-se, pois a alma devolve aquilo mesmo que tirou: realização das abstrações, vício das noções, queda dos princípios gerais da síntese[52].

Determina-se, ao mesmo tempo, o estatuto das ideias abstratas e gerais: puro nome, não têm qualquer realidade, posto que, sendo algo, uma ideia particular e sensível qualquer, deixam de ser gerais[53]. Não havendo gêneros e espécies fora da alma, os nomes, classificando, relacionam as coisas entre si e com a alma mesma[54]. Simultaneidade de dupla orientação: para que as abstrações não se realizem, as ideias gerais não podem pretender representar indivíduos, sob pena de deixarem de ser gerais[55], como relações, todavia, remetem aos indivíduos – por isso são ideias –, mas enquanto visada da alma que neles percebe algo[56]. Como propriamente a alma só tem ideias indivi-

---

45. I, *Essai*, p. 50, a 2-a 11; I, *L'Art de Penser*, p. 740, b 19-b 27.
46. I, *Essai*, p. 50, a 12-a 21; I, *L'Art de Penser*, p. 740, b 28-b 33.
47. I, *Essai*, p. 50, a 22-a 24; I, *L'Art de Penser*, p. 740, b 33-b 37.
48. I, *Essai*, p. 50, a 24-a 33; I, *L'Art de Penser*, p. 740, b 37-p. 741, a 6.
49. I, *Essai*, p. 50, a 33-a 39; I, *L'Art de Penser*, p. 741, a 6-a 11.
50. I, *Essai*, p. 50, a 39-a 50; I, *L'Art de Penser*, p. 741, a 11-a 23.
51. I, *Essai*, p. 50, a 2-a 21; I, *L'Art de Penser*, p. 740, b 18-b 32.
52. I, *Essai*, p. 50, a 51-b 2; I, *L'Art de Penser*, p. 741, a 24-a 34.
53. I, *Essai*, p. 49, a 39-b 1; I, *L'Art de Penser*, p. 739, b 13-b 22; II, *La Logique*, p. 401, a 56-b 4.
54. II, *La Logique*, p. 402, a 40-a 52.
55. *Idem*, p. 401, b 15-b 40.
56. I, *Cours d'Études*, "Précis", p. 411, b 45-p. 412, a 4.

duais, não passando as gerais de nomes, apenas percebe nestas o que nota nos indivíduos, estabelecendo-se, assim, correspondência entre o sensível e o geral, desde que este seja formado segundo os preceitos da análise e da analogia. Sendo o nome a realidade das abstrações, denega-lhes Condillac realidade sensível e evita a subreptícia realização do geral. Amplia-se também a função da análise: além de medir e desmascarar, localiza, evitando ciladas.

Os filósofos são traficantes do ser: por falta de *quolibet*, a tudo levam o *quodlibet*. Não lhes bastando o cognoscível, de que não dão conta, estendem o paradoxo ao incognoscível, ampliando, não as fronteiras do conhecimento, mas a treva sobre o que se pode conhecer. Ilusionismo ilimitado[57], pois não se conhece o que se pode conhecer e imagina-se conhecer tanto o que não se pode conhecer quanto o que se pode conhecer: singulariza-se a síntese como produtora de fantasmagorias que se dão por realidades[58]. Desenvolve-se o efeitismo: multiplicando a ilusão, a alma se acomoda ao efeito de realidade dos signos[59] quando se habitua a reforçar a simulação deixando de questionar as relações das palavras com as coisas e as representações. Tem por coisas as palavras, como se coisas fossem ao produzirem efeitos de coisas[60]. Pois, contornando-se a representação, a palavra liga-se indevidamente à coisa como se fosse seu signo e ela, o significado. Contudo, a relação é diferente: as palavras não se ligam diretamente com as coisas porque a noção não é signo delas, mas seu correlato como visada da finitude. Sendo próprio da abstração reter do sensível aspecto que ela generaliza, a finitude relaciona a noção que sai do sensível, com o sensível mesmo, viés que introduz a representação entre os dois. As palavras significam as representações, não as coisas: o contrário é a realização. Designando coisas e significando ideias delas abstraídas, mantém-se a correspondência entre coisas e representações; porque não se deve ver nas coisas o que nelas não se pode ver[61], nem o sensível é abandonado, por ser simultaneamente ponto de partida da noção e correlato, nem as abstrações são encaradas como coisas providas de ser quando separadas do seu suporte[62].

Por abstraírem qualidades, as noções expõem-se continuamente à realização. Perigo que nunca deixa de assombrar os progressos do conhecimen-

---

57.   I, *Essai*, p. 51, a 27-p. 52, a 5; I, *L'Art de Penser*, p. 741, b 1-b 25.
58.   I, *L'Art de Penser*, p. 742, b 43-b 45.
59.   I, *Essai*, p. 50, b 47-b 50.
60.   *Idem*, p. 105, a 38-a 55.
61.   II, *La Logique*, p. 381, a 53-b 20.
62.   I, *Essai*, p. 49, b 33-b 42.

CAPÍTULO II

to: chega a desanimar Condillac quanto à reforma dos conhecimentos e da língua. Em demorada exposição, destaca, além da cilada mesma, os passos que se devem dar para evitá-la. Duplo enfoque: o conhecimento das ideias simples, que compõem as noções arquetípicas, e o reto emprego das palavras, que se relacionam com as ideias. Nova dificuldade: para evitar a contradição do ser e do nada, duas vias mutuamente excludentes podem ser tomadas: ou se determinam preliminarmente as ideias simples que as palavras devem significar – procedimento embaraçoso para o discurso –, ou se supõem comodamente as palavras como signos da realidade mesma, reintroduzindo-se a contradição[63]. A primeira via é a da análise, opção desanimadora na prática, porque exige como único recurso corretivo que se mude o hábito do discurso impreciso no qual as abstrações se realizam. Como a segunda via a nada leva, a primeira, reformadora, toca o irrealizável, pois a determinação das ideias pressupõe a exatidão e transformação anterior da língua. Não é sonho de logoteta, pois Condillac não se propõe um recomeço absoluto, um "fazer palavras". Embora se possam adotar as palavras que se limitam às carências de utilidade, quando existe acordo entre interlocutores, devem recusar-se aquelas que as ultrapassam, principalmente as palavras dos filósofos[64]. As ideias compostas exigem cuidados, pois, como resultantes da combinação das simples, seu domínio de referência pode ser nulo, quando as palavras nada significam, ou vago, quando a extensão da palavra é variável, admitindo diversas acepções simultâneas[65].

Superada a dificuldade preliminar pela aceitação de palavras correspondentes às carências primeiras, outra logo sobrevém: exigindo recomeço, propõe-se a experiência original que enfatiza a sensibilidade. Quando fixa a relação de signo e ideia, a análise retoma o cenário em que a circunstância – que, provocando, também homogeneiza os parceiros – estabilizava os signos. A circunstância nova difere da casualidade da original porque estipula uma situação comum para os interlocutores que estabilizam o domínio de referência das palavras. Determinando-se intersubjetivamente, o sentido não mais se entende pela diferença entre proposição – da qual ele se diz – e palavra – à qual o significado remete –; opõe-se à indeterminação ou à ausência do domínio de referência em geral, enquanto palavra e proposição são definidas pelo uso. A circunstância sensibilizadora fixa a relação de signo e ideia

63.   Idem, p. 52, a 45-b 46; I, *L'Art de Penser*, p. 743, a 37-b 39.
64.   I, *Essai*, p. 106, a 25-a 44; p. 107, a 4-a 9; I, *L'Art de Penser*, p. 761, b 27-b 44.
65.   I, *Essai*, p. 105, a 24-a 31; p. 106, a 50-b 2.

120   CONDILLAC LÚCIDO E TRANSLÚCIDO

como uso, não se circunscrevendo às primeiras formas de estabilidade por estender-se às subsequentes à medida que estas se tornam complexas[66].

Reformadora, a análise também é reforçadora: sendo a natureza insuficiente na formação dos conhecimentos desenvolvidos com as noções, a análise, como artifício, acrescenta forças às limitadas da finitude[67]. Evita a realização das palavras pois, fazendo conhecer a geração gradual das ideias, impede a antecipação do que se ignora e confirma a finitude nos progressos que se limitam pelo cognoscível[68]. Determinando as ideias, a análise assegura a exatidão da relação de signo e ideia, embora não deva ser completa porquanto a precisão não equivale à esgotabilidade das relações[69].

Simples e particulares, as ideias sensíveis são sempre determinadas, mas as complexas que as reúnem requerem definição dos contornos, delas nada podendo se tirar ou a elas se acrescentar[70]. As prescrições especificam-se: o *Essai* e a *Art de Penser* desenvolvem uma classificação das noções com sentido tipológico ao reduzi-las a duas, cada qual com exigências específicas em sua formação. Tipologia que distingue as noções que se constituem a partir de modelo das que apenas dependem de escolha[71]. As primeiras aplicam-se às substâncias, como o ouro, em que a reunião dos componentes simples, que são as propriedades, não é arbitrária, mas dependente de observações[72]. Inacabadas, posto que a observação pode estender indefinidamente a noção com a descoberta de novas propriedades, diferem das noções arquetípicas, que se voltam para a ação, como as do direito, da moral e das artes, que, desvinculadas da observação, são fechadas[73]. Fixa-se para as arquetípicas o domínio de referência, estabelecendo-se as ideias componentes, no que diferem daquelas que têm modelo prévio, as quais, além de abertas, devem pautar-se pelas coisas[74].

As noções com modelo devem atender à exigência do acordo de ideia e coisa: isto é assegurado pela comunidade da circunstância, suficiente para impedir o aprisionamento do indivíduo em suas representações, derivadas da divergência original das sensações que as coisas ocasionam e das rela-

---

66. I, *Essai*, p. 106, b 1-b 25; p. 111, a 32-a 47; I, *L'Art de Penser*, p. 761, a 35-a 55.
67. I, *L'Art de Penser*, p. 740, b 3-b 16.
68. I, *Essai*, p. 111, b 4-b 23.
69. II, *La Logique*, p. 381, b 28-b 36.
70. I, *Essai*, p. 112, a 1-a 13; I, *L'Art de Penser*, p. 762, a 18-a 27.
71. I, *Essai*, p. 109, a 47-a 52.
72. *Idem*, p. 109, a 53-b 12.
73. *Idem*, p. 109, b 41-p. 110, a 17.
74. I, *Essai*, p. 110, a 25-a 51.

ções por ela também discrepantes[75]. É função da circunstância estipulada garantir, sobre a variação individual das representações, a comunidade de sentido; a simples estipulação já indica a variação na divergência por afastar o disparate de representações individuais que supõe circunstâncias diferentes. No entanto, é menos para conter a discrepância nos limites assignada pela variação que as circunstâncias são estipuladas: como a dificuldade está em fixar o domínio de referência dos signos, são estes, em conjunto com as circunstâncias, excluindo a variação individual das representações, que determinam a convergência requerida. Devendo todos os indivíduos empregar os mesmos signos, fixa-se a diversidade com os nomes que dão ao que varia, representações, sentimentos, ideias. Invariantes, signos e circunstância dominam a variação: idêntica para todos os indivíduos, a circunstância faz que se dê o mesmo nome às suas representações, evitando a discrepância pois solicita a todos igualmente. Identidade da excitação na circunstância, identidade do nome: a invariância da relação supera a variação das representações, pois todos empregam o mesmo nome para a ideia que têm e a circunstância solicita idêntica resposta fazendo convergir o que diverge. Predominando a regra, é inconcebível o solipsismo e a realização das palavras, anulada pela correta formação das ideias.

Quando as ideias complexas são abertas como multiplicidade de ideias simples, a tipologia as inclui no grupo das substâncias, reunindo-as e classificando-as[76]. Catalogando as ideias complexas em geral, os tipos auxiliam na restrição do inexato: esquecendo-se os logotetas empenhados no projeto da língua precisa, em que a relação entre signo e ideia não admite o equívoco, os tipos conjuram a má formação das ideias; sendo livres de erro os nomes das ideias simples porque sensibilizadas pelas circunstâncias que determinam as sensações às quais se ligam[77], não o são, contudo, os das complexas, difíceis de analisar[78]. Os nomes de noções cujo correlato pode ser diferentemente recortado são incertos por variarem com relação ao menos ou ao mais. Quanto aos nomes das noções que se formam com modelo, sua inesgotabilidade exige que a análise lhes discrimine e lhes enumere as ideias componentes; quanto aos nomes das que se formam sem modelo, sua arbitrariedade e dependência de um regulamentador – pois desprovidos de contraprova

---

75. I, *L'Art de Penser*, p. 762, b 4-b 54.
76. I, *Essai*, p. 109, b 14-b 30.
77. *Idem*, p. 89, b 35-b 44.
78. *Idem*, p. 89, b 47-b 50.

sensível ou de modelo por que se pautem – exigem também que a análise lhes separe arbitrariamente algumas ideias componentes, considerando-se a urgência de sua formação, que depende da experiência passada para escapar da imprevisibilidade[79].

O *Essai* e a *Art de Penser* assemelham-se: ao enfrentarem a dificuldade na determinação das ideias, centram-se exclusivamente na análise como decomposição e composição; enfatizando o domínio de referência, têm no signo não um operador dotado de produtividade própria, mas aquilo que se acrescenta às ideias com a condição de a elas convir[80]. Ainda que destaquem a invariância que submete a variação das representações, desprezam seu poder de formar ideias; restrito à função classificatória[81], o signo não sequencia, poder que insistentemente se encarece na *Logique*, *Grammaire* e *Langue des Calculs*. Pois os signos ampliam seu exercício além do resumir, recapitular, classificar e fixar quando, sequenciando, fazem confluir três vertentes: linguagem, raciocínio e método. Ao destacarem as propriedades que são requisitos da exatidão, o *Essai* e a *Art de Penser*, além das distinções estritamente tópicas, defendem, em última instância, o sentido, seja quando prescrevem as maneiras de evitar a realização das palavras, seja quando regulamentam os procedimentos que constrangem a vaguez do domínio de referência ou sua simples ausência. Se essas condenam a língua ao não-sentido de um borboletear de palavras malogradas, defeito da síntese que se deve tanto ao vazio dos princípios gerais ou ao das proposições deduzidas, quanto à inoperância dos agenciamentos ilusórios, o discurso de conhecimento arrisca-se ao efeitismo de termos que se arvoram significativos quando nada significam.

Na guerra condillaquiana, a adjetivação investe-se do papel de hipotipose quando dá o tom à intensificação da querela ou quando ilumina as operações analíticas contra a síntese. Não lhe basta, todavia, a função ancilar porque seu operar específico se compreende naquilo que a análise é incapaz de propor: os efeitos da abstração sobre o leitor. No mesmo plano da ironia, da hipérbole e das exclamações, sobressai como aglutinação[82]. Louvam-se

---

79. I, *L'Art de Penser*, p. 763, a 19-a 48.
80. I, *Essai*, p. 91, a 26-a 47; I, *L'Art de Penser*, p. 761, a 55-a 59; p. 764, b 10-b 40.
81. I, *Essai*, p. 91, a 48-a 56.
82. II, *La Logique*, p. 394, b 44-b 48. Exemplo de aglutinação: "L'art d'abuser des mots a été pour nous l'art de raisonner: arbitraire, frivole, ridicule, absurde...".

CAPÍTULO II

as adjetivações quando intitulam capítulos do *Traité des Systêmes*[83]; mesmo substantivados, o "inútil" e o "abusivo" indicam operações específicas, destacando-se, como verbetes do *Dictionnaire*, por fazerem gravitar em torno de si uma constelação de qualificativos[84].

A família que se subordina ao "inútil" – "vão", "frívolo" e "fútil" – determina-se por ele; sendo o "inútil" a mera ausência de utilidade, o "vão" é mais extenso: a vanidade é a inutilidade com aparência de utilidade. Ao mesmo tempo, aquilo que, como "inútil", é simples falta, adquire uma determinação a mais como "vão": forjando, o "vão" mascara a ausência do "inútil" com o seu contrário, recebendo o sentido ilusório do positivo. O "inútil" e o "vão" diferem do "frívolo": determinando-se frente à ausência, relaciona-se a frivolidade com a pouca valia; sem muita utilidade, o "frívolo" qualifica a serventia suspeita, mas o "fútil" o traz de volta à inexpressividade como raciocínio sobre o nada. Marcados como nulidades, o "inútil", o "vão" e o "fútil" ainda assim se distinguem, o terceiro como determinação de faculdade, o segundo como mascaramento do primeiro.

A segunda família, articulada pelo "abuso" – e também pelo verbete "abusar" –, define-se face aos abrangentes "erro" e "engano", respectivamente. Remetendo a todas as modalidades do "engano", o "erro" especifica-se como "abuso" por subentender a confiança: "abusar" é fazer alguém errar; diferenciando-se, ao mesmo tempo, do "interpretar mal", que consiste na incompreensão do verdadeiro sentido de um texto, o "abusar" constitui-se como a operação que lhe dá um mau sentido. Assim o "abusar" remete ao "enganar" e "seduzir": tanto o "abusar" como o "seduzir" são especificações do "enganar", pois o "abuso" é o "engano" em que se pressupõe a confiança naquele que engana. Abusa-se de alguém para se tirar alguma vantagem, mas seduz-se alguém para que cometa uma falta. Tematizando o "alguém", a "sedução" e o "abuso" diferem do "erro" e da "má interpretação", que não explicitam o destinatário.

É o que os distingue da constelação do "inútil": apenas o "abuso" e a "sedução" remetem, além do domínio de referência, ao leitor. Repartem-se inutilidade, frivolidade ou futilidade e o "abuso" e a "sedução" frente aos sistemas abstratos: as primeiras – incluamos o "erro" e o "engano" – apenas ressaltam o domínio de referência, mas os últimos indiciam o destinatário

---

83. I, *Traité des Systêmes*, p. 124, a 21-a 23; p. 127, b 7-b 8.
84. III, *Dictionnaire*, verbete "Inutile", p. 345, a 1-a 10; verbete "Abus", p. 13, a 23-a 47; verbete "Abuser", p. 13, a 49-a 59.

como objeto de operações. Com o destaque de títulos e verbetes, a inutilidade e o abuso indicam a dupla orientação do discurso condillaquiano, explicitando a primeira a inconsequência que os adjetivos a ela subordinados determinam e variam, e, o segundo, a direção para uma suposta presa. A inconsequência estende-se além da utilidade quando enfatiza a referência. Quanto à vanidade, por dar aparência de utilidade ao inútil, mais sugere que tematiza o destinatário, pois recai nas paixões o tomar por realidade o que não passa de falácia[85]. Ilusionismo que causa erros[86], efeito da contradição na qual os modos passam por realidades e em que as palavras que os significam como ideias se embaraçam com as coisas. Realização das palavras: o referente e a referência incluem-se no ilusionismo que toma a segunda pelo primeiro. Imaginada referente, a referência decai quando se eleva no referente: efeitismo inevitável enquanto persistem os recobrimentos. Devendo a vanidade ser atribuída às paixões, é expressiva, distinguindo-se do abuso e da sedução que têm por objeto o leitor (ou o leitor-espectador, quando se considera a função hipotipótico-cênica da adjetivação).

Orientando-se o abuso pelo abusado e a sedução pelo seduzido, determina-se o ilusionismo fora dos referenciais "engano" e "erro" como o que se forja para alguém. Surpreendendo-se na adjetivação as orientações do discurso, a referência e o destinatário devem ser tematizados sempre que a belicosidade dá o tom. Aplicada aos sistemas abstratos que a desencadeiam, a adjetivação os qualifica em seu primeiro e limitado operar: o "fútil" desqualifica-os frente à utilidade como o que lhes falta; o "frívolo", como o que neles é irrelevante; o "vão", relacionado com o ilusionismo e, assim, indiretamente com o "abuso" e a "sedução", como o mau sentido das proposições. Abstraindo-se o agente ao qual se atribui credibilidade, o mau sentido é a própria ilusão, mascaramento da ausência com a positividade. Referenciais, constelam em torno do "inútil" e distinguem-se do abusivo que atrai o sedutor; o "inútil" expõe o destinatário e o agente na relação de aproveitamento: o abusado interessa menos do que o abusador. Ênfase inversa recebe a sedução, quando o destinatário se impõe ao agente: na sedução não se tira proveito, no abuso dispensa-se o seduzir. Sendo secundária a referência, os parceiros destacam em suas relações assimétricas a pura instrumentalidade do discurso: no abuso, os sistemas propõem-se expedientes da exploração de alguém; na sedução, fascínio, quando o paciente, sem referência, comete qualquer falta.

85. III, *Dictionnaire*, verbete "Illusion", p. 321, b 30-b 34.
86. *Idem*, p. 321, b 34-b 36.

CAPÍTULO II

Investindo a síntese e seus princípios, a adjetivação pontua tanto os agenciamentos quanto a referência[87]. Ausente ou vaga esta, disparatados aqueles, explicitam-se os paradoxos como não-sentido em geral: esvoaçar de palavras que o inútil e o abusivo, desqualificando, qualificam para a reflexão. O ataque do inútil contra os princípios abstratos da dedução quase sempre acompanha a roda condillaquiana que desloca os pressupostos; se nesse movimento de anulação o inútil focaliza a ausência, o frívolo acende a irrelevância da recapitulação e abreviação. Subordinando o inútil ao abusivo, neste o *Traité des Systêmes* escalona três momentos[88], que, por serem ativos, enfatizam sua operação em detrimento da referência. Abuso principial é tomar palavras vagas por conhecimentos determinados[89]; disso decorre considerar intangíveis os princípios na sua forma de axiomas e definições[90]; terceiro abuso é relacionar arbitrariamente ideias, que nos convêm, com palavras que na filosofia constituem repertório estabilizado: "em toda parte os mesmos termos"[91], passagem em que se louva o combinatório na derivação de uma multiplicidade atual, – os sistemas – de um repertório fixo e finito de elementos – vocábulo restrito e ilimitadas acepções, que, sendo indeterminadas, enlouquecem como proliferação arbitrária. Os princípios, nomes sem referência determinada e incapazes de conexão[92], intensificam o abuso quando instituem, desprezando o raciocínio, a análise e o bem falar, o "falar por falar"[93]: explicitação da arbitrariedade na escolha do sistema para o qual as paixões inclinam o filósofo. Como a algaravia apenas destaca a referência, o abuso estende-se além do psitacismo quando encarece a relação entre agente e destinatário, desprezando as direções da inutilidade. Ativo, o abuso volta-se para o agente pois se direciona pelo interesse[94]: como gíria de seita,

---

87. Ocorrências relevantes: "sedução", I, *Traité des Systêmes*, p. 125, a 8-a 14; p. 130, b 27-b 46; "frivolidade", I, *Traité des Systêmes*, p. 125, b 7-b 13; II, *La Logique*, p. 399, a 36-a 43; I, *L'Art de Penser*, p. 746, b 19-b 21; p. 747, b 5-b 9; p. 748, b 9-b 12; p. 751, b 29-b 33; "inutilidade", I, *Essai*, p. 25, a 41-a 47; I, *Traité des Systêmes*, p. 125, b 34-b 38; II, *La Logique*, p. 399, a 36-a 43; "abuso", I, *Essai*, p. 25, a 4-a 6; p. 25, a 41-a 47; p. 51, a 27-a 32; p. 88, a 37-a 50; p. 91, a 6-a 8; I, *Traité des Systêmes*, p. 127, b 40-b 45; p. 128, a 2-a 11; p. 129, b 3-b 12; p. 131, a 12-a 20; p. 204, a 17-a 27; I, *L' Art de Penser*, p. 742, a 8-a 13; p. 743, b 54-p. 744, a 11; p. 744, b 9-b 16; p. 744, b 43-b 46; p. 757, b 11-b 37; "futilidade", I, *Traité des Systêmes*, p. 137, b 11-b 13.
88. I, *Traité des Systêmes*, p. 127, b 40-p. 128, a 11; p. 129, b 3-b 21.
89. *Idem*, p. 127, b 22-b 45.
90. *Idem*, p. 127, b 46-p. 128, a 11.
91. *Idem*, p. 129, b 47-b 48.
92. II, *La Logique*, p. 378, a 8-a 14; p. 395, b 46-b 51.
93. *Idem*, p. 399, a 44-a 48.
94. I, *Essai*, p. 53, a 7-a 23; I, *L'Art de Penser*, p. 744, a 11-a 31; I, *Traité des Systêmes*, p. 131, a 43-a 46; II, *La Logique*, p. 378, a 3-a 11.

os sistemas multiplicam disputas irrisórias em que a falta de sinceridade é regra[95]. Querelas que se inflamam com a alegada importância dos assuntos, com desdém daquilo que as anularia: a consideração pelos limites do conhecimento e pelo método com que os adquirimos e desenvolvemos[96]. Quanto mais se ilimita o conhecimento, tanto mais alto ele mira; os elevados objetos da filosofia fazem coincidentemente "voar em países desconhecidos e construir sistemas"[97]. Alturas da metafísica, da moral e da teologia com que o interesse prevalece e com que a sedução protege: abusando, os sistemas ressaltam o agente e, seduzindo, a vítima[98]. Articulam-se, ativos, com a referência do "inútil", que caracteriza o discurso como gíria, em que a palavra torna-se puro som ou signo vago[99]. Não podendo admitir a vacância, a síntese forja a referência, denunciada pelo "vão" como encobrimento do falar por falar[100] que aparenta utilidade em todo o discurso. Alto objeto é o método mesmo, que tanto promove como defende: ora propõe a banalidade disjuntiva do "sem mim..." para livrar-se de questionamento, ora adula para reforçar a sedução[101]. Adulando, a síntese encobre a referência para conquistar o destinatário: forja-se uma ordem – vanidade do ocultamento – que adquire, por proximidade à adulação, atividade; ação também defensiva quando a síntese apela para o alto à procura de respeitabilidade que protege do questionar[102]. Reputação que a ironia combate: o comezinho rebaixa a altura. Quanto mais alto o voo, tanto mais se indaga sobre o comum[103] que, distantíssimo na cadeia dedutiva, é o mais próximo da análise. Com o vulgar, a ironia contrapõe cinicamente teatro e quotidiano, a cena em que a máscara se petrifica na ilusão que seduz, e o reles que se teatraliza na farsa que é exceção fugaz. Anti-ilusionismo que encarece a atenção à ordem das coisas que estão à mão quando rebaixa a aura do intangível.

Distinguem-se na oposição de quotidiano e de teatral os destinatários: o de Condillac, objeto de esclarecimento até na tensão do ataque, concebe-se reflexivo, e o dos sistemas, vítima de sedução e adulação, vê-se como

---

95. I, *Traité des Systêmes*, p. 130, b 37-b 42.
96. *Idem*, p. 130, b 42-b 46; p. 204, a 17-a 25.
97. I, *Traité des Systêmes*, p. 126, b 48-b 51.
98. *Idem*, p. 131, b 6-b 33.
99. *Idem*, p. 129, b 45-b 47.
100. I, *Essai*, p. 52, a 1-a 5.
101. I, *Traité des Systêmes*, p. 125, a 8-a 14; p. 130, b 27-b 34; III, *Dictionnaire*, verbete "Flatter", p. 280, b 58-p. 281, a 8.
102. I, *Traité des Systêmes*, p. 131, b 15-b 22.
103. I, *Traité des Systêmes*, p. 131, b 35-b 40.

CAPÍTULO II

pura paixão. Remetida antes à expressividade, a paixão passa a referir-se ao destinatário. A teatralidade amplia-se: articulados à ilusão, os adjetivos espacializam os sistemas como teatro[104]; como, das faculdades da vontade valoriza a paixão, e das do entendimento, a imaginação, a ilusão rompe a hierarquia e harmonia clássicas. Excluindo a reflexão, solta a imaginação de suas coerções[105] por relacioná-la com o cenário. Efeitista, a síntese oculta a desordem da dedução com a aparência de sensibilidade que as palavras realizadas adquirem na cilada da contradição. Dando corpo aos princípios gerais, as palavras decaídas recebem sensibilização ilusória[106]; em oposição à análise, em que o sensível reforça a teoria, não é hipotipótica a iluminação da síntese: nada esclarecendo, por desprezar a analogia, é luz degradada, ofuscamento[107]. Deslumbrando, não pode esclarecer: afastada das disposições analítico-analógicas, a imaginação desregra-se operando isolada e ofusca o tropismo da pura paixão. Quanto mais abstrato é o princípio, tanto mais vaga e equívoca, a expressão[108]; inexistindo regra que oriente, não se concebe conexão determinada: a síntese é escura luz.

Enquanto a memória retém o signo ou a circunstância, a imaginação desperta a própria percepção[109]: Idênticas, porque retrospectivas na representação do ausente, diferem por aquilo que conservam e por serem sucessivas como operações e seriais como faculdades. Embora a visada das duas amenize a diferença, a imaginação acrescenta à simples retrospecção a invenção, ausente da memória, quando combinatoriamente reúne uma multiplicidade de ideias quaisquer para engendrar configurações novas[110]. Singulariza-se a imaginação pelo duplo regime: retrospectivo quando retraça ideias, inventivo quando as metamorfoseia. Qualquer que seja o regime, a imaginação difere das demais faculdades por espacializar ao formar quadros de ideias[111]. Podendo figurar qualquer ideia, estende-se da réplica às bizarrias da abstração[112]. Latitude que se amplia ainda mais tanto na reduplicação da coisa

---

104. III, *Dictionnaire*, verbete "Illusion", p. 321, b 34-b 53.
105. I, *Traité des Systêmes*, p. 130, b 32-b 36.
106. I, *Traité des Systêmes*, p. 204, a 32-a 35.
107. *Idem*, p. 204, a 37-a 41.
108. I, *Essai*, p. 105, b 10-b 16.
109. *Idem*, p. 14, b 53-p. 15, a 4; p. 16, b 28-b 34.
110. I, *Essai*, p. 28, b 26-b 35; p. 28, nota 1, b 50-b 57.
111. III, *Dictionnaire*, verbete "Imagination", p. 322, a 16-a 34.
112. *Idem*, verbete "Imaginer (1)", p. 322, a 37-a 59; verbete "Imaginer (2)", p. 322, b 21-b 30.

ausente quanto na ilimitação do forjado, em que a ausência é invenção e se desconsideram as coerções do objeto, pois as abstrações apoderam-se do sensível e com ele se realizam[113] quando a análise não intervém. A imaginação distingue-se novamente: faculdade realizadora quando opera isolada da análise, é afetada dos mesmos qualificativos dos sistemas – sedutora, abusiva, frívola, fútil, inútil.

No regime combinatório, a imaginação funde num único sujeito qualidades abstraídas de vários[114]; ilimita-se quanto aos elementos que combina disparatados. singularizando-se na realização dos modos[115]. Por apropriar-se de qualquer ideia e por intensificar o disparate de que parte, a imaginação consegue imagens que não reproduzem o natural. Duas ausências e dois sentidos de "imagem": o primitivo restringe-se à reprodução do natural, confirmando a imaginação em seu primeiro e reto operar, mas o figurado explicita o disparate[116]. Na passagem do primitivo ao figurado, a imagem desloca-se da natureza, quando se afirma reflexo na água ou no espelho, à arte, quando se concebe representação presentificadora do forjado e do ausente, como quadro, retrato, efígie. Por incluir a presentificação do natural, a representação enfatiza a espacialização que, no sentido primitivo, determina-se como deslocamento e efeito que mostra a coisa onde ela não está. Natural ou artificial, a representação liga-se com a ausência, duplamente determinada como fictícia, quando ressalta a invenção, e como deslocada, quando distingue o sentido primitivo de reflexo. No sentido figurado, a ausência passa do primarismo de reflexo na coisa fora de lugar para as operações da imaginação exercida no discurso, sendo a imagem a volta que dá corpo e beleza a pensamento ou sentimento. Espacialização devinda, por ser primeira a da natureza; relacionando as acepções entre si, a analogia acrescenta ao sentido primitivo da imagem, pura ausência da coisa na representação, o figurado da invenção, que, regrado, pode sensibilizar nas espacializações que a um tempo ornam e esclarecem.

Referida ao quadro que combinatoriamente figura a ausência, a imaginação opera com o material constituído pelas ideias; definindo-se menos como repertório a conectar, antes como ligações, as ideias são destacadas pela atenção no regime liso das carências[117]. A determinação das conexões

---

113. I, *Essai*, p. 50, b 3-b 13; I, *L'Art de Penser*, p. 741, a 35-a 44.
114. I, *Essai*, p. 28, b 31-b 38; I, *Cours d'Études*, "Précis", p. 413, b 28-b 31; II, *La Logique*, p. 385, a 52-a 55.
115. I, *Essai*, p. 32, a 40-a 42.
116. III, *Dictionnaire*, verbete "Représentation", p. 491, b 54-p. 492, a 35.
117. I, *Essai*, p. 17, a 5-b 7; I, *L'Art de Penser*, p. 726, a 14-a 23.

CAPÍTULO II

pelas carências amplia-se sequencialmente, pois estas ligam-se com a ideia da coisa que as satisfaz, essa com a do lugar em que se encontra, a qual, por sua vez, associa-se com a das pessoas vistas etc.[118]. Sequência de ideias, que a atenção recorta para que a imaginação e a memória possam exercer-se[119], também enfatiza o sentido sucessivo das faculdades que a envolvem e dela dependem para se desenvolver. Ao mesmo tempo que assegura todas as faculdades subsequentes, a atenção opõe-se à imaginação, quando esta inventa sem regra, porque se determina como reflexão e raciocínio.

A atenção determina as possibilidades da combinatória, com estar implícita nas faculdades subsequentes e com separar as conexões que se confundem; estabelece-se, ao mesmo tempo, o campo de variação das maneiras de ligar, cujos extremos são a ausência e o excesso. Como ligação de ideias que não se soltam, a imbecilidade não combina porque não desfaz as conexões elementares; porque não efetua ligações, a loucura cai no extremo oposto, pura ausência que se opõe ao excesso da primeira. As ideias cimentadas na imbecilidade e as justapostas na loucura são os extremos de variações de que a sucessão das faculdades depende[120]. Delimitadores, os extremos atestam negativamente e em oposição recíproca as ligações que a atenção decompõe; intervalo que afirma o justo meio como equilíbrio ponderado da imaginação e da atenção, marca do gênio[121] e regra para a imagem. Reconduzindo-se a atenção, que decompõe, da virtualidade das faculdades para a atividade delas como operações, opõe-se também o imaginar e o analisar, este como raciocínio ou reflexão em ato. Predominando o analisar, a oposição se desfaz em favor da ponderação, propondo-se irrestritamente o ideal clássico que, por um lado, salva a imaginação da loucura, e, por outro, protege a reflexão da cegueira.

A qualidade da imaginação depende da força da ligação das ideias, que assegura o pronto despertar de umas por ocasião de outras: vivacidade. Também qualitativa é a extensão do imaginar, dependente do poder de simultaneamente despertar maior ou menor número de ideias ligadas entre si. Vivaz e extensiva, a qualidade da imaginação depende de discriminadores intensivo e quantitativo, que se exercem no intervalo delimitado pela imbecilidade e pela loucura[122]. Sendo os próprios extremos estabelecidos por cri-

---

118. I, *L'Art de Penser*, p. 726, b 5-b 32.
119. *Idem*, p. 727, a 40-a 55.
120. I, *Essai*, p. 18, b 24-b 47; I, *L'Art de Penser*, p. 727, b 1-b 26.
121. I, *Essai*, p. 18, b 48-p. 19, a 10; I, *L'Art de Penser*, p. 727, b 27-b 50.
122. I, *Traité des Systêmes*, p. 204, a 42-b 8.

tério quantitativo (extensão) e intensivo (vivacidade), imaginação e loucura diferem não por essência, mas por variação; daí a indeterminação do justo meio que caracteriza o gênio e a suposição de ser a loucura o despertar de um sonho em que a vivacidade das percepções pode dominar, na vigília, as das ocupações comezinhas[123]. Imaginação intensificada, a loucura se compensa com o comum, equilibrando-se com o peso das coisas palpáveis que lhe dissipam as ideias. Regulamentação da leitura: intensificadores são os romances, perigosos para as moças, que, por serem desocupadas, facilmente se deixam seduzir[124], e os livros de devoção, escritos por imaginações ardentes, que fazem as mulheres perder a cabeça com visões em que dialogam com os anjos ou em que a si mesmas veem no céu. Recomendam-se ocupações para as moças e orientação de um diretor espiritual para as mulheres, conhecedor da têmpera do imaginário de suas orientandas[125]. Ponderação, já nas restrições ao luxo de magnificência já no cerceamento da mística da devoção e da imitação das vidas santas, limitando os transportes extáticos das fracas compleições. A loucura, imaginação desordenada por intensificação, não pode ser singularizada no campo de variações: esquiva, exteriormente apenas se faz reconhecer no juízo e na conduta; desinteressada do sensível como movimento desregrado de ideias sem ligação[126], abre os discriminadores, intensivo e quantitativo, para o diferenciador complementar da atividade. Distingue-se, com esse, o voluntário do involuntário, as ligações da imaginação que podemos das que não podemos desfazer, as que dominamos das que nos dominam, incapazes que somos de desatá-las por nos impressionarem do exterior[127]. Exteriores enquanto nos dominam e fogem nosso domínio, pois também há para a reflexão o indomável, que se atribui à exterioridade que se impõe ao comportamento como determinação ativa[128]: a fisiognomonia exemplifica a paixão de Descartes, que, por haver amado uma vesga, sempre se deixou dominar por tais olhos[129].

Determinada quanto a agenciamentos e ideias, a análise é o polo oposto da imaginação; operações extremas, a análise, como ordem, e a loucura, como o seu contrário, abrem um espaço intermediário de imagens, que as

123. I, *L'Art de Penser*, p. 729, a 47-b 5.
124. *Idem*, p. 729, b 32-b 50; I, *Essai*, p. 30, b 47-b 54.
125. I, *Essai*, p. 31, a 7-a 20; I, *L'Art de Penser*, p. 729, b 51-p. 730, a 7.
126. I, *Essai*, p. 31, a 30-a 36; I, *L'Art de Penser*, p. 730, a 18-a 23.
127. I, *Essai*, p. 28, b 44-p. 29, a 10.
128. *Idem*, p. 29, b 31-b 34; p. 30, a 18-a 21.
129. *Idem*, p. 30, a 39-a 42.

CAPÍTULO II

imagens condillaquianas saturam[130]. Oposição que não é a da excludência mútua: a análise, estalão que reprime os excessos da sua oposta, também a dirige. Desatando o que, sem fundamento, a imaginação supõe[131], a análise afirma-se retora: subordinando a imaginação, faz recuar a loucura para ornar e esclarecer. Excluindo as imagens intensíssimas, orienta-as no sentido da conveniência: nem quaisquer nem desconectadas, as imagens devem sensibilizar a mesma análise, como ao próprio discurso de conhecimento. O que vale para a prosa também se aplica à poesia, que, para ser aceitável e bela, não pode contrariar o natural. Prescrições em que a simplicidade indicia as exclusões mais que a positividade do fazer: repelem a extravagância, matizando os excessos do proceder maneirista que itera antíteses e oposições. Equilibrada pela reflexão que a domina, a imaginação atende às exigências do testamento da *Art Poétique*; de Boileau cita o texto condillaquiano a passagem da Epístola ix[132]: "Nada é mais belo do que o verdadeiro; apenas o verdadeiro é amável. Ele deve reinar em toda parte, até na Fábula".

O que torna este "pensamento de Despréaux tão justo"[133] é a negação de tudo o que possa violar a analogia de imagem e natureza, afirmada com o predomínio da reflexão sobre a imaginação: clareza e familiaridade – o verossímil – agradam porque se desinteressam da extravagância e da errância. Em sentido inverso, sujeita à ordem, a imaginação assegura o ofício da reflexão que só com signos pode exercer-se. Pura visibilidade, o signo é imagem, filho da imaginação. Conquanto não se demore nesta faculdade por interessar-se pela regra ou pela gênese absoluta que os instaura, em duas passagens

130. I, *Essai*, p. 32, a 36-b 11. Passagem para a nossa imaginação: "L'imagination emprunte ses agréments du droit qu'elle a de dérober à la nature ce qu'il y a de plus riant et de plus aimable, pour embellir le sujet qu'elle manie. Rien ne lui est étranger, tout lui devient propre, dès qu'elle en peut paroître avec plus d'éclat. C'est une abeille qui fait son trésor de tout ce qu'un parterre produit de plus belles fleurs. C'est une coquette, qui, uniquement occupée du désir de plaire, consulte plus son caprice que la raison. Toujours également complaisante, elle se prête à notre goût, à nos passions, à nos foiblesses; elle attire et persuade l'un par son air vif et agaçant, surprend et étonne l'autre par ses manières grandes et nobles. Tantôt elle amuse par des propos rians, d'autres fois elle ravit par la hardiesse de ses saillies. Là, elle affecte la douceur pour intéresser; ici, la langueur et les larmes pour toucher; et, s'il le faut, elle prendra bientôt le masque, pour exciter des ris. Bien assurée de son empire, elle exerce son caprice sur tout. Elle se plait quelquefois à donner de la grandeur aux choses les plus communes et les plus triviales, et d'autres fois à rendre basses et ridicules les plus sérieuses et les plus sublimes. Quoiqu'elle altère tout ce qu'elle touche, elle réussit souvent, lorsqu'elle ne cherche qu'à plaire; mais hors de là, elle ne peut qu'échouer. Son empire finit où celui de l'analyse commence".

131. I, *Traité des Systêmes*, p. 204, b 44-p. 205, a 8.

132. I, *Essai*, p. 32, b 29-b 30.

133. *Idem*, p. 32, b 20-b 37.

Condillac expõe as relações de signo e imaginação[134]. É precisamente esta relação que inscreve os signos na visibilidade, entendida como o que explicita as ideias que com eles podem ordenar-se: representantes visíveis dos representados internos da alma, os signos espacializam as ideias e as fazem ser compreendidas – sem eles não se poderia distinguir entre 999 e 1000 – [135], por serem imagens regradas. A subordinação da imaginação à análise assegura, por sua vez, a reflexão que não se pode conceber cega; explicita-o o gênio, em que se ponderam os extremos[136]: a lentidão do grave que, zeloso da profundidade, nada descobre porque muito duvida ou o esvoaçar do frívolo que, seduzido do agrado, nada distingue porque muito divaga[137].

O justo meio do gênio apenas pode ser postulado, não singularizado pelos discriminadores quantitativo e intensivo; a determinação é suposta, como na noção de limite da análise infinitesimal, quando se tende ao justo meio e que apenas por aproximação é atingido. Deslizante quando se tenta determiná-lo, opera como estalão: medindo os sistemas abstratos, recusa o grave e o frívolo. Aliadas, reflexão e imaginação progridem ponderadas, e a análise dirige o entendimento para que este não suponha nas ideias o que não pode supor, tornando os modos por realidades. Ancilaridade que apenas convém a uma imaginação domada que, sozinha, impede a reflexão; demonstra-o a fraqueza dos filósofos da síntese, em quem as faculdades se desequilibram[138] e a imaginação procede soberana. Imaginação intensíssima: os mesmos filósofos atribuem-se o que lhes falta quando imaginam que pensam. Erram porque, imaginativos, imaginam que pensam confundindo o imaginar e o pensar[139]: imaginam sistemas em que o erro no error se intensifica[140], mas, primeiramente, erram imaginando que as abstrações não provêm dos sentidos. Desconhecem a análise que demonstra a origem sensível das ideias abstratas[141]. Derivam do primeiro erro os demais: errância da imaginação solitária que demite as faculdades analíticas. A síntese, última das ilusões dos sistemas – inútil, fútil, frívola, abusiva e sedutora – faz que se tome o erro por verdade, instituindo-o, quando, com imagens mal formadas, dá corpo

---

134. I, *Essai*, p. 40, b 54-b 57; I, *L'Art de Penser*, p. 731, a 17-a 24.
135. I, *Essai*, p. 41, b 25-p. 42, a 18.
136. I, *Traité des Systêmes*, p. 205, a 37-a 46.
137. *Idem*, p. 205, a 9-a 36.
138. I, *Traité des Systêmes*, p. 205, b 4-b 21.
139. *Idem*, p. 206, a 6-a 48.
140. *Idem*, p. 205, b 38-p. 206, a 5.
141. II, *La Logique*, p. 403, a 11-a 23.

CAPÍTULO II

à própria ligação das noções gerais com as ideias sensíveis[142]. A imaginação liga o abstrato com o sensível, mesmo que desligada das demais faculdades sequenciais que a controlam. Dando-se corpo às abstrações realizadas, as noções sem corpo recebem imagens que a elas aderem sem falha por serem superficiais; ou então fundem abstrações diversas numa única noção. Corpo multitudinário, enxame que ofusca a luz.

Duas formas de variação se propõem em Condillac: a que se faz aberta, implícita na conceituação da analogia pela *Grammaire* e pela *Langue des Calculs*, quando as expressões se relacionam independentemente dos extremos, e a que se concebe delimitada por extremos que definem o intervalo de variação. Qualitativamente distintas, a primeira pode ser denominada "central" por prescindir dos limites que determinam a variação, mas a segunda, não se fazendo na abertura que isenta as expressões de referências exteriores, faz que apenas dependam dos extremos. Estes se multiplicam: luxo frívolo/carência de utilidade, imbecilidade/loucura, imaginação/reflexão, para destacarmos alguns; variações no fechamento, iridescência que tudo deve a extremos cujas modalidades se distinguem. Na tradição da análise infinitesimal, os extremos são acessíveis quando incluídos no intervalo e inacessíveis quando dele se excluem. Distinção que abre três combinações: ou os extremos se incluem e são acessíveis, ou se excluem e são inacessíveis, ou ainda apenas um deles se inclui, sendo o outro inacessível. No que concerne a separabilidade das ligações de ideias, a imbecilidade e a loucura são extremos exclusos; a imaginação regrada e a reflexão com imagens constituem extremos inclusos; o luxo de frivolidade e as carências de utilidade caracterizam-se como extremos excluso e incluso, respectivamente. Na variação intervalar, ou em campo fechado, as dos elementos diferem das características dos extremos, tanto dos exclusos quanto dos inclusos, ainda que estes façam parte do conjunto. O campo fechado representa-se graficamente com um eixo, que confere duplo sentido à variação e duplo sinal aos extremos que dominam o intervalo.

Os extremos e os elementos variados distinguem-se no eixo quando se considera a finitude do observador: introduz-se enfoque novo no modelo infinitesimal; subliminares no observador, os elementos dos intervalo não são distinguidos com exatidão. Infinitésimos, como que deslizam uns sobre os outros, não se deixando apreender: a determinação como critério só é satis-

---

142. I, *Traité des Systêmes*, p. 204, b 9-b 25.

feita nos extremos que, por observáveis, singularizam-se; não o são, porém, os elementos intervalares porque os infinitésimos – que apenas são postulados singulares – oscilam incessantemente e os contíguos alternam-se. Indiscernibilidade[143] destes no deslizamento que os desloca: não se pode conceber singularidade no intervalo. Evanescentes no movimento em que deslizam, os elementos só podem ser arbitrariamente singularizados porque conflitam com o percebido: são postulados. Os elementos são infinitésimos, em que a diferença se anula na confusão, devendo o observador supor a singularidade do gênio – indeterminável no intervalo – como um misto de reflexão e imaginação. Distinção que também se aplica à variação central, quando as classes médias, referidas ao progressismo das noções, têm por limite o indiscernível; entram, por excesso de diferença, em classes mais gerais, às quais devem ser assimiladas.

Axiais, os extremos submetem o intervalo a determinações que extravasam a simples oposição. Diferenciais, constituem-se polarmente, passando o intervalo a determinar-se como campo fechado de intensidades. Com isso, na influência que sobre este exercem, destaca-se o sentido topológico, a posição que, no eixo, os elementos ocupam relativamente aos extremos e apenas a eles. Princípio que faz brilhar a pura proximidade do elemento em relação aos polos, quando da distância que deles mantém, tira as características que o definem no intervalo. Intensivos, os extremos ou operam como duplo sinal ou como polarização de heterogêneos. O duplo sinal é excesso ou falta, que são polos exclusos, caso da imbecilidade e da loucura no que se refere à ligação das ideias; determinam-se as características dos elementos intervalares pela proximidade polar, como predomínio de um extremo sobre o outro sem que se anulem os dois. Já a polarização de heterogênos é inclusiva, sendo os extremos as únicas formas estáveis e detectáveis porque puras. Enquanto os exclusos se extremam por propriedade comum, que os caracteriza excessivo um e faltante o outro, os inclusos, por serem heterogênos, são polares devido a propriedades que se afirmam opostas. Inexistindo intermediário que anule os extremos, os polos exclusos não se neutralizam, mas estatuem o melhor como valor médio, e a ligação de ideias ótima é postulada central. Também na polarização dos heterogêneos não há neutro, apenas misto ótimo; maximização em que, assinalada a diferença do caso anterior, um dos polos predomina no misto.

---

143. I, *Traité des Systêmes*, p. 205, b 4-b 10.

CAPÍTULO II

Porque polares, os extremos estabelecem-se no eixo das intensidades sem haver neutralidade na distribuição fechada de elementos. Nem os inclusos nem os exclusos admitem anulação recíproca: quanto aos exclusos, inexiste posição axial em que a loucura anula a imbecilidade, havendo, como ótima, aquela que conjura a ambas. Inexistindo neutralização, o ótimo dos inclusos é o melhor misto com relação aos polos: posição com dominante, não é médio, dependendo a prevalência da ênfase que se dá a um dos extremos. Ainda que o predomínio absoluto de um sobre o outro possa ser concebido, os extremos se atraem, ponderados, pressupondo-se reciprocamente. Maximização das propriedades[144]: o gênio e o justo meio são posições ótimas relativamente a propriedades que, heterogêneas, atraem-se e temperam-se. O tempero é têmpera: hierarquia que compensa a unilateralidade dos extremos considerados isoladamente, misto ótimo como ordem na composição ponderada das influências dos polos. Poder de hierarquias, o rótulo modernamente fabricado, Classicismo, ordena e pondera: opõe-se tanto à unilateralidade de também moderna confecção, Barroco, de tensões extremadas, compensando as intensidades na ponderação equilibrada, quanto a excentricidade de um maneirismo multitudinário, unificando as discrepâncias no centramento e na composição. Misto ordenado de heterogêneos polarizados, tal Classicismo é equilíbrio na tensão de extremos inclusos e contensão de intensidades por preponderância de propriedade sobre outra: é ponderação enérgica. Central e ponderado, quando repele a multitudinariedade e o extremismo, esse Classicismo também se afirma juiz.

Os extremos podem ser generalizados, obtendo-se um único modelo de todas as polarizações possíveis no universo das oposições propostas. A imaginação e a reflexão, ou o raciocínio, enquanto faculdades, ou o imaginar e o analisar, enquanto procedimentos, constituem a matriz de uma multiplicidade de atualizações possíveis. Até a oposição de imbecilidade e loucura, excesso e falta de ligação, positivo e negativo exclusos, é ou ausência ou superabundância de imagem, podendo ser remetida ao modelo geral. Generalidade que se estende aos gêneros literários[145]: variados no intervalo, os gêneros e subgêneros têm por extremos inclusos a prosa e a poesia lírica, aquela como mínimo de imagem, relegada a papel sensibilizador, e essa, como máximo, investida de função concentradora e multiplicadora. Extremos que se atraem: a prosa também tem imagem, a lírica também tem análise. Sendo a têmpe-

144. I, *Essai*, p. 102, b 12-b 21.
145. I, *L'Art d'Écrire*, p. 601, a 29-a 35.

136 CONDILLAC LÚCIDO E TRANSLÚCIDO

ra explicitação do misto ótimo, análise e imaginação[146] reivindicam aliadas no eixo posição que, embora indeterminada para o observador devido à movência dos infinitésimos[147] singularizam-na. Postulada, a posição adere ao eixo e deixa-o, poder delegado pelo equilíbrio e pelo centralismo. Com o poder de pertencer não pertencendo, pode – apenas a têmpera – elevar-se a estalão e, prescritiva como doutrina, também pode localizar os gêneros que fogem deslizando uns sobre os outros. É o estilo e suas discriminações; discriminadores estilísticos dos gêneros são o assunto, a finalidade e a arte[148]; como os dois primeiros não permitem circunscrever os domínios da prosa e da poesia, destaca-se a arte como emprego de imagens[149]. Critério diferenciador das classes, a arte opera relativamente à imagem por atender ao misto ótimo dos extremos.

Atraem-se os opostos: considerada prosa como discurso filosófico, a análise distingue as imagens como sensibilização[150]; no outro extremo, por destacar imagens, a poesia lírica tem na filosofia fonte de filosofemas que não discute quando os funde[151]. Definem-se assim os extremos do intervalo de variação de todos os gêneros, iriados em seu incessante deslizamento[152]. Variação de sentido classificatório, postulada porque indeterminada na ilimitação infinitesimal.

Os extremos são estabelecidos no eixo, mas dele se desprendem para determinar tanto os polos como o intervalo em que os gêneros se distribuem. Discurso em que o misto de imaginação e análise é ótimo: por isso se liberta do eixo e não é mais gênero porque, nem reconhecível nem denominável, como ótimo a ele pertence e dele se solta. Não é qualquer a lírica, não é indistinta a filosofia: o estalão determina os seus próprios extremos. Ainda que se arvorem filosofia, os sistemas abstratos, viciadas que são suas imagens, não podem propor-se polos. Comprometidos pela imagem, os inventores de sistemas são "mais poetas que filósofos"[153] não lhes sendo devido o poder do

---

146. I, *Traité des Systèmes*, p. 205, b 11-b 21.
147. I, *L'Art d'Écrire*, p. 600, b 47-b 53: "Les genres tendent toujours à se confondre. En vain nous les écartons pour les distinguer, ils se rapprochent bientôt, et aussitôt qu'ils se touchent nous n'apercevons plus entre eux les limites que nous avons tracées".
148. *Idem*, p. 600, b 1-p. 601, a 28.
149. I, *L'Art d'Écrire*, p. 601, a 22-a 28.
150. *Idem*, p. 601, a 36-a 41.
151. *Idem*, p. 601, a 41-a 55.
152. *Idem*, p. 601, b 1-b 31.
153. I, *Traité des Systèmes*, p. 204, a 33-a 34.

CAPÍTULO II

justo meio[154]; destemperados, nem são centrais nem extremados, como o é o filosófico-analítico. Excluídos do justo meio e do extremo da prosa, os sistemas migram para o polo oposto[155]. Também a este não convêm, pois a qualificação poética de seu discurso apenas distingue o predomínio da imagem, inconcebível como arte por ser arbitrária. Deslocado do filosófico, o discurso tampouco é poético, sendo-lhe vedado o extremo da arte: porque imagético, aproxima-se da poesia quando se define pelo seu entorno e não pelo eixo que dispõe os gêneros. Nem ótimos nem extremos nem intervalares, os sistemas são deslocados e desterritorializados com referência aos gêneros literários. Desregramento efeitista da imagem[156], exteriores ao eixo, incluem-se no entorno da poesia apenas por serem metafóricos; a duplicidade contraditória de pertencerem ao entorno, que caracteriza a imagem, sem poderem estar no eixo, e de serem imagem sem pertencerem à poesia, desclassifica-os por inclassificáveis. Obra de arte desprovida de arte[157], imagem mal construída, loucura: alheio à arte que forma a imagem[158], o discurso dos sistemas tem na metáfora seu derradeiro sentido. Visada como último refúgio, a metáfora indicia a ruína do conhecimento: modernidade de Condillac na oposição excludente do conhecimento e da arte, do conhecimento malogrado como obra de arte, e da obra de arte como ruína do sentido.

A língua opõe-se à gíria como o geral, ao particular, ou como a nação, à seita: famílias que se excluem. Contrapõem-se pelo interesse e pelos signos nação e seita, sendo esta treva e obscurantismo, e aquela, luz e esclarecimento. Não há mediação ou intervalo de variação que as relacione: os defeitos da língua são circunstanciais, atribuídos ao comércio das nações e à intromissão das línguas mortas. Principalmente transparente, a língua difere da

---

154. Idem, p. 205, b 11-b 15.
155. *Idem*, p. 205, b 18-b 21.
156. *Idem*, p. 205, a 17-a 20.
157. I, *Traité des Systêmes*, p. 206, b 1-b 16. Os sistemas abstratos "ressemblent a ces palais, où le goût, les commodités, la grandeur, la magnificence concourroient à faire un chef-d'oeuvre de l'art, mais qui porteroient sur des fondemens si peu solides, qu'ils paroîtroient ne se soutenir que par enchantement. On donneroit sans doute des éloges à l'architecte, mais des éloges bien contrebalancées par la critique qu'on feroit de son imprudence. On regarderoit comme la plus insigne folie, d'avoir bâti sur de si foibles fondemens un si superbe édifice; et, quoique ce fût l'ouvrage d'un esprit supérieur, et que les pièces en fussent disposées dans um ordre admirable, personne ne seroit assez peu sage pour y vouloir loger".
158. *Idem*, p. 206, b 17-b 28.

gíria, cujo defeito é constitutivo, pois se produz excluindo o geral, ao qual nega. Confinada pelo grupo, constitui-se como transformação da língua; obscurecendo-se gradativamente, esta torna-se ininteligível, exceto para os iniciados que a instrumentalizam em proveito próprio[159], por desprezar o interesse geral. A língua só é geral enquanto nacional: explicita-o a restituição etimológica ao destacar o começo e o caminho. Nas primícias, a língua é diáfana e simples o povo que a fala; limitada, não oculta o engendramento das palavras[160]. Pureza que louva o popular na simplicidade da estreiteza vocabular e o nacional no desenvolvimento regrado do original: Romantismo à vista, campo para amadores de antecipações. Elogio do popular, considerado originário e puro, e defesa do nacional, livre de contaminações estrangeiras: intrusos, as línguas mortas dos eruditos e os estrangeirismos das trocas são conjurados por comprometerem a derivação e a etimologia[161], assim como a analogia que, regra da transparência, torna-as possíveis.

Prescritiva, a analogia multiplica as figuras e ilumina o discurso. Mas não se prescreve na língua fechada às influências estrangeiras: visível como operação, quando desenvolve os primeiros termos, unívocos e exatos, na polissemia e figuralidade de subsequentes não menos precisos, a analogia automatiza-se. Se no geral, que é nacional, a analogia explicita-se nos termos que desenvolve, na seita obscurece-se como gíria. Medonha, a gíria inventa uma escuridão deliberada: deformando as acepções correntes, de que sai, segrega a atra linguagem que só os iniciados entendem. Os signos tornam-se convencionais e arbitrários, a analogia não se faz sentir: perdendo o fio, as acepções sobredeterminam-se à medida que se inventam desrelacionadas daquelas que as iniciam, a ponto de se tornar irreconhecível a derivação[162].

Toda invenção de figuras, que se faz a partir da língua, realça o prescritivo da regra que nela se exerce sem deliberação; automática nas línguas bem formadas, condiciona determinando a reta invenção. Prescritiva nos primeiros locutores, ganha em anonimato à medida que desenvolve o repertório inicial; mesmo a ação dos logotetas posteriores, os gênios, e, em menor grau, os talentos, que fixam o caráter das línguas já desenvolvidas[163], pressupõe o funcionamento anônimo e, no limite, automático, da analogia para exercer-se. Porque boa formadora, prescritiva ou automática, a analo-

---

159. II, *Cours d'Histoire*, p. 26, a 54-b 6.
160. II, *La Logique*, p. 399, a 1-a 25; b 15-b 23; p. 400, b 5-b 15; b 40-b 57.
161. I, *Essai*, p. 99, b 24-b 32; p. 100, b 7-b 11.
162. II, *Cours d'Histoire*, p. 23, b 57-p. 24, a 25.
163. I, *Essai*, p. 103, a 14-b 25.

CAPÍTULO II

gia mede o desregramento da gíria no tropismo ocultador. Defeituosa pelos parâmetros da analogia, a gíria não distingue o próprio do tropo, ou o primitivo do figurado: prescritiva na correta invenção e ausente na tortuosa, a analogia arroga-se discriminadora de metáforas. Por validar-se na gênese regrada combatendo o obscurecimento transgressor, evidencia as metáforas dos sistemas como desvios.

São dois os erros: o primeiro, a comparação distante, quando comparante e comparado não explicitam a ligação que os deveria aproximar. Heterogêneos porque distantíssimos, rompem o poliedro que reflete a metáfora, cristal. Não se detendo gradativamente nas faces à volta, salta tonteando os pontos de vista e obscurece confundindo as relações. Devendo o sensível ser nomeado consideradas comum a circunstância e idêntica a situação dos locutores na obtenção de termos exatos[164], distinguem-se os nomes dados aos corpos e as denominações da alma e de suas propriedades, ressaltando-se a mudança de nível para impedir que se distanciem o sentido de empréstimo e o sentido primitivo. Desnível que torna precisas as abstrações que, próxima e diferencialmente relacionadas com as ideias sensíveis, evitam a invisibilidade do fio, assegurando a fácil percepção das relações das acepções em sua derivação gradativa. Distantes, não se distinguem quanto à posição recíproca na sequência: confundem-se primitivo e figurado, esquecendo-se serem metáforas os termos cujas acepções são derivadas. Toma-se o sentido de empréstimo pelo primitivo, perdidas as determinações sequenciais[165], únicas a salvaguardarem a distinção. A confusão das acepções naturaliza o sentido de empréstimo como primitivo: porque se propõe natural e sensível, o deslocamento faz que se tome a metáfora ao pé a letra[166] – catacrese.

Consequência dos dois erros é a transgressão generalizada do regime analítico-analógico, em que as metáforas sensibilizam, designam, relacionam e estendem as palavras; naturalizando o tropo como se fosse próprio, fazem perder o fio[167]. Deixa de operar o dispositivo analógico-analítico, impedindo a análise que se realize a abstração na contradição, evitando a analogia que se recubra o figurado pelo primitivo na naturalização. À inobservância que realiza as abstrações corresponde a que toma o figurado pelo primitivo e o tropo pelo termo próprio. Pois tomar ou as ideias abstratas e gerais por reali-

---

164. I, *Essai*, p. 103, b 21-b 33.
165. I, *Essai*, p. 88, a 37-a 49; I, *L'Art d'Écrire*, p. 567, a 44-a 51.
166. I, *Traité des Systêmes*, p. 133, b 5-b 8.
167. I, *L'Art d'Écrire*, p. 567, a 17-a 24.

140 CONDILLAC LÚCIDO E TRANSLÚCIDO

dades[168] ou o figurado por primitivo é idêntico abuso porque faz considerar o que não é como sendo algo – modo por substância, tropo por termo próprio –, com a diferença de a contradição ontológica explicitar a pesada limitação da finitude, e o erro trópico, a leviana inobservância no emprego da metáfora. O primeiro abuso solicita a atenção, mas o segundo resvala no deliberado. Embora efetiva por distinguir vertentes, a separação das duas dificuldades não lhes nega a simultaneidade: porque as abstrações se realizam, o sentido de empréstimo migra para o primitivo, dando-lhes corpo. Movimento único e indevido: dando corpo ao que não o tem, a imaginação abusa[169] pois reveste a noção com o que se liga à ideia sensível; a imaginação viola as prescrições analítico-analógicas, que sensibilizam retamente as abstrações, ao fazer que se tome o abstrato pelo sensível[170]. Revestindo com imagens mal construídas as abstrações realizadas[171], o tropismo transgride a correspondência transversal das ideias e acepções. Atribui propriedades de começo ao que é terminal, pois envolve as noções com imagens encontradas na secção das ideias sensíveis, por inobservância do progresso combinado das vertentes: as imagens não sensibilizam as noções porque, envolvendo-as, conferem-lhes propriedades das ideias sensíveis. A metáfora produz ilusão de sensibilidade; situadas no começo da sequência, as noções perdem as propriedades que as definem funcionalmente: as de balizar e, principalmente, as de classificar. Como a noção é determinada, não pelo designar, mas pelo significar, ou classificar, quando se reveste de sensibilidade indevida produz efeito de designação; designando e não classificando, a noção desliza, torna-se ilusionista, finge representar, como se fosse ideia sensível, o irrepresentável. Disfunção que transgride o dispositivo sequencial: o geral propõe-se figurável, exigindo a representação que apenas é própria do particular sensível[172].

168. I, *Essai*, p. 50, b 3-b 13; I, *L'Art de Penser*, p. 741, a 45-a 54.
169. I, *Essai*, p. 95, b 45-b 49.
170. I, *Traité des Systêmes*, p. 142, a 4-a 31.
171. *Idem*, p. 204, a 32-a 41.
172. I, *Traité des Systêmes*, p. 142, b 26-b 47. Passagem irônica que não confirma, mas alegoriza o desnível: "Mais qu'est-ce que ces notions générales, qui seroient seules imprimées dans nos ames? Que les philosophes s'adressent à un graveur, et qu'ils le prient de graver un homme en général. Ce ne seroit pas demander l'impossible, puisqu'il y a, selon eux, une si grande conformité entre nos idées et les images empreintes sur les corps, puisqu'ils conçoivent si bien comment l'image d'un homme en général est imprimée en nous. Que ne lui disent-ils que, s'il ne sait pas graver un homme en général, il ne gravera jamais un homme en particulier, parce que ce lui-ci ne lui est connu que par l'idée qu'il a de celui-là. Si, malgré l'évidence de ce raisonnement, le graveur avoue son incapacité, ils seront sans doute en droit de le traiter comme un homme qui ignore jusqu'aux premiers principes des choses, et de conclure qu'on ne sauroit être bon graveur sans être bon philosophe".

CAPÍTULO II

Sendo, como comparação, distantes e heterogêneas as metáforas; tomando-se o figurado por primitivo e o tropo por termo próprio; conferindo as figuras sensibilidade ilusória às abstrações realizadas, explicita-se a matriz dos defeitos do discurso dos sistemas: a linguagem inconsistente. Não o discurso, ato ou série de atos com todas as suas funções, senão a linguagem mesma, a inépcia de palavras mal formadas.

"Tecido de metáforas mal escolhidas"[173], o discurso é condenado não quanto ao entretecimento, mas quanto aos termos que se tecem. Isto é indiciado pelo discurso mesmo que apenas se situa no entorno do poético, excluindo-se do eixo classificador. Suficientes para torná-lo inclassificável, o excesso e o desregramento das imagens não o são para fazê-lo enquanto apenas referidos ao discurso: é como efeito de metáforas mal construídas que os defeitos das imagens se fazem compreender e, assim, a língua e a visada última do ataque condillaquiano. Se o discurso sem classe indica a inadequação dos termos à exigência de retidão, a metáfora – a um tempo elemento e processo constituidor da língua –, quando desregrada, desqualifica-se como palavra e como tropismo. Elemento e material, a metáfora é pressuposto da enunciação: os sistemas não são mais rejeitados como discurso que articula funções diversas – o objeto de conhecimento, a limitação da finitude, a forma canônica de juízo, raciocínio, bem falar –, mas como língua. Investindo contra ela, Condillac arruína a construção por visar-lhe as fundações: torna-se supérfluo deter-se nas ideias, nos objetos, em tudo o que o discurso articula, quando a língua enlouquece.

Inclassificável por não atender aos requisitos da arte, a metáfora não pode sensibilizar; por não convir à prosa filosófica, sendo vagas e equívocas as ideias gerais, reveste o vazio e excede-se desordenada. Resta à metáfora a ilusão: seduzindo e adulando o leitor, limitando-se ao teatro quando recobre o oco da referência, é enfrentada pela ironia que a desconstrói. Aplicada prescritivamente quando encena o discurso adverso, a ironia investe contra a aparência de realidade e o efeitismo que avança útil a inutilidade. A adjetivação desqualifica também o mascaramento que se impõe ao leitor. Desvendando o atro teatro que ilude, adula e seduz, o discurso condillaquiano é empenhado, não se concebendo a teoria dissociada da belicosidade implícita nas operações retóricas: a última investida, que desloca os sistemas como linguagem, é solapamento.

---

173. I, *Traité des Systêmes*, p. 205, a 17-a 20.

Escalonado, o ataque pode ser retraçado. Primeiro, desqualificam-se as ideias e as conexões: crítica dos princípios tomados por ideias gerais e abstratas e do modo ilusório de agenciar da dedução. Segundo, reduzem--se os princípios e a dedução, ou síntese, a palavras que enlouqueceram e que esvoaçam. Terceiro, desclassifica-se o inclassificável quando as palavras e o discurso nem se incluem nos gêneros literários nem nas disciplinas do conhecimento. Quarto, os adjetivos evidenciam a nulidade do emprego e o ilusionismo da referência, visando-se ao destinatário. Quinto, a palavra é acuada como metáfora degradada, reduzindo-se o discurso a psitacismo.

Os sistemas são reduzidos a linguagem metafórica: deslocados em sua pretensão de conhecimento, seu último refúgio é a metáfora, como obra de arte sem arte na fuga ao vazio. Encurralados como gêneros e como linguagem, a tática do ataque expeditivo explicita-se. Aniquilando-os, a redução inclui os sistemas na ambiguidade da obra de arte. Retendo deles o ilusionismo, Condillac pensa-os modernamente quando resgata sua inoperância e nulidade construtivas com o sentido adventício, que restabelece a plenitude da Representação em sua forma degradada de ruína. Salvando os sistemas – a Representação só se concebe plena –, ao propô-los obra de arte sem arte, retira -lhes a arte, que só a análise e a analogia determinam, para avançá-los como obra de arte deslocada da arte como conjunto de regras[174]. Plena a Representação, a obra de arte é positividade corroída, ainda assim positividade, porque se exibe como eficácia efeitista. Nula quanto à referência, recebe positividade na visada ao destinatário a quem adula e seduz. Não se pode reter, por ser nula a referência, outra modernidade: a da obra de arte como arquitetônica de enunciados, não havendo agenciamento. quando falece o semântico. Consegue-se apenas efeito teatral, cuja eficácia é a da positividade da aparência. Anulada quanto à referência, sobressai quando ilude o leitor--espectador com o ser que forja, positividade tortuosa. Máscara no teatro ilusionista, efeito que se vê permanente: confinado no instante, desmascarado como veleidade de saber, o sistema cai em ruína. Imagens erodidas, as metáforas deslocam-se, erigindo-se como ruínas na obra de arte que, teatral e ilusionista – ainda não é a ruína romântica ou pitoresca –, é a única modalidade artística que lhes resta.

Na metáfora também se explicita a expeditividade. A exposição do último ponto fraco, alma como fundação, não se faz no ataque todo, senão na sexta e derradeira investida franca: "descobrir", "refutar", "acossar", "inter-

---

174. I, *Traité des Systêmes*, p. 143, a 1-a 11.

CAPÍTULO II

rogar", "questionar". Também os procedimentos diretos: "algumas questões", "basta (fazer isto ou aquilo)". Conjugam-se desativação da linguagem e desassombro nas passagens seguintes:

Façamos todos os esforços para descobrir na sua [dos sistemas abstratos] linguagem os conhecimentos que julgam ter; não veremos com eles senão imagens gravadas, impressas, cunhadas, imagens que se alteram, que se gastam: expressões que oferecem um sentido claro e preciso quando se fala dos corpos, mas que, aplicadas à alma e às suas ideias, não passam de metáforas, de termos sem exatidão, em que o espírito se perde em vãs imaginações[175].

Refuta-se [o sistema abstrato] melhor com algumas questões do que com longos raciocínios. Perguntai a um filósofo sobre o que entende por tal ou qual princípio; se o acossardes, logo descobrireis o ponto fraco; vereis que o seu sistema apenas gira em torno de metáforas, de comparações distantes; e nesse caso será, para vós, tão fácil derribá-lo quanto atacá-lo[176].

Para notar-se quão pouco razoável é uma opinião, nem sempre é necessário entrar em muitos pormenores: bastaria observar como a ela se foi conduzido. Ver-se-ia que, com muito pouco, faz-se passar por filósofo, pois muita vez basta haver imaginado uma semelhança qualquer entre as coisas espirituais e as corpóreas[177].

Bastaria interrogá-los [os filósofos] com habilidade. Com efeito, se nossas paixões ocasionam erros, é porque abusam de um princípio vago, de uma expressão metafórica e de um termo equívoco, para aplicá-los de modo a podermos deduzir as opiniões que nos adulam[178].

Não há como medicar os discursos dos sistemas: frio, como os censores do Melo, não encontra Condillac mezinha que os cure. Deserdados até da virtude gongórica do engenho, são tidos insanáveis; mesmo que se reconheça algum *quolibet* nos Cartesianos, resta-lhes como apreço de despedida – e já é muito cuidar – a consolação de Bocalino: "Grande engenho tiveram esses mancebos, mas, se advertis suas chanças, são como casuais e consistem mais no jeito da palavra, que na eficácia da cousa"[179].

Sobre um século interpelando Condillac, Lípsio pensa como ele – e nós com eles no que é muita vez lugar comum e força do ora consolidado Clas-

---

175. I, *L'Art d'Écrire*, p. 603, b 11-b 15.
176. I, *Traité des Systêmes*, p. 143, a 24-a 33.
177. *Idem*, p. 142, a 32-a 40.
178. I, *Essai*, p. 105, b 9-b 16.
179. D. Francisco Manoel de Melo, *Hospital das Letras*, Rio de Janeiro, Bruguera, s/d, p. 56, 16-19.

sicismo, quando balbuciamos nossa própria bestice –, ao reduzir o engenho a falência da coisa. Críticos eles e nós, expurgamos o talento, que dá a volta, em nome do autor, que diz a coisa.

Tende mão, que a esses, mas que feneçam, não podemos ouvir nem emendar, porque nossa comissão, sendo castigo e não privilégio, antes se restringe que dilata: uma cousa é serem engenhos, e outra é serem autores[180].

180. *Idem*, p. 57, 12-16.

CAPÍTULO

III

Quando o intervalo de variação é concebido temporalmente, extremam-se, por um lado, o geral, a carência de utilidade e a vivacidade e, por outro, o particular, o luxo de frivolidade ou a agradabilidade e a insensibilidade. Não se exige que os determinantes extremos coincidam: podendo excluir-se – insensibilidade e luxo de frivolidade ou agradabilidade –, definem-se ora combinados – o geral e a carência de utilidade –, ora isolados – a vivacidade e a insensibilidade. A variação entre extremos, não obstante a introdução do tempo, submete-se a tensão polar: generalidade e particularidade, utilidade e luxo de frivolidade ou agradabilidade, sensibilidade e insensibilidade determinam axialmente a variação. Enfatizando-se o tempo, o surgimento de formas no eixo pode, ou não, ser contado a partir do extremo, que assim se desdobra em origem de devires que a ele se referem como início e polo ao mesmo tempo. A coincidência do ponto de partida e do polo não é contraditória pois, sendo tudo atribuído à posição no eixo, este se concebe duplamente: como zona de tensões entre extremos e como começo e fim de devires; a forma que surge tanto pode ser referida a apenas um quanto aos dois, quando ou um deles prevalece ou ambos se equilibram. A posição explicita as propriedades que as formas recebem dos extremos e, simultaneamente, o devir que as afeta: adquirindo ou perdendo propriedades, combinando-se, ou não, as formas se relacionam com elas à medida que o tempo as desloca no eixo.

Sendo as formas temporalmente sucessivas, seu revezamento concebe-se primeiramente como suplementação; as primeiras surgem no extremo, não recebendo suplemento no início, mas as subsequentes não coincidem temporalmente com o polo que, para elas, embora não valha como ponto de partida, é referência temporal. Ganham as subsequentes, por isso, apoio das precedentes; relativamente à forma nova, as primeiras funcionam como suplemento e, com o tempo, as subsequentes, que são recentes, passam a suplementá-las, invertendo-se o sentido da função. O devir das formas singulariza-se no enclausuramento: quando as primeiras se desvanecem e as subsequentes as suplementam, aquelas caminham para a morte. A emancipação da nova e a anulação da velha singularizam-se como momentos em que, cristalinas, as formas não mostram jaça: a substituição é a segunda característica do revezamento, em estreita ligação com a suplementação sob o duplo e simultâneo enfoque do tempo e dos polos. A substituição suprime o operar misto, propriedade do suplemento, em qualquer sentido: emancipação da subsequente e fim da primeira; o autocentramento do novo e a anulação do velho sempre se referem ao primeiro extremo, polo e origem. A morte da forma é passagem do regime de utilidade com alcance geral e vívida sensibilidade para o de agradabilidade e de dessensibilização funcional no particularismo da clausura. Fechada, a forma morre como utilidade, contentando-se com a agradabilidade; substitui-se pela nova, funcional porque submetida ao primeiro extremo. Conquanto não coincida com todos os determinantes, não perde em funcionalidade, por menos sensível. Referida ao geral e à carência de utilidade, valoriza as propriedades que se anulam na morta. Como nos sistemas: reduzidos a arte sem arte, a obra de arte como ilusionismo teatral, os sistemas confessam sua nulidade funcional no próprio ato em que ambiguamente se propõem como arte, obra-prima enquanto ilusão e ausência de arte enquanto disfunção. Enclausurados pelas exigências funcionais, os sistemas explicitam o movimento das formas: estritamente funcionais no início, aos poucos vão perdendo tal determinação no fechamento da pura agradabilidade ou, em contexto diverso, na frivolidade que já é mais do que enclave. No revezamento das formas como processo simultâneo de substituição e suplementação, a inicial é destinada à clausura pelo progresso que requer refinamento, mas a subsequente, mesmo defeituosa e limitada, não está fadada a enquistar-se por admiti-la o âmbito dominante da função. A tensão entre extremos define, no substituir e suplementar, a ponderação das formas como prevalência do funcional, do útil sobre o agradável. Ponderando, os extremos rejeitam a unilateralidade do puro funcionar e a do simples agradar; funcionalmente referida aos determinantes polares, a unilateralidade do agrado é luxo de frivolidade: sociedade civil esquecida pela casta, reflexão pervertida pela imaginação, útil vencido pelo agradável e sensibilidade

CAPÍTULO III

decaída como sensibilismo. A clausura é o particularismo como limite da forma desvinculada do polo funcional por reter apenas as determinações do contrário, exacerbadas em detrimento do equilíbrio ponderado.

As próprias formas são variadas: em oposição a qualquer modalidade de variação intervalar a que os extremos as submetem, são em si mesmas centrais porque se estabelecem múltiplas em leque redondo; abertas não porque intervalares e temporais, posto que seu modo de variar não decorre das propriedades de uma variação circunscrita por tensões, mas porque ampliam os recursos do que é limitado como primicial. Em leque desde o começo, as formas são centrais enquanto as limitações pesam e a imaginação não se solta: gesto, grito e primeiras palavras. O signo tem na abertura propriedade irredutível à variação extremada e a esta corresponde temporalmente: enquanto a articulaço não se estabelece, o leque opera com as mesmas propriedades relacionais, qualquer que seja o signo, fônico ou espacial, em consonância com as exigências que os extremos fazem sobre ele pesar. Não é apenas o significado que varia, senão o signo mesmo, posto que, inicialmente exato, garante a polissemia quando multiplica a forma nas subformas distintas em leque, significando cada uma destas uma única ideia. Distinguidas as ideias por subsignos exatos, relacionados diferencialmente entre si e com o signo ao qual variam e multiplicam, a polissemia atesta as limitações da imaginação nascente. Ambígua porque a um tempo forte e fraca, a imaginação é vivaz e estreita: limitada enquanto invenção, intensa enquanto imagem sensibilíssima[1], varia no tempo entre o que é sua força e fraqueza e o que será sua fraqueza e força. Gradativamente, fortalece-se como invenção e enfraquece-se como imagem: a imaginação é fraca na invenção dos primeiros signos e forte na multiplicação nas línguas constituídas e, inversamente, forte na linguagem de ação e fraca nos signos instituídos em que a imagem se desvanece[2]. Daí o operar sintético no primeiro regime: variando o signo nos subsignos que se referem à multiplicidade de ideias, a imaginação compensa sua estreiteza com a multiplicação ordenada. O grito, a um tempo violento e variado, diferencia-se na variação dos tons que distintamente se multiplicam; precisos a ponto de admitirem notação[3] explicitam a mesma característica do gesto, que, como aquele, é tão exato que se torna suscetível da mesma[4]. Assim

1. I, *Essai*, p. 64, a 3-a 17; b 11-b 13; p. 75, a 21-a 27.
2. I, *Essai*, p. 70, a 47-a 52; p. 75, a 16-a 30.
3. *Idem*, p. 64, a 9-a 17; a 38-a 52.
4. *Idem*, p. 70, b 4-b 7.

148 CONDILLAC LÚCIDO E TRANSLÚCIDO

também se caracteriza a palavra que, variada como prosódia, multiplica-se atendendo às exigências da notação[5]: posterior ao gesto e ao grito, também distingue ao diferenciar-se nos subsignos obtidos pela inflexão da voz, sendo exemplificada pelo chinês que, variando 328 monossílabos em cinco tons, obtém 1640 signos diferenciais[6].

Diferencial, a notação exemplifica a exatidão dos signos nascentes; impensada no início, apenas retrospectivamente pode conceber-se como preceito das artes[7]. O canto, a pantomima e a prosódia são modelos recorrentes quando destacam a notação para explicitar a regra que subdivide o signo em subsignos exatos. Posteriores à aparição e ao primeiro desenvolvimento dos signos, as artes discrepam, enclausuradas ou em vias de fechamento, da indiferença aberta da linguagem de ação e da língua pré-articulada. A notação exemplifica a variação ordenada dos gritos, dos quais difere por ser posterior, fechada e harmônica[8]; diferencial, a pantomima, invenção romana, é modelo do gestual por idêntica propriedade, salvo a harmonia, específica da música[9]. Já a ordem inarticulada das inflexões, por ser vocal, aproxima-se, quanto ao modelo que a explicita, do canto: a prosódia exemplifica a língua diferenciada pelo tom[10]. Os modelos operam a distância, pois pressupõem estágio posterior para se constituírem no fechamento de preceitos específicos com predomínio da agradabilidade; retirados da funcionalidade indiferenciadora, os signos da arte indicam a substituição efetuada ou em vias de se fazer, quando também se interrompe a operação do suplemento e dos determinantes funcionais[11]. Na perda em generalidade, a passagem do útil ao agradável se faz gradativamente, confirmando-se na transformação a funcionalidade da arte como instrução[12]. Começando a segregar-se, os signos não surgem imediatamente fechados pelo agradável, e a instrução explicita a adesão do útil ao que se enclausurará; a instrução assegura ao mesmo tempo a vigência do princípio geral de continuidade, sem comprometer a substituição ao torná-la gradativa. Segregados, o gesto e o grito logo se excluem da circulação geral e indiferenciada, mas a língua das inflexões, cujo modelo é a prosódia, só se retira com o desenvolvimento da articulação.

5. *Idem*, p. 64, a 43-a 51.
6. *Idem*, p. 64, b 6-b 9.
7. *Idem*, p. 64, a 27-a 43.
8. I, *Essai*, p. 64, a 27-a 31; p. 73, a 14-a 18.
9. *Idem*, p. 73, a 20-a 27.
10. *Idem*, p. 79, b 23-b 25.
11. *Idem*, p. 80, b 9-b 26.
12. *Idem*, p. 80, b 39-b 50.

CAPÍTULO III

Além da constituição da forma como fechamento do geral no agradável, outra modalidade de geração ocorre, em que, na clausura, a forma é produzida por outra, diferente: devir interno, exemplificado pela pantomima. Gerada pela declamação, a pantomima se fecha quando o ator encarregado do gesto rouba o papel do que é incumbido do canto. Superando-o em expressividade, acaba por ficar com os dois papéis até que seja anulado o canto e o gesto vivaz domine sozinho[13]. Emancipação que distingue o visual como intensíssimo: mais vivo que o som, o gesto se impõe como representação espacial na pantomina. Quanto à música, sua separação como arte específica ocorre quando, harmônica e intensa, pelo menos iguala a fala em expressividade[14]. Desprende-se do geral com a constituição da língua e confirma as condições do enclausuramento do gesto na pantomima, quando esta, na declamação, prevalece sobre o canto. Para que uma forma se segregue, é preciso que uma nova já se tenha desenvolvido plenamente; conquanto menos vivaz que a antecedente, a forma emergente também a diminui por ser mais adequada aos progressos gerais, determinados pela carência de utilidade. A clausura, primeiramente do gesto na pantomima, depois, do som na música, produz-se quando os signos mais intensos tornam-se supérfluos com o refinamento a que a forma nova atende, menos sensível que a precedente e mais apta à satisfação das carências gerais.

Ao surgir, a poesia é determinada pela pantomima e pelo canto: a prosódia, que tem no canto o modelo de discriminação, explicita o fônico nas variações sígnicas, e a pantomima dá o exemplo das diferenças gestuais no estabelecimento do domínio de referência[15]. A referência predomina sobre a articulação fônica: primado do visual, concebido como figuração. Não que a poesia imite a pantomima, não se passando de uma a outra porque não há, aqui, geração fechada de formas. As relações das duas formas confirmam a diversidade na comunidade do visual: a poesia emprega as imagens sensíveis dos gestos que têm a pantomima por modelo; a onomatopeia explicita as modalidades de motivação que relacionam não a pantomima com a poesia, mas a sensibilização precedente que a subsequente imita. Sendo fônica esta motivação, a pantomima afeta a visibilidade do poético. O visível determina a poesia como estilo, e também à prosa, pois a referência manda na seleção das voltas da língua; sendo o estilo o caráter definido pela escolha das vol-

---

13.   I, *Essai*, p. 70, b 41-p. 71, a 9.
14.   *Idem*, p. 74, a 20-a 32.
15.   I, *Essai*, p. 79, b 23-b 27.

tas[16], a seleção tem na referência tanto as figuras que sensibilizam quanto o princípio mesmo de seu funcionamento. Espacializante e espacializada, a poesia determina-se como emprego seletivo de metáforas: é pintura[17]. Predominando o pictórico, a prosódia, ordenação diferenciada de signos, recua, diminuindo-se a ênfase no canto, seu modelo[18]. Quanto à vivacidade das formas emergentes, na poesia, o figural domina o sonoro e confere as propriedades da pantomima já segregada à forma que ainda não se enclausurou. Tomando o lugar da pantomima, a poesia é tendida pelos determinantes polares; se, por um lado, é menos intensa a sensibilidade das figuras poéticas, que por imitação restabelece a dos gestos, por outro, recicla-se a imagem gestual na generalidade da instrução: como todas as formas nascentes, a poesia é educadora[19]. Como o intervalo de variação é determinado pelo tempo, a vivacidade inicial progressivamente decresce, ou nas imagens ou na prosódia[20]. Quando a sensibilidade se desvanece, a poesia tende para a prosa[21] que, ao surgir, tem estilo poético, embora menos intenso que o da forma precedente[22]. No predomínio da prosa, a poesia se enclausura; como as suas imagens são retomadas pela forma subsequente, passa a inventar novas[23]. Desvinculada da utilidade, tende ao agrado para, com o tempo, nele enclausurar-se[24].

O devir das formas intervalares pode efetuar-se como recorte e fechamento do geral ou como geração interna: quando as formas se desenvolvem umas a partir de outras, a geração ou é simples, como a da pantomima que se enclausura por transformação da declamação, ou composta, como a da dança, que reúne várias artes; constituída pela pantomima, primeira forma, pela música e poesia, a dança fecha-se totalmente apenas no luxo das sociedades modernas[25]. É estranhamente moderna a proposta de reunir todas as artes numa só: o teatro, arte total[26], não é proposta de Piscator, mas de muito antes, assim, Condillac. Geração diferente é a da eloquência,

---

16. III, *Dictionnaire*, verbete "Diction", p. 208, b 56-p. 209, a 25.
17. I, *Essai*, p. 80, a 12-a 16.
18. *Idem*, p. 79, b 23-b 25.
19. *Idem*, p. 80, b 39-b 53.
20. *Idem*, p. 80, a 12-a 22.
21. I, *Essai* p. 80, a 33-a 40.
22. *Idem*, p. 80, a 12-a 16; p. 82, a 49-a 53.
23. *Idem*, p. 81, a 50-b 11.
24. *Idem*, p. 81, a 30-a 42.
25. *Idem*, p. 80, b 9-b 26.
26. *Idem*, p. 81, b 45-b 51.

CAPÍTULO III

que se constitui no desvão da prosa e da poesia: situando-se entre a língua comum e a poesia, quando esta daquela se afasta, é forma intermediária, pois pertence ao mesmo tempo ao geral indiferenciado e à particularidade enclausurada[27]. Média, a eloquência tem o sentido de toda forma que vive da oportunidade de ocupar espaço sem medir o preço do compromisso dos opostos, que são a generalidade e o particularismo. Modalidade primeira são as artes do gesto e do grito, na forma de pantomima e canto (ou música em sentido amplo), pois se constituem a partir do geral, quando a utilidade é vencida pela agradabilidade; não são especificadas, entretanto, como as únicas que assim se produzem.

No intervalo de variação progressiva, o espacial sobressai como primeiro e intensíssimo; a sensibilidade mais viva não é a sonora, mas a visual: o gesto antecede ao grito ainda quando perde em sensibilidade nas passagens da pantomima à poesia e desta, à prosa. A pantomima é a primeira forma a enclausurar-se e a música, quer em sentido lato, grego, quer no estrito, moderno[28], o faz depois. Por isso a pintura caracteriza as artes do visível, do gesto à eloquência, comprovando a anterioridade do espacial como máximo de sensibilidade. A anterioridade do visível se confirma no arcaísmo dos signos confusos que têm o quadro por modelo. Primeiro exemplo, o quadro explicita a hipersensibilidade do visível e a pantomima, a experiência primicial dos parceiros que se apossam dos signos naturais. Sequencialmente primeiros, os exemplos do visível corroboram a tese da superioridade da representação espacial sobre a auditiva quanto à sensibilidade. Anterioridade e hipersensibilidade que comandam as aplicações geográfico-culturais: o Norte, frio e fleugmático, é menos apto para as imagens da linguagem de ação que o Sul, ao qual supera em simplicidade e nitidez[29]. Também opostos são o Oriente e o Ocidente na figuralidade da prosa: contido este, aquele se derrama no entusiasmo e desordem das paixões que intensificam a fala ao extremo[30]. Se o Leste e o Sul se definem pelas altas intensidades, juntos na Ásia Meridional atingem o insuportável quando elevam o pleonasmo a modelo de elegância discursiva[31]. Completa-se o mapa com a oposição histórica do Antigo ao Moderno: o latim, variado e vivo, contrapõe-se ao francês, claro e distin-

27. I, *Essai*, p. 82, b 18-b 31.
28. *Idem*, p. 80, b 28-p. 81, a 28.
29. I, *Essai*, p. 79, a 16-a 22; a 57-b 13.
30. *Idem*, p. 79, b 59-p. 80, a 5; p. 80, a 42-a 50; p. 82, a 49-a 58.
31. *Idem*, p. 80, a 5-a 10.

to, cuja exatidão está na simplicidade em que falecem os excessos figurais[32]: as primeiras línguas são mais sensíveis do que as últimas[33]. As diferenças históricas encontram as geográficas, que, por latitude e longitude, mapeiam espaço-temporalmente as variações intensivas das formas: variações por oposição, as diferenças se extremam nas nações antiteticamente concebidas.

Com o enclausuramento da pantomima e, depois, da poesia, o visível recua na prosa ou na fala: predomínio do som articulado sobre a imagem, desvanecendo-se a sensibilidade do domínio de referência. A escrita, nova forma no eixo, compensa o recuo do sensível na tensão, que exige a ponderação dos extremos. Proposta como perpetuação e fixação de ideias efêmeras – memória e comunicação –, a escrita a um tempo supera a ausência e reequilibra os polos; forma nascente, compensa com a sensibilidade do novo o desvanecimento da imagem no som articulado[34]. Fixando ideias, emancipa o signo das limitações da ausência e, como nova, opera figuralmente ao restabelecer a sensibilidade perdida como linguagem de ação[35]. Retomando a espacialização diminuída na fala, a escrita aparece como pintura; por serem também primários os conhecimentos, a nova forma reproduz o visível a que se refere: a escrita é pintura e começa figurando cavalo ou homem[36]. Operar pictórico que se pensa referido aos extremos: como qualquer forma inicial, temporal e axialmente progressiva, estende-se do útil ao agradável, do geral ao particular, do muito ao pouco sensível. A escrita recebe dos extremos as determinações de seu devir: começando pictórica, termina como caráter de alfabeto[37]; dessensibilizando-se gradativamente, corresponde ao progresso das ideias, no qual se imbrica quando estas, de sensíveis, passam a abstratas.

As formas extremas admitem intermediárias: entre a pintura e o caráter, destaca-se, misto dos dois, o hieróglifo. Menos sensível do que o signo pictórico, mais, porém, do que o caráter, o hieróglifo articula, como qualquer forma, uma multiplicidade de correlatos na abertura em leque[38]. Inicialmente mais pictórico que caracterial, é mais apto à representação das ideias sen-

---

32. Idem, p. 94, b 25-b 33.
33. *Idem*, p. 75, a 22-a 52.
34. I, *Essai*, p. 94, b 44-p. 95, a 2.
35. *Idem*, p. 95, a 15-a 20.
36. *Idem*, p. 95, a 2-a 13.
37. II, *Cours d'Histoire*, p. 25, b 40-b 44.
38. I, *Essai*, p. 95, a 33-a 39.

CAPÍTULO III

153

síveis que à significação das gerais e abstratas[39]: o devir do hieróglifo opera mudanças nas relações e nos conteúdos da forma centralmente variada. Tanto o *Essai* quanto o *Cours d'Histoire* determinam o extremo superior do intervalo de variação como utilidade referida à instrução e à memória. Útil, a visada do hieróglifo ressalta o geral quando divulga regras para toda a sociedade[40] ou quando fixa o evento memorável. Deve ser sensível para que, conformando-se à analogia, representação e invenção sejam inteligíveis. Não há véu que oculte[41] uma analogia próxima do sensível, mas, no eixo, a obscuridade se estende e a clausura alcança o hieróglifo quando a sociedade se divide e os interesses das castas prevalecem sobre os gerais. Ocultamento e particularismo coincidem: à medida que o hieróglifo se obscurece, fecha-se o corpo sacerdotal que detém o seu conhecimento[42]. Na divisão da sociedade, atribuem-se os sacerdotes o domínio doutrinário – e sígnico, portanto –, à margem do interesse geral; antes aberta, a instrução é confinada quando se constitui um corpo especializado com interesses específicos[43]. A passagem do hieróglifo inteligível, em que o pictórico domina, para o enigmático, em que a analogia recua, corresponde à clausura dos conhecimentos entre paredes que impedem a luz[44]. Da transparência inicial ao obscurecimento final, do predomínio da pintura sobre o caráter, a passagem é feita no hieróglifo, determinando-se o devir da forma pelas etapas e viragens de seu funcionamento. Mudando a função, muda a representação.

Três operações trópicas singularizam a passagem[45]. Inicialmente, toma-se a circunstância principal pelo todo: duas mãos, das quais uma tende o arco e a outra empunha o escudo, para representar uma batalha[46]. Procedimento sinedóquico, o menos artístico e artificioso das figurações hieroglíficas, suplantado pela metonímia, quando no lugar da coisa se representa seu instrumento real ou metafórico: um olho, em lugar eminente, para figurar a

---

39. II, *Cours d'Histoire*, p. 23, b 57-p. 24, a 3.
40. I, *Essai*, p. 95, b 17-b 21; II, *Cours d'Histoire*, p. 25, a 6-a 18.
41. I, *Essai*, p. 95, b 17-b 27.
42. II, *Cours d'Histoire*, p. 25, a 40-a 53; b 17-b 25.
43. *Idem*, p. 25, a 54-b 16.
44. *Idem*, p. 26, a 54-b 6.
45. Ainda que assim transgridamos a concepção geral da Retórica condillaquiana em sua recusa em distinguir os tropos – modernidade que tem eco em Jakobson que retém dois tropos apenas, a metáfora e a metonímia, na qual inclui a sinédoque –, convém fazê-lo: baliza a exposição e explicita o progressismo, além de ser adequada aos procedimentos destacados por Condillac.
46. I, *Essai*, p. 95, a 45-b 2.

ciência infinita de Deus[47]. Dupla sinédoque, a metonímia é menos artística que a representação de uma coisa com emprego de outra, sendo qualquer a relação entre ambas e ocultando-se a analogia: o universo figurado por uma serpente cujas manchas variegadas são tomadas por estrelas[48]. Metáfora mal formada porque obscurece a analogia. Sinédoque, metonímia e metáfora são procedimentos trópicos, que fazem a passagem do mais ao menos sensível: tomar a parte pelo todo – escudo ou arco para designar uma batalha – é manter-se mais próximo do sensível que comparar termos distantes – universo e serpente. São menos os comparados que definem o grau da sensibilidade e mais as relações, menos os conteúdos e mais a analogia. Ainda assim (mantemo-nos na Retórica condillaquiana), os conteúdos também devem ser considerados: a sinédoque inicial é mais sensível que a metonímia porque retém a circunstância, sendo as armas parte ou instrumento do todo, que é a batalha; a metonímia do exemplo é dupla sinédoque porque enfatiza o instrumento do instrumento, ou a parte, que é o olho, e o instrumento, o olho que vê. A metáfora, último tropo, é desqualificada porque arbitrária e porque oculta a analogia.

Por levar do conhecido ao desconhecido, do inteligível ao ininteligível, o tropismo termina por obscurecer a analogia. Porque despreza a classificação dos tropos, Condillac retoma outra, warburtoniana, para discriminar os hieróglifos. Duas espécies se distinguem: hieróglifos próprios, subdivididos em curiológicos e trópicos; explicativos, os curiológicos são sinedóquicos porque tomam a parte pelo todo, ao passo que os trópicos são analógicos porque a relação dos termos que se substituem por comparação é conhecida e faz conhecer. A segunda espécie, os hieróglifos simbólicos, distinguem-se em trópicos, quando as propriedades comparadas são desconhecidas, exceto para os iniciados que os arbitram, e enigmáticos, quando reúnem coisas diferentes e diferentes partes de animais em um heteróclito misterioso, salvo para os inventores[49]. A distinção dos hieróglifos próprios e simbólicos coincide, em parte, com a tripla discriminação condillaquiana; coincidindo nos extremos – transparência e obscuridade –, diferem quanto à passagem, efetuada pela metonímia detectável em Condillac e ausente em Warburton. Além da discrepância na passagem, ressalta outra, incidente na constituição mesma do hieróglifo: sendo a estritamente condillaquiana redutível ao tro-

---

47. *Idem*, p. 95, b 2-b 8.
48. *Idem*, p. 95, b 8-b 15.
49. I, *Essai*, p. 95, a 52-a 59, nota 3.

CAPÍTULO III

pismo, não o é, de todo, a warburtoniana. Embora os hieróglifos próprios possam explicitar operação sinedóquica quando curiológicos, e a metafórica, quando trópicos, fogem os enigmáticos. Dos simbólicos, os trópicos, conquanto confusos, ainda explicitam a metáfora, não se podendo desvendar tropo que explicite a formação dos enigmáticos.É que o enigma, reunião arcimboldiana da diversidade – já partes de corpos, já os mesmos corpos –, não encontra tropo que tenha por escopo o heteróclito. Reunitivo, o enigma inclui a arbitrariedade na formação; não sendo acessíveis as operações que o constituem, propõe-se, antes, como efeito, no que se distingue do hieróglifo trópico que, igualmente obscuro quanto ao conteúdo, pelo menos evidencia o procedimento constituidor.

Embora intervalar, o hieróglifo mantém-se invariável quanto ao centralismo: porque aberto, operam as relações do signo com o domínio de referência e, por mais que variem, não lhe contestam a forma. Constante a articulação, mudam as funções quando o hieróglifo passa da clareza para a obscuridade acima dos tons intermediários. Retomada de Warburton, apenas a disjuntiva se complica, mas a operação não se reduz ao tropo. Seu não ser trópico é agravo menor, exceto com introduzir incongruência no eixo de variação da forma; quanto à função, entretanto, valem as variações do inteligível ao ininteligível. Não é pertinente reduzir o hieróglifo a operação trópica: por ser pintura e caráter, tem outra figuralidade. Imagem, tem função e forma de alegoria que, *aperta*, *permixta apertis* e *tota*, consoante classificação tradicional[50], se forma pela sinédoque, metonímia e metáfora, em maior parte, quando se admite trânsito entre tropo e figura. É como *aperta* e *tota* que se concebem os hieróglifos próprios e simbólicos, abstração feita da *permixta apertis allegoria*, por faltar forma intermediária àqueles. Embora a aproximação da alegoria ao hieróglifo possa ser contestada por aplicar-se a figura apenas ao arcimboldiano – ressalta o heteróclito e o mistério[51] –, cabe fazê-la; na aproximação dos dois na varredura do eixo minimiza-se em parte a transparência inicial que retém a modalidade *aperta* de uma alegoria que, fechadíssima, mais se concebe como *tota*. Atende-se assim à articulação da forma central e às relações do signo-imagem com o domínio de referência, além de serem claros ou obscuros alegoria e hieróglifo, que se atraem no texto[52].

50. Heinrich Lausberg, *op. cit.*, pp. 249-251.
51. I, *Essai*, p. 96, b 46-b 50.
52. II, *Cours d'Histoire*, p. 24, a 8-a 25.

Identificado com a alegoria, especificamente quando na formulação condillaquiana é metáfora mal formada ou quando na warburtoniana é enigma como procedimento arcimboldiano, o hieróglifo se obscurece, a ponto de ser inteligível apenas para os detentores do código[53]. Encarecendo-se a variação central sobre a intervalar, esta é determinada pelos extremos da transparência e da obscuridade; também muda a função do hieróglifo: admitindo uma multiplicidade de interpretações, explicita-a como sentidos desviados que ao mesmo tempo convêm, em particular, à sua modalidade simbólica, quando atende às carências[54], especificamente às do corpo sacerdotal. Variação do domínio de referência que se concebe como multiplicidade temporal e circunstancialmente determinada, quando as mudanças são graduais e, no limite, imperceptíveis, porque referidas às gerações[55]. Conquanto se façam gradativas, podem aparentar a imutabilidade de corpo doutrinário que a casta sacerdotal quer fixo. As mudanças, insensíveis porque lentas, concebem-se como congelamento artificioso, efeito ilusionista que, desprezando a variação progressiva, avança o significado como identidade de opinião no tempo[56]. Conservantismo que petrifica a mobilidade, ainda que lenta, da opinião: o hieróglifo produz efeitos de permanência. Mistifica-se a multiplicidade temporal das interpretações iludindo-se com a identidade das opiniões, porque o signo hieroglífico-alegórico não se altera: investimento do signo sobre o significado[57]. Só existe polissemia quando as acepções expandem-se no tempo com ordem: funciona o preceito analógico que, para o mesmo signo, assegura multiplicidade de significados ordenados entre si, gerados uns dos outros. Ao sentido gradualista e genético opõe-se o congelamento, pelo signo, do significado; as acepções petrificam-se porque o hieróglifo mesmo não se altera, dominado pela casta. Efeito perverso que simula a imutabilidade do significado na comparação com alegorias, símbolos e hieróglifos constantes[58]. Não é operação do signo sobre o significado, independentemente de intervenção: alega-se a fixidez do signo – que é desejável quando progridem as acepções –, para gelar o significado, impedindo-se o questionamento quando se oculta a variação temporal das mesmas.

---

53. I, *Essai*, p. 96, b 19-b 23.
54. II, *Cours d'Histoire*, p. 24, a 8-a 13.
55. *Idem*, p. 23, b 25-b 48; p. 24, a 13-a 15.
56. *Idem*, p. 24, a 15-a 25.
57. II, *Cours d'Histoire*, p. 26, a 46-a 53.
58. *Idem*, p. 26, a 51-a 53.

CAPÍTULO III

Tanto os sacerdotes quanto os filósofos obscurecem a interpretação[59] do hieróglifo: preservando uma religião que se tornou segredo[60], os primeiros, e, tornando ininteligíveis as relações do hieróglifo com as qualidades abstrusas que inventam para se promover, os segundos, fecham a forma na sombra que reprime a luz.

> Que culpa tenho eu
> De querer a lus da sombra[61].

Intransitivo, o hieróglifo congelado opera. Alegoria, construído arcimboldianamente ao compor o heteróclito de corpos ou suas partes – o homem-legumes ou o homem-peixes ainda supõe gênero comum –, o hieróglifo representa, nos filósofos, os modos com imagens sensíveis. Assim como a justaposição de partes diversas, pertencentes ou não a gênero comum, recobre o vazio, também a representação simples é admitida: exemplar pela simplicidade, porque fica aquém da reunião, é a figuração da franqueza pelo lábio[62]. Inventando marcas simbólicas até para o que é desprovido de forma, transgride a analogia por manter indeterminada a relação do modo e do signo[63]. O hieróglifo, que principia imitando a natureza, quando é conhecida a relação analógica do signo e da representação, termina representando o irrepresentável[64], ocultando, por excesso e distanciamento, sua gênese a partir do que é predominantemente pictórico[65]. Quando se enclausuram no templo egípcio, os hieróglifos sustam os progressos, gelando, nos efeitos do signo petrificado, o devir que varia as acepções regradamente. Segregado na religião e mal formado na filosofia, o significado é obscurecido pelo signo no segredo do templo e na alegorização dos modos. O símbolo, trópico ou enigmático, não difere da alegoria, à qual contém: retomando a distinção warburtoniana, a ele Condillac subordina a alegoria como procedimento que constrói o hieróglifo.

A variação das formas no intervalo estende-se da pintura à letra, fazendo o hieróglifo a passagem; embora entre o hieróglifo egípcio e a letra insira o

---

59. *Idem*, p. 26, a 5-a 20.
60. *Idem*, p. 25, b 17-b 25.
61. Carlos, trecho de texto exposto na Bienal de São Paulo de 1981. Secção do Centro Psiquiátrico Pedro II, Engenho de Dentro, Rio de Janeiro, Museu de Imagens do Inconsciente.
62. I, *Essai*, p. 95, b 45-b 53.
63. *Idem*, p. 95, b 53-b 55.
64. *Idem*, p. 95, b 55-b 59.
65. *Idem*, p. 96, a 31-a 35.

ideograma chinês como misto dos dois, Warburton ainda confirma o progressismo condillaquiano[66], pois não suspende o gradualismo pela divergência quanto às inflexões das passagens. Também a analogia da língua e da escrita, ou, de modo mais abrangente, a da linguagem vocal e da linguagem das inscrições é comum aos dois: vocalizadas ou inscritas, as figuras principiam as sucessões porque são espaciais e esclarecedoras, tornando-se misteriosas, findam como adorno[67]. O paralelismo requer reciprocidade: no surgimento da inscrição pictórica, a voz é determinante, invertendo-se a relação quando o hieróglifo torna possível a figuralidade da fala. Falando-se da coisa, emprega-se o nome do hieróglifo para simbolizá-la[68]; fazendo a intermediação, ele mesmo é duplamente determinado: designador e designado, simboliza a coisa e é nomeado pela fala. Indo do nome à coisa como representação, torna simbólica a própria fala. Citação condillaquiana de Warburton: "o estilo profético parece um hieróglifo falante"[69].

Diferindo discurso e palavra apenas quantitativamente, o simbolismo hieroglífico determina o discurso na reciprocidade das sucessões. Progresso mútuo que determina os estilos: por serem iniciais, apólogo e fábula narram fatos circunstanciados e ensinam, pois a analogia é sensível. Embora sutis quando aparecem, as singularidades observadas nos seres ainda se requintam em alusões que a parábola e, depois, o mistério substituem e que o enigma encerra. Como a sequência dos signos inscritos, as formas do discurso, inicialmente imaginadas para a clareza, fecham-se no mistério e no enigma[70]. O paralelismo e a reciprocidade das sucessões alcançam a letra: quando o signo de inscrição se despoja da figuralidade na letra, o estilo perde em sensibilidade; uma vez esquecido o hieróglifo, cessam os excessos metafóricos e alegóricos: figuralidade antiga e oriental, ainda perceptível no grego e no latim[71], em oposição às línguas modernas da Europa setentrional, cuja simplicidade extrema é exemplificada pelo francês.

Como toda forma, o hieróglifo desenvolve-se no sentido de fechamento crescente. Singulariza-se, todavia, por não se enclausurar como arte, mas no conservadorismo dos conhecimentos de casta. Quando as formas se tornam arte e deixam de visar ao útil e geral, explicitam o fechamento do hieróglifo

66. I, *Essai*, p. 96, a 26-a 29.
67. *Idem*, p. 96, b 45-b 52.
68. I, *Essai*, p. 97, b 5-b 15.
69. *Idem*, p. 97, b 41-b 42.
70. *Idem*, p. 97, a 9-a 50.
71. I, *Essai*, p. 97, b 44-p. 98, a 5.

CAPÍTULO III

na superstição; conquanto difiram, todas as formas têm em comum a tendência à clausura que, no hieróglifo e na escrita, não é a do prazer, mas a do temor. Quanto mais se fecha, tanto mais o hieróglifo explicita o medo: o politeísmo nasce e se amplia à medida que se atribui uma singular causa divina a cada experiência atemorizadora[72]. Superstição, medo e escuridão articulam-se: atra e medonha, a religião politeísta impede a eclosão do monoteísmo racional porque a superstição é explorada pelos sacerdotes e difunde o erro[73]. Erro que a analogia intensifica na filosofia, que começa mal[74], mas à qual não se reduzem os efeitos da superstição. A religião impõe-se à filosofia e também às artes de governar e de legislar; quando a superstição domina as ideias, os filósofos acomodam-se a ela, os legisladores a difundem e os governantes a exploram, como os sacerdotes, em benefício próprio[75]. Operando fechadas, opõem-se em conjunto às forças progressistas, verdade de uma experiência aberta, que exorciza o erro no culto à ciência. Instrutiva, a experiência é determinada pelas carências utilitariamente determinadas; por isso, a primeira arte aberta, a agricultura, aperfeiçoa-se atraindo estudos conexos que no início se desenvolvem conjugados na observação: geometria, física, astronomia[76]. Porque submetidos ao regime liso da utilidade, os conhecimentos diferenciam-se uns dos outros quanto à rapidez ou lentidão de seu aprendizado. São mais vagarosos os progressos em alguns gêneros e rapidíssimos em outros: a arte militar desenvolve-se mais lenta que a agricultura, sendo mais precoce que a do governo[77]. Combatendo os erros e confirmando os acertos, a experiência determina não só os progressos de cada gênero de conhecimento como o próprio recorte das disciplinas[78]. Desenvolvimento desigual e combinado, pois os conhecimentos se articulam para constituir sistema, progressismo de sucessão: nele, cada sequência determina e desenvolve as outras e com elas avança tendida pela defasagem dos progressos recíprocos. Ao progressismo do sistema, que conjuga subsistemas, opõe-se o bloco da religião; até as artes da guerra e do governo se determinam duplamente: progressistas quando atendem as carências gerais, conservantistas quando submetidas a interesses específicos. Dominados pela superstição,

72. II, *Cours d'Histoire*, p. 29, a 37-a 41.
73. *Idem*, p. 29, a 42-a 51.
74. *Idem*, p. 29, b 10-b 17.
75. II, *Cours d'Histoire*, p. 29, a 52-b 9.
76. *Idem*, p. 27, b 41-p. 28, a 51.
77. *Idem*, p. 28, a 42-p. 29, a 8.
78. *Idem*, p. 29, a 9-a 20.

aliam-se a seita pensante, que engana, e o grupo palaciano, que abusa: liga das forças que freiam a história. No Iluminismo as forças do progresso, em conflito com as conservadoras, explicitam os poderes da razão sobre aqueles da superstição como luz e destemor triunfando sobre a treva e o medo. Luz e treva constituem, como mostra Jean Starobinski, no corte de 1789, uma oposição vinda de longe e expandida miticamente na sociedade: às trevas da velha ordem deve suceder-se uma luz apolínea[79].

Visando ao interesse geral, as forças luminosas do progresso emancipam o signo da superstição; quando os conhecimentos se estendem sempre exatos nas artes e ciências, o signo se modifica quanto ao seu funcionamento. A forma libera-se como nova, uma vez que o hieróglifo é esquecido e a letra passa a determinar-se axialmente. Com a letra, as imagens perdem como pintura, recebendo subsidiariedade para não comprometer a claridade do conhecimento: operando como adorno, variando com os requisitos dos gêneros, como o assunto, as figuras atendem aos preceitos que, tornando-as secundárias, não as anula[80]. No emprego subordinado, com destaque do ornamental, confirmam sua novidade: se, em geral, a invenção das formas é devida às carências, sua sensibilidade pictórica decorre das utilitárias na fixação e comunicação de conhecimentos. Como hieróglifos, as formas servem os mistérios, tornam-se enigmas e enclausuram-se pela superstição, perdendo, em sua duplicidade de pintura e signo caracterial, a referencialidade do pictórico quando se ocultam na alegoria. Com o encasulamento da pintura na arte e da alegoria na superstição, a forma nova alcança o ótimo quando o conhecimento e o ornamento que o ilumina estão em equilíbrio ponderado[81]. As figuras retiram da subsidiariedade máxima eficácia hipotipótica assim como o conhecimento, ao qual se subordinam, o máximo de ordem: a ponderação é determinação.

Ponderando-se o secundário e o principal, o ornamento e o conhecimento, a retórica e a lógica, a forma supera as precedentes, que se enclausuraram. O adorno submete-se à ordem quando recua e auxilia o conhecimen-

79. Jean Starobinski, *1789. Les Emblèmes de la Raison*, Paris, Flammarion, 1979, p. 31. A antítese tem sentido sucesivo e inscreve-se em contexto político: "L'ordre ancien ayant pris, par une réduction symbolique, l'apparence d'une nuée obscure, d'un fléau cosmique, la lutte contre celui-ci pouvait se donner pour objectif, selon le même langage symbolique, l'irruption du jour. Lorsque l'évidence de la raison et du sentiment prend force de loi radieuse, toute relation d'autorité et d'obéissance qui nese fonde pas sur cette base, est condamnée à n'être plus que ténèbres".
80. I, *Essai*, p. 98, a 7-a 15.
81. *Idem*, p. 98, a 30-a 35.

CAPÍTULO III

to, equilíbrio desfeito quando o secundário atropela o principal. Passando as figuras para o primeiro plano e para o segundo a ordem das ideias, a posição da forma no eixo muda intensiva e temporalmente: declínio das línguas. Como se o discurso tendesse unilateralmente para a beleza às expensas do conhecimento, sobrecarregam-se e acumulam-se as figuras, estilo ornamental. Intensificação e multiplicação quantitativa do figural em detrimento da ordem, inversão das funções reciprocamente determinadas: o principal recua a acessório e o acessório avança a principal[82]. A ordem retórica esmaga a ordem lógica, a rígida ligação das ideias cede à livre associação das ideias. Amaneiramento da língua, em que a figura declina na decadência quando evapora na veleidade do ornar frívolo e abusivo que não subordina sua espuma à gravidade e utilidade do ponderado.

Se o *Dictionnaire* define o estilo pela escolha de expressões que dão caráter ao discurso[83], a *Art d'Écrire* o abre também para a nitidez[84]. A clareza, ou nitidez, encarece o lógico do arranjo das palavras na frase ou no discurso[85]. Como caráter, limita a escolha. Especifica-se por pautar-se pela ligação das ideias, atendendo ao preceito da exatidão, e por limpar o discurso do supérfluo, assegurando significação precisa para as palavras e sensibilização matizada do pensamento para as frases[86]. Diferindo quantitativamente a palavra da frase e esta, do discurso, a nitidez explicita a exatidão de termos hierarquizados na unidade, quer a das palavras na proposição quer a das proposições no discurso. O juízo e o raciocínio correspondem à proposição e ao discurso: assim como as ideias são ordenadas quando se subordinam entre si, também o discurso exprime a ordem quando se conforma à ligação delas. A adequação à ligação ótima é o "segredo da arte de escrever" nitidamente[87]. Requisito primeiro da ligação de ideias, a nitidez é estritamente lógica: sintática, explicita a exigência de diafaneidade do domínio de referência. Prescrevendo a disposição que subordina as palavras na frase e as frases no discurso, preserva o "fundo do pensamento", que se afirma principal e invariável: nada acrescentando à proposição ou dela subtraindo, a prescri-

---

82. I, *Essai*, p. 98, a 15-a 26.
83. III, *Dictionnaire*, verbete "Diction", p. 208, b 56-p. 209, a 25.
84. I, *L'Art d'Écrire*, p. 517, a 1-a 5.
85. I, *L'Art d'Écrire*, p. 517, a 6-a 14; p. 518, a 1-a 6.
86. *Idem*, p. 520, a 26-a 52.
87. *Idem*, p. 520, a 46-a 52.

ção lógica, ainda que admita outras regras, é dirigida apenas pela ligação de ideias, que o discurso deve, exprimindo, apresentar[88]. Do mesmo modo que as ideias se subordinam entre si, também o discurso se hierarquiza: a ligação das ideias principais umas às outras pelas secundárias, que as matizam e sensibilizam, admite – e requer – modificações que se concentrem na explicitação do ótimo das conexões[89].

Referido ao estilo, o caráter difere da clareza porque incide não na ordem lógica das partes, mas nas qualidades que modificam o discurso. Determinando-se este pela modificação, o arranjo lógico recua como articulação mínima e nítida para que passe o caráter[90]. Como este se estabiliza pelas qualidades do assunto e pelos sentimentos que afetam o escritor – suas paixões[91] –, o estilo resulta de modificações, reencontrando-se a proposição do *Dictionnaire*, que abstrai a ligação de ideias. Também no *Cours d' Histoire* o caráter é uma generalidade fixada por modificações: diferencia um conjunto de elementos dos demais, estabiliza-o na identidade. Porque as modificações convergem, a diferença e a identidade determinam os caracteres que com elas variam: no homem, a variação se faz pelas paixões[92]. Sendo suscetíveis de caracteres, que são modificações dos sentimentos do escritor, os assuntos hierarquizam-se segundo a importância a eles atribuída: a paixão diferencia[93]. Como o discurso e o pensamento se correspondem e aquele exprime a este, o que é aberto num delimita-se e especifica-se no outro: as modificações do pensamento devem ser captadas no discurso como subordinação do secundário ao principal. Ainda do pensamento são o objeto do escritor, o interesse do assunto e as circunstâncias da escritura; no discurso, tais modificações são expressas pela escolha dos termos e das voltas, pelo arranjo lógico das palavras na proposição, mínimo de sentido, qualquer que seja a unidade frase ou discurso – para a ligação ótima. Escolha cujo preceito genérico manda apreender-se para cada caso a expressão adequada[94]. Determinação, o ótimo especifica os preceitos quando passa do pensamento para o discurso. As prescrições limitam-se: as que incidem nas palavras ou nas voltas, incluídas parcialmente na nitidez; as que visam ao assunto, distinguidas por

88. I, *L'Art d'Écrire*, p. 576, a 15-a 21. Em meados do século XVII, *rendre* recebe o significado de "exprimir" e "apresentar", simultaneamente.
89. *Idem*, p. 520, a 46-a 50.
90. *Idem*, p. 517, b 27.
91. *Idem*, 517, a 15-a 32; b 11-b 14.
92. III, *Dictionnaire*, verbete "Caractere", p. 110, b 27-b 29.
93. I, *L'Art d'Écrire*, p. 517, b 15-b 30.
94. *Idem*, p. 517, b 31-b 34.

CAPÍTULO III

seu maior ou menor interesse; as que ressaltam as circunstâncias do escritor, referidas indiretamente ao destinatário, todas elas em conjunto cingem-se quando aplicadas ao discurso. Já limitadas enquanto preceitos do caráter, quando enfatizam as propriedades do assunto e as variações sentimentais do escritor[95], as prescrições delimitam-se ainda mais no discurso quando incidem nas subordinadas que modificam as principais, desenvolvendo-as, determinando-as e explicitando-as[96].

Por modificarem as ideias principais, as secundárias são acessórias. Exemplo são os sinônimos que, tendo em comum a mesma ideia principal, diferem pelas accessórias[97]. Derivando o acessório de *accedere*, "acompanhar"[98], Condillac investe-o, ao mesmo tempo que o considera secundário, de função caracterizadora quando lhe atribui o diferenciar submisso à identidade. Secundário por fazer variar, pode faltar à proposição sem que esta deixe de subsistir: o acessório é toda ideia cuja ausência não anula o fundo do pensamento, pois o pressupõe e o desenvolve, explicitando-o e determinando-o[99]. Da secundariedade o acessório retira sua força: ornando e proporcionalizando o pensamento, modifica-o e caracteriza-o, devendo exprimi-lo por inteiro[100]. O discurso, enquanto nitidez e caráter, tem no acessório o que o varia, e, no principal, o invariante. Incluindo-se nos acessórios, as voltas variam o discurso ao expor o pensamento que modulam. Aplicando ao discurso a situação do escritor, a relevância do assunto e o seu adorno, matizam o pensamento pela subordinação das partículas ou das proposições entre si[101]. Na passagem, o acessório estende o pensamento nas voltas de pontos de vista poliédricos que variam o principal. Concebendo-se a modificação como ponto de vista da ideia principal[102], o tropo reitera o deslocamento da Retórica condillaquiana: desdenhando as questões de definição e de classificação, articula-se com o pensamento ao encarecer as prescrições de ligação das ideias e de sua passagem ao discurso. Ornando e estendendo o pensamento nas voltas, dá ao discurso sua segunda determinação, a do caráter[103].

---

95. I, *L'Art d'Écrire*, p. 517, b 11-b 14.
96. *Idem*, p. 520, b 32-b 34.
97. III, *Dictionnaire*, verbete "Accessoire", p. 15, a 46-a 51.
98. I, *L'Art d'Écrire*, p. 547, b 3-b 10.
99. *Idem*, p. 547, b 11-b 15.
100. I, *L'Art d'Écrire*, p. 552, a 1-a 10.
101. *Idem*, p. 552, a 6-a 10.
102. *Idem*, p. 552, a 11-a 18.
103. *Idem*, p. 552, a 18-a 20.

164   CONDILLAC LÚCIDO E TRANSLÚCIDO

O desprezo pelas distinções classificatórias é compensado pelas exigências relativas à escolha do tropo e às das modificações em geral. O que se aplica às figuras estende-se às partes da proposição: sujeito, verbo e atributo não são modificados separadamente, pois os acessórios também explicitam as suas ligações. Acrescentando-se as modificações de parte a parte, convergem e ligam-se os elementos da proposição: a visada é ao mesmo tempo o conjunto, conectando-se sensíveis as partes, e cada uma delas, para que nada fuja[104].

No discurso, o caráter modula pelas subordinadas as principais em gradação sensível[105]. Embora a nitidez se afirme independente do caráter e este, dela dependente, a transparência lógica exige a modificação retórica para que se evidencie o diáfano e se cristalize o ponto de vista. O caráter não se restringe ao requisito da elegância[106], mas afirma-se indispensável à própria forma: supérfluas, as modificações obscurecem a nitidez; bem formadas, harmonizam-se no discurso claro. Além de ornamentar, as modificações tecem o discurso construindo-se as frases relacionalmente como principais e subordinadas em conexão determinada[107]. Cabendo às subordinadas caracterizar, são a trama que, passando pela urdidura das principais, com estas forma o tecido[108]. Como urdidura e trama, sem vincos ou esgarçamentos quando o desenho é claro e belo, o discurso destaca as relações do lógico e do retórico: a nitidez é preceito da urdidura, o caráter, o da trama, e são os dois, tomados em conjunto, que fazem o discurso. À autonomia do lógico corresponde a do retórico enquanto caráter; como urdidura e trama, todavia, o caráter se subordina à nitidez, e o retórico, ao lógico, para que se conciliem o máximo de clareza e a suprema beleza em suas visadas recíprocas[109]. Prescrevendo a exatidão, a nitidez indicia a invariância[110]: não é propriamente a ela que os acessórios variam, mas ao discurso em seu conjunto que, abstraído o retórico, é lógica pura. Lógico, o discurso não merece atenção maior, pois a invariância apenas funciona como prescrição e como suporte. O discurso é tecido segundo duas orientações: a trama, que é a direção retórica, caráter, e a urdidura, sua direção lógica, nitidez. As direções são em si mesmas independentes, mas, no discurso, complementares com predomínio do lógico,

---

104. I, *L'Art d'Ècrire*, p. 547, b 24-b 35.
105. *Idem*, p. 580, a 1-a 5.
106. *Idem*, p. 547, a 21-a 26.
107. *Idem*, p. 580; a 6-a 10.
108. *Idem*, p. 580, a 6-a 7; p. 582, a 34-a 39.
109. I, *L'Art d'Écrire*, p. 591, a 3-a 9.
110. *Idem*, p. 578, b 7-b 19.

CAPÍTULO III

suporte incolor. Ainda que oriente a trama, a urdidura sozinha não faz o discurso. Entretecendo-se com ela, os fios da trama caracterizam o discurso como beleza e como tecido, sendo apenas virtual a ordem lógica sem as modificações.

A subordinação das modificações extrapola os procedimentos discursivos quando se abre para a coisa[111]. Fundamental e desinteressante, a nitidez restringe-se ao discurso, mas o caráter amplia-se para o extradiscursivo. Operante dentro e fora, o caráter articula as subordinadas – situação do escritor, visada ao leitor, referência à coisa, interesse do assunto – com o contexto. O caráter é simultaneamente interior e exterior, texto e contexto, como se diz hoje. Quanto à forma, a distinção não é atual, mas iluminista: o dentro e o fora, articulados pelo caráter, acabam capturados por positividades, como a sociologia, a psicologia, etc. Significando a "textura" (*tissure*) o fazer o tecido, a "contextura" (*contexture*) tem o sentido de maneira de fazê-lo: o tecido é o encadeamento de ideias e a contextura, a maneira de encadeá-las[112]. O *Dictionnaire* completa a *Art d'Écrire*: enquanto esta concebe a modificação como trama e parte do discurso – o seu caráter –, aquele não distingue entre o principal e o secundário, considerando formado o tecido para encarecer a maneira de tecer. Duas modificações, a interna, que enfatiza a trama, e a externa, que ressalta a maneira. Dois caracteres de um mesmo caráter, que se articulam como o constituído e o constituidor: homólogos porque modificam e exteriorizam o discurso quanto ao estilístico e quanto ao contextual, respectivamente, coincidem, diferindo por aquilo a que visam. A estilística é prescritiva, pautando-se a escrita por exigências não-discursivas, e o contextual é apenas determinante, causal.

As carências não são prescritivas, mas fazem prescrever porque contextualizam; ressaltando-se a interação tensa das sequências, o discurso também se articula com o que o determina – e que, por sua vez, é por ele determinado – nos avanços desiguais comandados pelas carências exteriores. Variando o discurso com o caráter, tanto o que se cinge ao prescritivo da estilística quanto o que se restringe ao determinismo do contexto também se afirma – como as carências – exteriores enquanto preceito ou causa: a modificação retórica da forma lógica e a causa do discurso lhes são exteriores. Abrangência do caráter, que compreende tudo o que é suscetível de modificação, fixando-se como nação ou língua. Determinando a forma de

111. *Idem*, p. 578, b 21-b 29.
112. III, *Dictionnaire*, verbete "Tissu", p. 535, a 1-a 5.

governo, as carências fazem-no variar o caráter do povo, que se fixa depois de sua estabilização[113]. Causalismo de sucessões: fixados estes, estabiliza-se a língua e com ela, o gosto. Sendo o caráter nacional determinado pelo modo de existir, apenas se elidem as causas intermediárias, que são as formas de governo e o caráter do povo, sem que seja afetada a sucessividade, porque ficam implicitos. Explicitando o modo de existir, as ideias acessórias operam metaforicamente: no latim, elas são transpostas da agricultura para a politica; enobrecendo em Roma, são tiradas das atividades da guerra nos Francos[114]. Deslocamento do significado que indicia a determinação como interesse dominante no modo de existência; movimento que não se restringe ao transporte do significado, pois também se destacam os contextualizadores, cuja fixação assegura a do caráter nacional[115].

Afirmar que um caráter apenas se fixa quando aquele que o determina já se estabilizou, e este por um anterior nas mesmas condições, é propor uma sucessividade de causas e efeitos, produtora de identidades diferenciadas, que se estende até as carências de utilidade. Quando o caráter fixado determina o ainda não estabilizado, opera como modificador, e, este, como modificado: a modificação é todo caráter que constitui um outro, subsequente. O modificador e o modificado relacionam-se como o que é caráter e o que se torna caráter: modificação e caráter têm idênticas propriedades, exceto a ação, ausente do subsequente e presente no precedente. O caráter que não se fixou é dispersão e indeterminação que o modificador deve concentrar e determinar. O caráter é bastante geral para ser especificado; são exemplos o caráter do povo, da língua, da arte: sempre uma identidade diferenciada e bastante genérica para ser capturada por dispositivos de positividades. Generalidade e causalidade relacionam os caracteres como interioridade e exterioridade articuladas indefinidamente, sendo as modificações ativas no recorte: caráter do povo, caráter da língua e caráter da arte são identidades causadas nesta ordem, variando do primeiro, que é o maior, ao terceiro, que é o menor, como nos círculos concêntricos. Abstraindo-se o tempo dos progressos que os varia reciprocamente, os círculos dos caracteres são causa um do outro e diferenciadores que estabilizam as respectivas identidades: o caráter é modificação ativa e o modificador varia o modificado do maior ao menor. Propriedades dos caracteres, a generalidade e a causalidade distinguem-nos uns dos outros

113. I, *L'Art d'Écrire*, p. 568, a 1-a 13.
114. I, *Essai*, p. 98, b 50-p. 99, a 25.
115. I, *Essai*, p. 98, b 14-b 48.

por estases definidas: povo, língua, arte. Sem elas, não se poderia afirmar o maior nem o menor, e o caráter seria identidade diferenciada, generalidade e causalidade indiferentes. Quando a estase sobrevém, definem-se tanto o sentido da causalidade quanto a maior ou menor generalidade, constituin-do-se os círculos concêntricos e o dentro/fora, ou modificado/modificador. Dispositivo que monta o progresso causal e toda uma gama de subestases do dentro/fora, como o exemplo do texto/contexto. Bastando introduzir uma positividade qualquer, monta-se um dispositivo progressista ou, um outro, articulador de um interior e de um exterior como modificado/modificador. Binariza-se, tende-se, progride-se, podendo uma positividade qualquer cap-turar um caráter, principialmente indeterminado quanto ao contorno ou à amplitude, indefinido quanto à causa ou ao efeito, pois não se sabe quem é causa e quem é efeito quando não se especifica uma causalidade geral ou um contorno sem medida. Em contrapartida, montado o dispositivo de captura, a generalidade determinada do caráter faz assimiliar-se as diferenças nas es-tases nação, língua, arte, que unificam uma multiplicidade: as classes sociais – militares, clero, artesãos –, os falares – dialetos, regionalismos, língua oficial –, os gêneros artísticos – poesias cujas formas deslizam umas sob as outras e que apenas a suposição pode deter. O clero como classe da nação, o regionalismo como variedade do nacional, tal subgênero lírico como poesia, são capturas da divergência imensa pela convergência especificadora: atribui-se o menos geral ao mais geral, o efeito à causa.

As modificações e os caracteres variam, aquelas, porque ativas, fazem variar, estas, enquanto estabilizadas, são variadas (e, como modificações, fa-zem variar o subsequente, por sua vez). Variando com o caráter nacional, a língua com ele se fixa; quanto à analogia, regra interna, apenas a multiplica-ção e codificação das voltas em repertório estável exprime o gosto dominante do povo, caracterizando de dentro a língua – trama, prescritivo, interior, em oposição ao contexto, exterior e causal. Dependendo o gosto da fixação do caráter da língua e da analogia que regula a invenção[116], aquele se caracteri-za com o conhecimento da regra. Formando as voltas, a analogia preside a sua escolha na língua e lhe assegura o caráter[117]. Ela também condiciona a eclosão do gênio e dos talentos que a fixam: os escritores não nascem igual-mente em todos os tempos e nações[118]. As condições variam as línguas e são

116. I, *Essai*, p. 103, a 54-a 58.
117. *Idem*, p. 99, b 10-b 14; p. 100, b 53-p. 101, a 2.
118. *Idem*, p. 101, a 2-a 6.

de duas espécies: as contextualizadoras – carências, clima e governo –, que afetam diversamente os povos; as das mesmas línguas, cujos recursos são determinados pela analogia quanto às voltas. Contexto e analogia, exterior e interior, são as condições de uma fixação segunda: invenção do gênio[119] e propagação pelos talentos que o seguem, as modificações regradas pela analogia refazem o caráter da língua. Apenas podendo constituir-se quando a analogia fixa o repertório de voltas, o primeiro e anônimo caráter assegura a formação do novo, que se torna cânon por invenção do gênio. Dependendo a invenção das voltas da imaginação, e pressupondo esta repertório sobre o qual se exerça, os primeiros caracteres da língua anônima têm exatidão comparável à dos signos matemáticos[120], o que torna possível uma nova fixação.

A invenção segunda visa não à exatidão do fundo de ideias principais regidas pela nitidez, mas ao nacional como caráter. Orientada para as voltas, estatui o caráter por intervenção do gênio que a tudo transmite seus sentimentos, inclusive ao leitor[121]. Para modificar, o gênio é múltiplo, variando ao extremo as voltas, no que se distingue do artesão do estilo que aplica uma única fórmula a qualquer escrito[122]. Múltiplo para multiplicar, o gênio é poeta: exprimindo mais vivamente o caráter da língua, ele o faz porque se extrema como mínimo de análise e máximo de imaginação. Predominando o caráter sobre a nitidez, a esta não anula por ser misto ótimo; extremo quanto à oposição de análise e imaginação, é máximo ponderado com predomínio da imagem. Ótimo que se explicita na impossibilidade da tradução: descoradas as prescrições da nitidez sem se anularem, o caráter colore quando os poetas o fixam. O gênio e os talentos, que o imitam, fixam a língua como caráter e como gosto, que se impõe à nação. De anônima, a língua se torna filha de logotetas que lhe definem o repertório de voltas e sua combinatória[123]. Como invenção de acessórios, o gênio da língua também se determina negativamente pela impossibilidade de transportar o caráter: generalidade intransitiva, pois delimitada pelas voltas que o instituem nacional. Os preceitos explicitam a combinatória: determinando a quantidade e a variedade das voltas, ela faz que o caráter e a clareza variem reciprocamente, sendo seus extremos o francês, em que predominam a nitidez e a

---

119. I, *Essai*, p. 99, b 10-b 15.
120. *Idem*, p. 99, b 39-b 51.
121. I, *L'Art d'Écrire*, p. 578, b 16-b 21.
122. *Idem*, p. 580, a 21-a 40.
123. I, *Essai*, p. 101, a 2-a 37.

CAPÍTULO III

análise, e as línguas antigas, em que sobressaem a modificação e a imaginação[124]. Embora fixe o caráter, o gênio não o petrifica: inexistindo discurso que não seja forma lógica e modificação retórica, não se altera quanto ao repertório ainda que as combinações variem indefinidas; toda violação das regras implica incompreensão[125]. Também o caráter é coercitivo: transgressão da regra retórica, a ininteligibilidade é ruptura do código de voltas.

A invenção poética institui modelos artísticos[126]: fixando as regras da língua, que os talentos difundem e a sociedade reconhece, os gênios são investidos como juízes. Estabelecendo os modelos de beleza – seus escritos são as obras-primas da língua –, determinam o natural de cada gênero de discurso[127]. Naturalidade que não se opõe ao convencionalismo e à arbitrariedade, mais patente na poesia que em outros gêneros[128]. A naturalidade é a do hábito, não sendo, com isso, negado o artifício: como natureza segunda, o hábito é tão artificial como a regra da convenção. Quanto ao agradável, a regra também se naturaliza pelo uso, outro modo de se afirmar o hábito, que é grau de perfeição. Porque natureza segunda e perfeito como imitação, eleva a regra acima das variações circunstanciais que a relativizam com os tempos e os lugares[129]. A arbitrariedade também destaca o institucional: regra e não signo, exclui-se a motivação que faça as passagens da natureza ao artifício; a imitação não faz conceber-se a regra motivada. Referindo-se ao hábito, a imitação apenas explicita a naturalidade como natureza segunda. Assim como a motivação dos signos assegura a continuidade na diferença, as regras da instituição são correspondentes às leis da natureza como facilidade na ação ou como espontaneidade adquirida. Automatismo[130], a natureza segunda é a resposta espontânea à solicitação, superado o tempo da aprendizagem e o tempo da reflexão: a naturalidade da regra é a do hábito que opera automaticamente e imita a ação natural.

Por isso, a naturalidade não contradiz o arbítrio, ao qual desloca como o signo artificial, ao natural. Distinguindo-se graus de arbitrariedade, o natural varia com os gêneros, cujos extremos são a prosa, que dissimula a arte, conjunto de regras, porque enfatiza a ordem lógica, e a poesia, que não a oculta,

124. *Idem*, p. 102, a 31-b 2.
125. *Idem*, p. 103, a 51-b 3.
126. I, *L'Art d'Écrire*, p. 602, a 22-a 25.
127. *Idem*, p. 604, b 13-b 17.
128. *Idem*, p. 605, b 48-p. 606, a 14.
129. *Idem*, p. 603, b 28-b 34.
130. I, *L'Art d'Écrire*, p. 603, a 21-a 42.

porque encarece a ordem retórica, as voltas[131]: sem negar o natural como espontaneidade, o arbítrio determina-se pelo mascaramento e desvendamento máximos dos extremos. A naturalidade nunca é questionada: a prosa não é menos artística que a poesia, exigindo-se muita arte para dissimulá-la[132]; visando apenas secundariamente à ordem lógica, a poesia despreza o ocultamento da arte, à qual afirma como caráter do discurso. Como os extremos e os intermediários são naturalizados enquanto automatismo, o arbítrio desloca-se para a agradabilidade, ou prazer[133], como a diferença da ligação das ideias[134]. Mesmo migrante, a arbitrariedade não se opõe à naturalidade, pois o espontâneo não contradiz a diferença da nitidez. Natural, a poesia é gênero duplamente arbitrário: ou porque desdenha a ligação das ideias como volta, ou porque se institui, quando ainda não automatizada, ratificando o convencionalismo de toda forma nascente.

O convencionalismo dificulta a marcação dos extremos: arte de arte por mascarar o procedimento e ressaltar a ligação das ideias, a prosa opõe-se à poesia, arte sem disfarce, por explicitar as voltas e destacar a associação das ideias. A ordem lógica, nitidez do discurso, e a ordem retórica, seu caráter, ponderam-se com prevalência variável de uma sobre a outra, conforme o gênero. A ligação das ideias e a associação das ideias são princípios divergentes: aquela é atendida pela prescrição da nitidez, esta, pelo preceito do caráter. A ligação é invariância e generalidade, o supranacional da língua, mas a associação é máxima variação e particularidade, o nacional e o individual: o estilo poético é variadíssimo é arbitrário porque a associação das ideias difere com os países, as épocas e os poetas; múltiplo e indefinido, o poético é determinado pelas circunstâncias e pelo gênio[135]. Ilimitada, a associação das ideias é disruptiva: diferença imprescritível, varia com as circunstâncias e com os gênios, a ponto de impedir a circunscrição do gênero, atestando a arbitrariedade e o convencionalismo daquilo que não se pode identificar[136]. Embora não delimitável, o estilo é natural: quando habitual, a associação se automatiza, atribuindo-se ao gênio o arbítrio fundador[137]. Não é a naturalidade da ligação das ideias, que é lógica e comprova a identidade das línguas,

131. *Idem*, p. 602, a 26-a 40.
132. *Idem*, p. 602, a 29-a 37.
133. *Idem*, p. 606, a 28-a 35.
134. I, *L'Art d'Écrire*, p. 606, a 7-a 14.
135. *Idem*, p. 605, b 49-p. 606, a 14.
136. I, *L'Art d'Écrire*, p. 606, a 7-a 14.
137. *Idem*, p. 606, a 15-a 35.

CAPÍTULO III

sua generalidade de análise: aqui, a regra é invariável e imita a lei natural em oposição à sua imprescritibilidade de associação, que verifica a diferença das línguas, sua particularidade como caráter[138].

Assim como variam os gêneros e o poético em geral, vago e imprescritível, senão pelo modelo que o institui numa língua determinada, também o fazem as regras. Variando ao belo e ao gosto, que o hábito fixa no tempo – a moda é mudança acelerada, as preferências das gerações têm mais inércia – e no lugar[139], a regra é determinante. Ainda que ela mesma varie com os gênios fundadores e as sociedades, não é contaminada pelo relativismo do gosto pois o determina e lhe é anterior. Variável com o contexto, varia ao gosto: o desacordo dos tempos e nações quanto ao belo não faz concluir pela ausência de regras[140]. Também a vagueza das noções "belo", "natural" e "gosto", filha dos excessos da variação, é compensada pela constância relativa do "belo natural", em torno do qual há consenso, apesar dos juízos apressados, dos pré-juízos ou das diferenças na observação, que não deixam de alterá-lo[141]. A comum concordância quanto ao nome supõe a generalidade do modelo: determinado pela regra, o belo natural é modelo por mais que pesem as ambiguidades. Emancipada do que a poderia confundir – a discrepância do gosto, do belo, do natural –, a regra é determinada apenas por aquilo que a delimita – e não relativiza –, as três idades. Retomando a divisão do *Cours d'Histoire*, a *Art d'Écrire* distingue três etapas no desenvolvimento do modelo: infância, progresso e decadência. Devir e não relativismo: confere-se duplo sentido à distinção: o de variação no eixo e o de desenvolvimento empírico. Este, por admitir observação comparativa das artes de um mesmo povo nos três períodos, faz compreender aquilo que só empiricamente se conhece[142]. Reviver as diferentes noções de beleza nos períodos pressupõe conhecer as vicissitudes da regra de que dependem: retrospecção ideal, algo como o "modelo reduzido" da Física experimental, pois a construção do modelo empírico faz selecionar variáveis e invariantes para a reprodução das circunstâncias hipotéticas "em laboratório". A revivência destaca não a relatividade do belo, do prazer ou do gosto, mas as suas variações de dependentes com o devir da independente, a regra.

138. *Idem*, p. 606, a 48-b 18.
139. *Idem*, p. 603, b 28-b 43.
140. I, *L'Art Écrire*, p. 604, a 11-a 16.
141. *Idem*, p. 603, b 44-p. 604, a 10.
142. *Idem*, p. 604, a 16-a 35.

Fazendo variar, a regra também é variada no cenário idealmente experimental por um devir cujos marcos são os do *Cours d'Histoire*: arco em que o começo e o fim se correspondem como infância e decadência, e diferem como duas barbáries. Ascendentes as duas primeiras idades, é decadente a terceira: a regra é princípio periodizador e, assim, o progressismo. Operante apenas na segunda etapa, a regra ausenta-se das extremas: delineia-se na primeira, apaga-se na última. É como nas barbáries: a infância, começo do progresso, encontra a última, semelhante à primeira, mas sem futuro. Variando ao gosto, ao prazer e à beleza – assemelha-se ao método, também artificial e natural –, a regra se ausenta da primeira idade. Caracterizando-se pelo acaso de alguns poucos traços felizes, que se multiplicam com o tempo, explicita o descontínuo, sendo suficientemente cumulativa para desenvolver a inventividade primicial. Sem regras, o prazer não é determinado reflexivamente por modelo que discrimine o defeito[143]. A adesão irrefletida a marcas casuais e dispersas contrapõe-se ao gosto e ao prazer regrados: como estes, o belo só se determina pelo preceito, permanecendo vago na infância.

Prolongando-a, a segunda idade é ruptura: a invenção e a correção, ausentes na infância, superam a descontinuidade e a dispersão de traços casuais. O prazer é alterado: a adesão irrestrita e indiscriminada modera-se e distingue-se. Regrado, o agrado deixa de se fazer valer princípio sem princípio, ausente o preceito. O juiz constitui-se apenas na segunda etapa quando a beleza se emancipa do prazer, seu próprio princípio, e submete-se à limitação. O próprio prazer passa a determinar-se pela duração, curvando-se a sociedade à regra educadora: o gosto desenvolve-se com as prescrições dos gênios, que, seguidas, duram e reprimem a dispersão[144]. As obras-primas instituem o modelo do belo: é a bela natureza, que recebe todos os sufrágios, apesar das discrepâncias na sua compreensão. A generalidade da bela natureza, que se passa a imitar[145], distingue, além do modelo positivo, a negatividade da discriminação.

O modelo faz conhecer as qualidades e os defeitos das obras que o imitam e não o alcançam. A obra perfeita é concebida negativamente: é a que não tem defeito[146]. Da adesão irrestrita passa-se a um assentimento mitigado; do sentimento despertado por um traço vem o conhecimento exigido

---

143. I, *L'Art d'Écrire*, p. 604, a 47-b 9.
144. I, *L'Art d'Écrire*, p. 604, a 47-b 12.
145. *Idem*, p. 604, b 13-b 21.
146. *Idem*, p. 604, b 22-b 32.

CAPÍTULO III

pelo modelo. Ausente na infância, o conhecimento tem duplo sinal: positivo enquanto manda imitar o modelo; negativo enquanto percebe falhas nas obras. O modelo atrai o raciocínio como análise e observação; artificial e natural, explicita o investimento da beleza pela racionalidade que determina o gosto e o prazer; fixado como hábito, confere nova naturalidade ao belo. Extremam-se como polos antitéticos o conhecimento e o sentimento. Na infância, só há sentimento, sendo empática a adesão; na etapa seguinte, discriminam-se virtudes e vícios, ponderando-se sentimento e conhecimento; na decadência, anula-se o sentimento. Deixa-se de procurar o defeito das obras com o modelo que educa e faz discriminar, quando o conhecimento predomina sobre o sentimento. O vício atinge o próprio modelo, que a análise começa a questionar: suposto superável, evitam-se os defeitos que nele se veem. Desagradando, são lamentados os poetas que o instituíram e aqueles que o seguiram: o caminho certo é abandonado e imaginam-se novos. O gosto se deprava[147] quando as obras-primas são recusadas: é o fim da segunda idade e do sentimento. Está latente no modelo a contradição que o anula: embora se dirija ao sentimento, a análise transgride os limites da ponderação. Instabilidade de um equilíbrio precário, a ser praticamente firmado com preceitos que limitem a análise – a filosofia é a morte do gosto – e restabeleçam o modelo. Visando à produção de sentimentos agradáveis, a prescrição contorna a contradição; acordo de assunto, finalidade e meios, lema prático, que confirma o preceito de estilo: ligação das ideias principais e acessórias para que a ordem aparente espontaneidade e o escritor se dissimule na ponderação da ordem lógica e retórica[148]. O preceito manda retomar os modelos abandonados para que predomine o sentimento sobre o conhecimento, evitando-se a decadência[149]. Porque na segunda idade o sentimento predomina até que se estabeleça a contradição, e na terceira, o conhecimento, a dissolução analítica só pode ser contida com o retorno do negado. Esfriando o sentimento na decadência[150], o gosto também decai e o prazer intelectual não é compensado quando se desvia para ele. Como a proliferação de caminhos inventivos faz tornar qualquer um, e é nenhum, a imaginação solta-se quando o modelo é negado[151]. O retorno da regra preserva o sentimento e o gosto: reação contra uma arte multitudinária e valetudinária.

147. I, L'Art d'Écrire, p. 605, a 20-a 23.
148. I, L'Art d'Écrire, p. 605, a 46-b 28.
149. Idem, p. 605, a 46-b 7.
150. Idem, p. 604, b 49, p. 605, a 19.
151. Idem, p. 605, a 20-a 34.

Conhecimento e sentimento são os extremos da decadência, pois explicitam a passagem da segunda à terceira idade. As três idades são determinadas pela regra e marcam os limites da poesia moderna. Mudam os extremos quando se considera a poesia forma axialmente determinada: generalidade e particularidade, utilidade e agradabilidade, sensibilidade e insensibilidade não se referem à regra, mas às formas determinadas pelo contexto. Opondo-se a poesia moderna à antiga, a grega é geral, útil e sensível: o poeta instrui porque é depositário de conhecimentos, que difunde na sociedade com alegorias que maravilham a grosseria dos educandos; ignorante como estes, requinta-se no engenho[152] e ministra os conhecimentos de modo sensível. Sendo escrita, a poesia francesa tem poucos leitores, compraz-se na arte e prefere a exatidão; se os gregos têm na fábula os conhecimentos que a poesia divulga, os franceses desdenham sua inexatidão, porque sua língua é clara e precisa. O caráter da poesia grega depende da fábula, o da francesa pressupõe a filosofia: exata, a nova poesia despreza a sensibilidade da alegoria, pois o repertório de voltas francês limita os poetas[153], compondo-se o caráter da língua de metáforas precisas[154]. Do grego ao francês não se fecha a forma; dessensibilizando a imagem, particularizando o destinatário e promovendo o prazer, a poesia francesa torna irreversíveis as formas poéticas. Intraduzível, pretere os Antigos: são diferentes as circunstâncias e incompatíveis as línguas[155]. Se reacendêssemos a querela seiscentista dos Antigos e Modernos, Condillac enfrentaria Boileau. Mas a querela está superada: em Condillac opera a *Art Poétique*.

Na *Art d'Écrire*, as etapas explicitam as vicissitudes da regra: simples sentimento na infância, sentimento e conhecimento no progresso, contradição dos dois na passagem à decadência. Latente no modelo, a contradição o dissipa e o sentimento esfria com um conhecimento que discrimina. Decaindo o modelo, suas coerções fazem sejam lamentados os gênios que o inventaram e os escritores que o seguiram: errância sem lei, desdém pelo juiz. Despreza-se a unidade porque se louva o pormenor, desdenha-se o acordo de partes ou de requisitos, condição da naturalidade, porque se estima a dissidência do amaneiramento ou do rebuscamento, indeterminação da artificialidade:

152. I, *L'Art d'Écrire*, p. 607, a 5-a 27.
153. *Idem*, p. 608, a 53-b 5.
154. *Idem*, p. 608, a 1-a 25.
155. I, *L'Art d'Écrire*, p. 608, a 1-a 40; a 53-b 5; p. 609, b 24-p. 610, a 14-a 50.

CAPÍTULO III

Alguns belos pormenores, frequentemente deslocados, pouco acordo, pouco conjunto, nenhuma naturalidade, um tom amaneirado (*maniéré*), rebuscado, precioso, eis o que então se observa nas obras[156].

Relativa à regra, a decadência também se refere ao contexto[157], opondo-se o progressismo das carências de utilidade à dilapidação do luxo de frivolidade; transversalmente, as sequências progridem defasadas por tensão recíproca. A decadência no luxo de frivolidade afeta a analogia, que corresponde ao modelo e à regra da *Art d'Écrire*: no *Essai*, ela forma o repertório e o código de voltas que determinam o caráter da língua. Assim como a regra é o princípio das três idades, a analogia é o preceito de sua homogeneidade. Ligada à tensão intersequencial, a analogia atribui ao declínio uma defasagem antiprogressiva e torna incompatíveis circunstância e invenção. Sendo mais distante o contexto e mais próxima a língua, a invenção extemporânea é transgressão das coerções que as voltas impõem ao escritor[158]. Não são gênios os que chegam tarde, mas o seriam no tempo devido: violando as voltas, arruínam a língua.

Rompe-se o código na insistência de uma originalidade deslocada: imperativa, é vontade em sentido estrito; o *nada me pode resistir* é vontade sucessiva, não a serial que reúne as modalidades precedentes como metade do pensamento. Vontade de vencer obstáculos, de ser primeira, *virtù* que não se satisfaz com a igualdade das excelências[159]: agonística de brilhantismos, a vontade deslocada imagina-se livre da regra apoucando a analogia. Inatual e inoportuno, o escritor propaga o vício: imitando-se os seus defeitos, na República das Letras se institui

o reino de pensamentos sutis e sinuosos, antíteses preciosas, paradoxos brilhantes, voltas frívolas, expressões rebuscadas, palavras feitas sem necessidade, e, numa palavra, gíria de espíritos pedantes, corrompidos por uma metafísica má. O público aplaude: as obras frívolas, ridículas, que já nascem efêmeras, multiplicam-se: o mau gosto penetra nas artes e ciências, e os talentos tornam-se cada vez mais raros[160].

O *Essai* distingue procedimentos: antíteses, voltas, paradoxos que fazem as palavras proliferar desregradas: insistência de pedantes sutis e desviados.

156. *Idem*, p. 605, a 41-a 45.
157. I, *Essai*, p. 102, b 49-b 57.
158. *Idem*, p. 103, a 9-a 16.
159. *Idem*, p. 102, b 58-p. 103, a 4.
160. I, *Essai*, p. 103, a 19-a 31.

176 CONDILLAC LÚCIDO E TRANSLÚCIDO

Multiplicam-se obras efêmeras que corrompem o gosto e fazem escassear os bons escritores. Acrescente-se a frieza sentimental na recusa da regra: são as afirmações da *Art d'Écrire* desenvolvidas. Afirma-se uma vontade desviada, que a emulação aguça em obras sem unidade e conjunto. Desprezando-se a coordenação ou subordinação de partes, estas se soltam desconexas: referidas à unidade, são fragmentadas; e referidas à composição, são dispersas. No luxo de frivolidade, tudo é efêmero e a arte arde, sem lei que unifique ou preceito que legisle.

Se a descrição condillaquiana destaca o literário[161], a ele não se atém porque, além dos gêneros, põe em relevo os procedimentos. A antítese literária corresponde ao *contrapposto* e *serpentinato* da pintura e da escultura. Duplo ou triplo, o *contrapposto* retorce e adelgaça as figuras em poses inverossímeis[162]. Elegância glacial, nas atitudes abstratas e ausentes e nas cores ácidas e metálicas: distanciamento melancólico e saturnino, desdobrado em erotismo, que zomba da regra. Federico Zuccari, no fim do século XVI:

> Mas digo, e sei que digo a verdade, que a arte da pintura não toma os seus princípios das ciências matemáticas, nem tem necessidade alguma de recorrer a elas para aprender leis ou procedimentos para a sua arte, ou simplesmente para raciocinar especulativamente sobre elas [...]. Acrescentarei inclusive que todos os corpos produzidos pela natureza possuem proporção e medida, como afirma o Sábio [Aristóteles], mas se alguém quisesse dedicar-se a considerar e conhecer todas as coisas através da especulação teórico-matemática, e operar com respeito a esta, além de um aborrecimento insuportável, seria uma inútil perda de tempo [...]. Porque o pensamento [do artista] não só deve ser claro, senão livre, e seu espírito, aberto, e não tão limitado por uma dependência mecânica de tais regras[163].

Recusa de regras, tanto anatômicas quanto geométrico-perspectivas: se Zuccari espicaça Dürer, empenhadíssimo na codificação do corpo e do es-

---

161. Exemplo, tirado do *Pastor Fido*, de Guarini (terceiro ato), pura antítese, ou *contrapposto*:
  E sento nel partire
  Un vivace morire
  Che dà vita al dolore
  Per far che mora immortalmente il core.
  Ou no quinto ato:
  Di quel che fa morendo
  Viver chi gli dà morte,
  Morir chi gli diè vita.
  Apud John Shearman, *O Maneirismo*, trad. O. M. Cajado, São Paulo, Cultrix, 1978, p. 98.
162. Georg Weise, *Il Manierismo*, Florença, Olschki Editore, 1971, pp. 48-53, p. 85.
163. Federico Zuccari, *Idea, apud* Erwin Panofsky, *Idea,* trad. M. T. Pumarega, Madri, Cátedra, 1977, p. 70.

CAPÍTULO III

paço nos estudos de proporções e perspectiva[164], a atitude geral visa todo o *Quattrocento* e o Alto Renascimento. Nada resta da regra que em Leonardo também azula gradativamente a paisagem na perspectiva aérea, e da própria imitação de uma natureza que predomina sobre uma arte que se exalta segunda:

Se desprezas a pintura, a única que pode imitar todos os produtos visíveis da natureza, desprezas certamente uma invenção sutil, que, por seus raciocínios filosóficos e difíceis, examina todas as qualidades das formas, os mares, os sítios, as plantas, animais, ervas, flores, todos eles banhados de sombra e luz. E essa ciência é verdadeiramente filha legítima da natureza, porque é a natureza que a engendrou; mas, para sermos precisos, chamá-la-emos neta da natureza, porque a natureza produziu todas as coisas visíveis, e dessas coisas nasceu a pintura. Nós a chamaremos justamente, portanto, neta dessa natureza e parenta de Deus[165].

A extensão do procedimento – o *contrapposto* não é menos das letras que das artes – recusa a ordem prescritiva assim como o artista, a coerção. A superação das coerções da natureza, que são as restrições geométricas, estende-se à da Antiguidade, que avulta menos como conjunto coerente de regras e mais como mito que honra e desafia o artista. O triunfo sobre os Antigos é passagem para a emulação de coevos: o *Cinquecento* faz da agonística emancipação e competência profissional. Já no Alto Renascimento se esboça uma forma mitigada de desafio. Leonardo: "O pintor discute e rivaliza com a natureza"[166]. Agonística, a superação atende aos regulamentos da boa conduta e da elegância (ainda que não se excluam ciúmes e patifarias, insistentemente referidos por Cellini). Triunfar sobre obstáculos, avanço de uma vontade incontida, exige estilo e *virtù*: dissimulada, em Ariosto se enuncia como *contrapposto*: "In virtù de la forza facile e con grazia de la sforzata facilitade"[167]. Polida, a emulação mostra fácil a dificuldade numa arte que Bellori no século seguinte vilipendia: a facilidade é tomada por irreflexão, mera prática[168]. A *difficoltà* é dissimulada pela *sprezzatura*, desdém, que evi-

---

164. Dürer, *Lettres et écrits théoriques. Traité des portions*, trad. P. Vaisse, Paris, Hermann, pp. 162--163; pp. 168-178; pp. 181-201.
165. Leonardo Da Vinci, *La Peinture*, tradução e seleção de textos por A. Chastel e R. Klein, Paris, Hermann, 1964, p. 41.
166. *Idem*, p. 42.
167. John Shearman, *op. cit.*, p. 90.
168. G. P. Bellori, *Le Vite de Pittori, Scultori et Architetti moderni*, Roma, 1672. Anexo sobre Annibale Carraci, in Erwin Panofsky, *Idea*, pp. 128-129.

178 CONDILLAC LÚCIDO E TRANSLÚCIDO

ta a afetação[169]. Vindo do Alto Renascimento e do referencial cavaleiresco francês, o código de boas maneiras leva à Itália do século XVI a arte transalpina: a insistência de Weise na transformação do modelo quatrocentista pelas gravuras do Norte[170] determina duplamente o assim chamado Maneirismo. A figuração nova, estilizada nas cores mortiças ou glaciais de origem setentrional, é contemporânea da arte de dissimular e de saber fazer, exigida na conduta palaciana, e que o *Cortegiano* codifica:

> Fuggir quanto più si può, e come un asperissimo e periculoso scoglio la affetazione; e, per dir forse una nuova parola, usar in ogni cosa una certa sprezzatura, che nasconda l'arte, e dimostri, ciò che si fa, e dice, venir fatto senza fatica, e quasi senza pensarvi[171].

Vontade de superar, desdenhosa e fácil: o circuito da emulação, que tende os contemporâneos de Cellini, não pode ser capturado – banalidade de Hauser[172] – por crivo extemporâneo como a neurose, a alienação e o narcisismo, que petrificam os discursos com a subjetividade doentia. É descabido constituir o artista do século XVI como profundidade ou reflexo cavando um poço ou espelhando paredes. Com a agonística, recusamos a individualidade referida a um fundo sem fundo ou a um reflexo de reflexo; constituímos, diferentemente da "doença moderna", uma multiplicidade de elementos singulares, tensos na vontade de superação artística. E se o sujeito neurótico é abolido, avulta não o caráter, também posterior, mas o temperamento, que André Chastel e Robert Klein analisam admiravelmente[173]. O temperamento é constituído pela intersecção de saberes diversos: física dos quatro elementos e das qualidades elementares – quente e frio, seco e úmido, combinados: a terra é seca e úmida etc. –, que produzem as substâncias materiais; os quatro temperamentos humanos – colérico, sanguíneo, linfático, ou fleugmático, e melancólico – resultam do predomínio de um dos quatro humores que circulam no corpo e que se relacionam com os quatro elementos físicos. A astrologia também opera, determinando-se cada planeta por um conjunto de qualidades com as quais governa o temperamento correspondente. A exposição[174] de Chastel e Klein tece os saberes que constituem o temperamento:

---

169. John Shearman, *op. cit.*, pp. 19-20.
170. Georg Weise, *op. cit.*, pp. 34-38.
171. Baldessar Castiglione, *Il Libro del Cortegiano*, Milão, Sonzogno, 1911, p. 49.
172. Arnold Hauser, *O Maneirismo*, trad. M. França, São Paulo, Perspectiva, 1976, pp. 91-101.
173. André Chastel e Robert Klein, *El Humanismo*, Barcelona, Salvat, 1964, pp. 97-110.
174. André Chastel e Robert Klein, *op. cit.*, pp. 97-98.

CAPÍTULO III

O homem "microcosmo" está aprisionado em uma rede múltipla e extraordinariamente compacta de correspondências dessa classe; existem entre seus "humores" ou sua mescla (etimologicamente: seu "temperamento") e os elementos físicos; elas também existem entre as partes do corpo e os doze signos zodiacais; criou-se uma medicina astrológica (a "iatromatemática"), e uma quiromancia, uma fisiognomonia regida pelos mesmos princípios[175].

Escrevendo sobre Lomazzo, Robert Klein distingue o saber médico elo que constitui o temperamento artístico no *Cinquecento*: a *Idea* relaciona – é a novidade de Lomazzo – a astrologia, a física dos quatro elementos, a doutrina dos humores, a fisiognomonia com os saberes do pintor e suas inclinações naturais. Explicitando a *maniera*, a rede de saberes determina as tendências do artista, que os deve conhecer para dominar a arte[176]. O temperamento é constituído pela conjunção de orientações principalmente físicas e liga a arte a elas. A determinação dos temperamentos encontra a emulação enquanto tensão que os exalta na prática de maneiras singulares, para desgosto de Bellori[177]. Os escritos de Cellini revelam não a subjetividade neurótica, mas o temperamento que se singulariza na tendência comum aos artistas: a superação. O discurso de Francisco I é o primeiro passo de um movimento escalonado: equiparando Cellini aos Antigos, não o humilha, mas encomia uma vontade determinada pela agonística: "Deus seja louvado, pois, aqui, em nosso próprio tempo, ainda existem homens que nascem com o poder de realizar tantas e tão belas coisas quanto os Antigos"[178].

No diálogo com o Duque da Toscana, Cellini supera os Antigos ao ser igualado a Donatello e Miguel Ângelo; depois também a estes supera, ao se tornar o melhor dos melhores e sua obra, primeira de todas:

"Então é uma das tuas obras que ficará entre uma de Miguel Ângelo e uma de Donatello, ambos homens que superaram os Antigos em gênio? Que maior tesouro poderia eu desejar além da honra de estar entre tais homens poderosos?" [...] "Benvenuto, se tiveres a coragem de fazer tal coisa em tamanho grande [o *Perseu*] tão admiravelmente quanto a fizeste em tamanho pequeno, estou certo de que será a mais adorável da Piazza"[179].

---

175. *Idem*, p. 98.
176. Robert Klein, *La Forme et l'Intelligible*, Paris, Gallimard, 1970, pp. 182-183; pp. 226-227.
177. G. P. Bellori, *op. cit.*, p. 128.
178. Benvenuto Cellini, *The Treatises of Benvenuto Cellini on Goldsmithing and Sculpture*, trad. C. R. Ashbee, Nova Iorque, Dover, 1967, p. 60.
179. *Idem*, p. 54.

Emulação que se estende à poesia: a exibição do *Perseu* ainda inacabado desencadeia uma agonística de sonetos, da qual participam os pintores. Rivalidade que invalida o mito romântico da fanfarronice de Cellini, pois não anula a polidez.

Afirmo que no dia mesmo em que a [estátua] mantive descoberta durante algumas horas, pregaram-lhe mais de vinte sonetos, elogiando entusiasticamente a minha obra. Quando novamente a recobri, continuaram pregando todos os dias grande número de sonetos latinos e gregos. Era, com efeito, o tempo das férias da Universidade de Pisa, e todos os ilustres professores assim como os estudantes rivalizavam quanto a quem faria os mais belos. Mas o que mais me alegrou [...] foi ver que os homens da arte, pintores e escultores, também ficaram celebrando o meu *Perseu*. Entre todos os elogios, apreciei particularmente os do sábio pintor Jacopo da Pontormo e ainda mais os de seu excelente aluno, o pintor Bronzino, que não se contentou em afixar vários sonetos [...][180].

A emulação artística não é por si mesma agressiva. Dubois confunde rivalidade e agressividade[181] na caracterização da *maniera*. Embora as relações possam envenenar-se, como as de Cellini e Bandinelli, que se insultam e se questionam profissionalmente, a agonística não é desencadeadora de querelas de interesses. A arte é articulada no jogo de interesses que procuram os favores dos mecenas, mas a uma obra polida corresponde a urbanidade e o elogio agonísticos de temperamentos, *virtù*.

As descrições da decadência na *Art d'Écrire* e no *Essai* não diferem pelo tema, mas pela visada: aquela distingue o declínio como abandono do modelo, este, como dissolução do devir cíclico. A recusa da regra e a vicissitude da forma explicitam, em níveis diferentes, idêntica questão: complementares, as descrições mostram a decadência como pura negatividade da dispersão. Arte do pormenor, ignora as coerções do centro de interesse ou da composição. Arte que se afirma artificiosa, louva o que Bellori desdenha como mera prática, o virtuosismo de uma *virtù* de rapidez, de engenho e de preciosismo. Como procedimento, exalta as operações retóricas, em que se destaca a antítese, *contrapposto* supraterritorial, *serpentinato* na pintura e escultura. A comunidade do procedimento antitético aproxima as letras das artes; reduzido a prática, este é atacado por Bellori que o deriva da *idea fantastica*, responsável por uma arte decadente. Como *disegno interno*, expresso no dese-

---

180. Benvenuto Cellini, *Vie de Benvenuto Cellini écrite par lui-même*, 2 vols., trad. Maurice Beaufreton, Paris, Julliard, 1965, vol. II, p. 229.
181. Claude-Gilbert Dubois, *Le Maniérisme*, Paris, Presses Universitaires de France, 1979, p. 58.

CAPÍTULO III

nho externo, segundo doutrina da *maniera*[182], a ideia fantástica é constituída pelos círculos platônicos, heteróclito de filosofia, teologia, hermetismo, em linha que vem de Ficino. Encenando uma situação decerto da ideia, Bellori estabelece um devir trágico da arte italiana – e, pior, ainda nos consideramos clássicos quando o retomamos sem distância –, que se singulariza por dois momentos: ascensão, ou tempos felizes, e decadência, tempos turbulentos. A pintura moderna começa com Cimabue e Giotto, gloria-se no *Quattrocento*, no Alto Renascimento, nos Venezianos, em Rubens, que rapta as cores da Itália. Torna-se viciosa e valetudinária com a *idea fantastica* na *maniera* e com a ausência de ideia em Caravaggio[183]. Presa do excesso e da falta, da fantasia e da vulgaridade, da ideia que desdenha a natureza e da natureza que

---

182. G. B. Armenini, *De'veri Precetti della Pittura*. Ravena, 1587. O *disegno* é *"artificiosa industria dell'inteletto col mettere in atto le sue forze secondo la bella idea"*. Em Panofsky, *op. cit.*, pp. 74-75. F. Zuccari, "Por '*Disegno interno*' entendo o conceito formado em nossa mente para poder conhecer qualquer coisa e atuar no exterior conforme a coisa pensada; de modo que, nós, pintores, quando queremos desenhar ou pintar uma história digna, como por exemplo, a da Saudação Angélica feita a Maria Virgem quando o Mensageiro celestial lhe anunciou que seria mãe de Deus, primeiro formamos em nossa mente um conceito de tudo quanto então podemos pensar ter ocorrido tanto no céu como na Terra, tanto por parte do Anjo Legado como por parte da Maria Virgem, a quem se fazia a Legação, e por parte de Deus, que foi o Legador. Depois, de acordo com este conceito interno, com o estilo vamos dando forma e desenhando no papel, e depois, com os pincéis e cores, colorindo em tela ou em parede. E certo que por '*Disegno interno*' não entendo somente o conceito interno formado na mente do pintor, mas também o conceito que se forma em qualquer intelecto; [...] Este '*Disegno interno*' existe apenas em nós" (*Idea*, I, 3, pp. 38 e ss., em Panofsky, *op. cit.*, pp. 78-79). Adiante, Zuccari afirma: "O '*Disegno interno*', em geral, *é uma ideia e forma no intelecto que representa expressa e claramente a coisa pensada por este, que é término e objeto dele*" (*op. cit.*, p. 40, em Panofsky, *op. cit.*, p. 79). Em Zuccari, a confluência de doutrinas é notável. Cf. Panofsky, *op. cit.*, pp. 77-88. Cesare Ripa, *Iconologia*, Roma, 1603. Além de sistematizar as alegorias, Ripa teoriza platonicamente: "A Beleza é pintada com a cabeça oculta entre as nuvens, porque não existe nada de que mais dificilmente se possa falar com mortal linguagem e que menos se possa conhecer com o intelecto humano, que a Beleza, que nas coisas criadas não é outra coisa (em sentido metafórico) que um *esplendor que emana da luz do rosto Divino*, como dizem os Platônicos". Em Panofsky, *op. cit.*, p. 87. Discurso mais plotiniano – o mesmo Plotino dos tempos de Ficino e do círculo do Magnífico – que platônico. Misturam-se diversas vertentes no platonismo dos séculos XV e XVI italianos. Ênfase no inefável, o Um da hipóstase superior.

183. G. P. Bellori, *op. cit.*, Anexo "Annibale Carracci": "Nesta dilatada comoção, a arte estava sendo atacada por dois extremos opostos: um, sujeito ao natural, e o outro, à fantasia; os autores desse ataque em Roma foram Miguel Ângelo da Caravaggio e Giuseppe d'Arpino [o Cavalier d'Arpino]: o primeiro copiava os corpos tal e como aparecem ao olhar, sem eleição; o segundo não levava em conta o natural e seguia a liberdade do instinto; ambos, gozando de esclarecida fama, converteram-se em admiração e exemplo de todo o Mundo. Assim, quando a Pintura dirigia-se para o seu fim, astros mais benignos voltaram-se para a Itália e prouve a Deus que na cidade de Bolonha, mestra de ciências e estudos, surgisse um altíssimo talento, e que com ele ressurgisse a Arte caída e quase extinta. Este foi Annibale Carracci". Em Panofsky, *op. cit.*, p. 129.

despreza a ideia, a arte do primeiro Rafael, não a do último, que desliza para a maneira, assigna a viragem do enredo: assediada, a ideia é redimida por Carracci que a equilibra com a natureza. Lido na França, Bellori participa do movimento que apaga a *maniera* até que o século xx, livre do academismo, a repense longe das coerções correntes.

A *idea* fantástica emancipa a arte das regras da figuração anterior: valorizando o procedimento, inventa preceitos com visada compositivo-decorativa. Arte polida, apta para estilizar, tem em Giambologna o autor de um lugar diverso do cúbico do *Quattrocento*. O triplo *contrapposto* – duas torções em relação ao tronco, uma, dos quadris e pernas, outra do pescoço e da cabeça – retorce a estátua que, polida e delgada, alonga-se, corpo serpentino; em Ammnati, até a cabeça é reduzida para acentuar a curva. Como na faixa de Moebius, em que a oposição interior/exterior é anulada, a estátua ostenta, para qualquer ponto de vista, o "S" que a esculpe. Assim como na faixa, a forma em "S" supera a anisotropia espacial da escultura convencional. Indiferente ao ponto de vista, pois o "S" mantém-se invariável na variação dos sítios, a figura afirma a isotropia da visão lateral. Concordando em curva aberta as partes torcidas, a forma do tríplice *contrapposto* também retorce o tronco e alça a figura como se fosse chama[184]. Leve, liberta-se da frontalidade que despreza o olhar lateral e posterior. Os pontos de vista de quem se desloca à volta da escultura se equivalem e são reversíveis: sendo a figura simultaneamente frontal, lateral e posterior, não se discrimina nenhuma das três direções. Incluindo as três na torção, a nenhuma singulariza. Se a frontalidade faz que o espectador descreva um arco de pontos de vista, o "S" admite todos os sítios, sendo isotrópica a circunferência. Como o arco imposto pela direção frontal segrega o espaço do vedor, a isotimia da circunferência o limita. Com Giambologna, a invariância da serpentina afirma um espaço indiferenciado.

Todas as artes implicam a Retórica: a antítese, o paradoxo, a oposição, a ambiguidade, a hipérbole, como também a inversão, a alegoria e a paródia são procedimentos que não se restringem a nenhuma delas. O século xvi pertence principalmente à alegoria: tendendo o sentido, ela também é erótica. É emblemática a *Alegoria* de Bronzino: inesgotável como polissemia e volúpia, ilumina a orientação geral da arte da *maniera*. Alegoria, é alegoria de alegoria, indefinidamente, relação do significado com o sentido, conexão de signo e erotismo: a forma fantástica atravessa as fronteiras dos países e se confina no

---

184. "Língua de fogo", para Lomazzo. Cf. *Trattato dell'Arte della Pittura*, 1584, I, 1, p. 23. Em Panofsky, *op. cit.*, p. 70.

CAPÍTULO III

palácio, na *Wunderkammer* e no *Studiolo*. Deslizante, não se deixa capturar pela iconologia que nela se especializa e dela vive, pois nunca se completa. Fugindo à medida que se capturam significados, não se deixa petrificar: a alegoria escapa à fixação, sendo na compossibilidade dos significados atuais ou virtuais o seu sentido. Serpentina, zomba da decifração pois sempre admite uma nova, sentido engatado no desejo. Dissipando a linearidade dos pontos de vista e da significação reta, a alegoria não tem pé nem cabeça, distrai, fugaz; congelando os sentimentos efusivos e diferenciais, avista-se e desaparece, vagueia, oceânica. Esfriando as paixões quentes, é distanciadora e desejante; dilatando os significados fixos, é sensível e sentido. Seu domínio de eleição é a mitologia, fonte de ambiguidades eróticas e sígnicas.

O signo pictórico é valorizado como operação: Robert Klein antecipa uma leitura semiótica da pintura de Arcimboldo; de 1958[185], o artigo que dá o título ao seu livro póstumo analisa-a como relação do significante e do significado. Embora não devamos reduzir o signo artístico ao da língua, lição francasteliana[186], podemos reter o desvendamento da operação retórica que Klein tem como sígnica. Estilo, a *maniera* supõe que as artes são "irmãs": a proposição de Shearman, embora mal defendida, interessa porque indiretamente propõe a supraterritorialidade do retórico ao afirmar que no século XVI uma concepção unitária de procedimento coordena as artes. Apressado, pois não se pode validar a generalidade com o simples sentimento de afinidade, Shearman detecta em toda parte procedimentos comuns. Retendo-se o procedimento, a análise de Klein pode ser ampliada: conjugadas, representação e significação completam-se em operações irredutíveis, considerados o olhar, o espaço e a matéria. Conectando-se a representação e a significação, relaciona-se complementarmente o visível e o invisível, a figuração e a percepção com o significado e o sentido. Exemplo da complementariedade é a distinção de Uspênski: para determinar as funções da moldura da obra literária ou pictórica, faz intervir o ponto de vista do autor que, externo ou interno à narrativa ou à pintura, define-lhes os limites[187].

---

185. Robert Klein, *op. cit.*, pp. 170-172.
186. Cf. particularmente *A Realidade Figurativa*, "Significação e Figuração", pp. 87-119, em que Pierre Francastel insiste diretamente na distinção, trad. M. A. L. de Barros, São Paulo, Perspectiva, 1973.
187. B. A. Uspênski, "Elementos Estruturais Comuns às Diferentes Formas de Arte", trad. A. F. Bernardini, in *Semiótica Russa*, Coletânea de Bóris Schnaiderman, São Paulo, Perspectiva, pp. 163--188. Cf. a bela introdução de Schnaiderman que, além de comentar rapidamente alguns textos, estabelece com cuidado as relações da semiótica posterior a 1950 com os primeiros estudos do século XIX e começo do XX na Rússia.

A anamorfose é um procedimento perspectivo, que articula significação e construção (desenvolvimento da perspectiva linear), o ponto de vista, o espaço em que a obra se insere. A descrição e a análise do procedimento de Jurgis Baltrušaitis são admiráveis[188]: além de historiar as variantes da anamorfose, seus significados e alcance, insiste na duplicidade do ponto de vista do espectador. Exterior à representação, o olhar defronta-se com a ambiguidade de uma visão reta, pois construída, mas deslocada da frontalidade habitual. Na perspectiva tradicional, estabelecida no século xv, o ponto de vista do espectador é determinado frontalmente. Procedimento habitual que a anamorfose desloca: mudando o sítio do espectador, este se põe a procurá-lo para reconstituir a ortoscopia perdida. O olhar nada distingue situado diante da representação anamorfótica; quando se move à procura do ponto de vista que a construção estipula e que lhe restituirá a distinção, a representação permanece fixa. Localizado o sítio cuja exatidão é a do ponto, a representação se desvenda. Anfibologia: o sítio habitual é indistinto, mas o deslocado – lateral e às vezes afastado da linha de horizonte – devolve a ortoscopia. Para o ponto de vista reto, a representação é torta; para o torto, é reta. Ambiguidade cujo arbítrio está não na construção, mas no movimento probabilista do olho que se desloca empiricamente pelo espaço semiesférico em tentativas incessantes. Se o espectador fosse geômetra e a anamorfose, sempre o desenvolvimento da perspectiva linear, poderia determinar perspectivamente o sítio, ignorando o tatear empírico, porque o ponto de vista reto e o deslocado relacionam-se com exatidão. As anamorfoses não se reduzem à generalização da perspectiva linear, sendo de várias espécies: além de lineares, podem ser cilíndricas, cônicas, piramidais (os cilindros e cones espelhados devolvem a ortoscopia, devendo ser indicado seu ponto de aplicação no suporte). No século xvii, as investigações desenvolvem a perspectiva linear; a anamorfose é procedimento que, exaurindo suas possibilidades de variação construtiva, confere-lhe generalidade. Objeto da geometria, afasta os artistas que se satisfazem com as aplicações práticas. Tem visada político-panfletária, como na anamorfose de Carlos I, ou lúdica, como nos passatempos de cunho científico – Fontenelle divulga a ciência entre damas e cavalheiros. Seu exemplo notável são *Os Embaixadores*, de Hans Holbein. Anamorfose de parte da representação: frontalmente, as personagens e os objetos são compreensíveis,

---

188. Jurgis Baltrušaitis, *Anamorphoses*, Paris, Olivier Perrin, 1969. Cf. também: Jurgis Baltrusaitis, *Le Miroir*, Paris, Éditions Aline Eimayan, Le Seuil, 1978, cap. I, "Un Musée Catoptrique", pp. 15-39.

CAPÍTULO III

mas na parte central e inferior do quadro está uma coisa achatada que não se desvenda. Deslocando-se o olho para a lateral direita, fora dos limites da moldura, a forma revela-se nítida caveira, esfumando-se a cena na indistinção. Relação de parte e conjunto, a anamorfose de Holbein é irredutível em sua parcialidade. Simultânea na distinção e indistinção, inexistindo ponto de vista que torne ortoscópica a representação toda. Baltrušaitis explica a irredutibilidade inserindo o quadro numa sala de estudos. Entrando por uma porta perpendicular ao quadro, o espectador vê a cena e a mancha: detendo-se nos objetos dos saberes e nos dois "embaixadores", interpreta-o como *vanitas*. Ao sair por outra porta, perpendicular à primeira e paralela ao quadro, vê a caveira e não a cena, que se torna anamorfótica: concebe outra alegoria, a do "fim"[189]. Considerada a ordem de entrada e saída – intervém o tempo – a caveira alegoriza a alegoria frontal: o fim de quem sai coroa a vaidade de quem entra. O exercício iconológico de Baltrušaitis não congela o significado: ele o multiplica à medida que analisa o quadro e, divertido, propõe o fim e a vaidade como significados pertinentes, sem excluir outros. As duas alegorias dependem dos pontos de vista, comandados pelos lugares e pelos acessos à representação: um primeiro nível de significação é articulado pela frontalidade, quando a alegoria se depreende da visão habitual. A *vanitas* é simplesmente significada pelos elementos pintados, abstraindo-se a zona de indeterminação da mancha; o "fim" é uma alegoria de nível superior, pois a própria representação deve ser antes desvendada. Coordenando lugar, ponto de vista, relação parte/todo, Holbein distingue dois níveis de representação e de significação: o primeiro, evidente em sua frontalidade, é simples como representação do significado *vanitas*; o segundo, evidente em sua lateralidade, representa outro significado, que a anamorfose desnuda, "fim". A alegoria do fim não se acrescenta à da vaidade: construída como alegoria de alegoria, interpreta a primeira. É perspectiva de perspectiva como anamorfose; é significado de significado como procedimento e não como mera figuração de objetos simbólicos.

Embora Holbein não seja maneirista nem a alegoria o seja exclusivamente, a *maniera* associa significação e representação como procedimentos. Os quadros de Arcimboldo propõem questões diferentes, mantidas as relações entre lugar, ponto de vista, parte/todo e significação. Retomando os exemplos que Klein elege com pertinência, três deles se destacam porque exemplificam os procedimentos arcimboldianos: *O Livreiro*, *Vertumno* e *O Homem e*

---

189. Jurgis Baltrušaitis, *Anamorphoses*, pp. 108-116.

os Legumes. Significação e representação articulam-se, não havendo sentido sem ponto de vista. São de duas espécies as relações espaciais: o quadro é fixo e o espectador desloca-se, não angularmente como em Holbein, mas sempre diante do quadro, aproximando-se ou afastando-se. No *Livreiro*, os livros são dispostos como figura de um homem – o livreiro; as partes destacam-se mais que o todo, tanto para o olhar próximo quanto para o distante. Prevalecendo as partes – os livros e a cauda de marta que os limpa ao mesmo tempo que forma a barba do livreiro –, constituem a classe a que também pertence a figura. De perto ou de longe, destacam-se sobre o todo, que nunca deixa de ser visto. Anfibologia das partes e do todo na representação. Quanto ao significado, ambos pertencem à mesma classe: as partes alegorizam o todo, pois o constituem como figura vista e como figura significada; significação e representação articulam-se e a alegorização, invisível, pressupõe a composição, visível. As partes, os livros e a cauda, e o todo, o livreiro, não constituem salto relativamente à classe, sendo por isso desnecessário especificar o tropismo – metáfora, metonímia, sinédoque – que os relaciona. Avança-se o título do quadro como nome tirado da classe dos objetos representados: *O Livreiro*. O *Vertumno* é composto de frutas e legumes. De longe, predomina o todo sobre as partes; de perto, eles são isótimos e, ambíguos, equivalem-se. Relacionando-se as representações das duas distâncias, nova ambiguidade, a do todo que prevalece quando visto de longe e a anfibologia da visão próxima: dupla ambiguidade na representação – o ponto de vista próximo e a relação deste com o distante – e na significação. Os frutos compõem a figura de *Vertumno*, divindade das estações, que chega da Etrúria e ao qual são dedicados os primeiros pomos. As partes alegorizam o deus porque o compõem. Mandiargues encontra em Lomazzo e Comanini outro significado[190] – *Vertumno* é alegoria de Rodolfo ii, feliz com a arte de Arcimboldo. Retrato do rei como Vertumno: representação e alegoria de Rodolfo, simultaneamente. A distância altera o representante: de longe, o retrato; de perto, a ambiguidade de frutos e do mesmo retrato. Pertencem à mesma classe os frutos e a divindade, como, em parte, o próprio Rodolfo. Sendo este alegorizado por *Vertumno*, os frutos, devido à similitude da alegoria conhecida extrapictoricamente, também alegorizam ao rei; esta alegoria não é constituída pela composição, passando Rodolfo a pertencer à classe de Vertumno e dos frutos enquanto não se considera o salto na significação. Ao Rodolfo-altor

---

190. André Pieyre Mandiargues, *Arcimboldo the Marvelous*, trad. I. M. Paris, Nova Iorque, Abrams, 1978, pp. 98-100.

CAPÍTULO III

se pode acrescentar um sentido deslocado: como Vertumno é figurado por uma estátua situada no canto da praça dos livreiros, o rei também é letrado. Rodolfo-letrado e Rodolfo-protetor (de letrados) é nova anfibologia, esta de acréscimo, pois não construtiva. Relação diferente apreende-se em *O Homem e os Legumes*: menos o ponto de vista e mais a posição do quadro. Na posição habitual, vê-se uma natureza morta, com legumes numa tijela: as partes e o todo excluem a significação, posto que a relação é estritamente compositiva, sem que haja ambiguidade de construção ou de ponto de vista. Invertendo-se o quadro, vê-se um retrato, em que os legumes formam a cabeça e o busto, e a tijela, o elmo de Mambrino. Nesta posição, o todo se destaca, de longe – é um retrato, uma figura –, mas, de perto, a ambiguidade representativa reaparece, com predomínio do todo sobre as partes. Só há anfibologia quando o quadro é invertido, tornando-se duplo o representante com as distâncias. Os legumes, todavia, mantêm-se legumes nas duas posições do quadro, mudando a representação quando passam da posição habitual à incomum. Ambiguidade nova está na inversão: na posição habitual, natureza-morta; na invertida, homem-legumes. De ponta-cabeça, o representante é ambíguo para o olhar, relacionadas as distâncias. Duas anfibologias que desdobram a significação: os legumes alegorizam a figura, relação partes/todo, também o fazendo as posições do quadro, pois a natureza morta se determina como operação retórica – é inversão e salto.

Como em Holbein, a significação articula-se com a representação: a anamorfose corresponde à ambiguidade todo/partes ou à inversão, com ou sem salto quanto à classe comum, em Arcimboldo. Não haveria alegoria não houvesse operações pictóricas e representativas, considerados o ponto de vista, os lugares, o deslocamento angular ou o de aproximação/afastamento, a inversão da tela. Não é uma alegoria de primeiro nível, em que a representação e o ponto de vista são habituais, e o representante também é signo. No segundo nível, a representação e a significação se articulam e a primeira constrói a segunda: sempre a Retórica, no *contrapposto*, ou *serpentinato*, de Giambologna, na anamorfose de Holbein, na ambiguidade, inversão ou composição de Arcimboldo. Alegoria obtida por procedimentos retórico-artísticos, em que as determinações representativas – a construção e o ponto de vista – são essenciais. Em Arcimboldo, a exigência construtiva da imagem alegórica explicita-se melhor quando referida aos retratos da geração anterior, com ênfase em Lotto e Bronzino: se o *Vertumno* admite o significado "livreiro" e confere a Rodolfo II a qualidade de letrado e mecenas, há mais agudeza em sua solução; enquanto aqueles indicam a cultura letrada dos retratados

188   CONDILLAC LÚCIDO E TRANSLÚCIDO

fazendo-os posar com uma estatueta antiga, romana ou grega, empunhada ou pousada em algum canto, Arcimboldo se requinta: incluindo na mesma classe o retratado e as partes que o alegorizam, pinta no corpo a qualificação. Procedimento que se reencontra na Flora, composta de flores, a cuja ambiguidade representativa e sígnica Comanini dedica o madrigal que, por ambiguidades e antíteses, alegoriza tanto a ela quanto ao procedimento:

> Son io Flora, o pur fiori?
> Se fior, come di Flora
> Ho col sembiante il riso? E s'io son Flora,
> Come Flora è sol fiori?
> Ah! non fiori son io, non io son Flora.
> Anzi son Flora, e fiori.
> Fior mille, una sol Flora;
> Vivi fior, viva Flora.
> Però, che i fior fan Flora, e Flora i fiori,
> Sai come? I fiori in Flora
> Cangiò saggio Pittore, e Flora in fiori[191].

Nunca a alegoria foi mais feliz que no século XVI: além da figuração convencional, em que a frontalidade, por ser óbvia, faz imperceptíveis as operações representativas, inventa procedimentos complexos. Articulando-se com a posição do suporte, com o lugar que lhe amplia as possibilidades, com os recursos da variação de ângulo e distância, torna-se engenhosa. Intersecção da significação e da representação, a alegoria constrói o vedor e o sentido; as "artes irmãs" de Shearman indicam uma circulação de outra espécie, a da alegoria que passa das artes para as letras e das letras para as artes. Em toda parte a Retórica vem generalizada; na pintura, a composição arcimboldiana ou a anamorfose holbeiniana são duplamente retóricas: aquela louva a anfibologia de partes e todo, nível pictórico, e a de espectador e quadro – aproximação ou afastamento, inversão da tela –, essa encarece a ambiguidade de uma representação irredutível a uma ortoscopia final, e a do movimento angular que ora desvenda a cena ora desnuda a caveira. Retórica da imagem, retórica da linguagem: representação e significação não se separam como procedimento. O domínio trópico e literário é homólogo ao ilusionista e artístico: homologia que impede a hierarquização de um dos âmbitos, generalidade. Indefinição que funde ilusionismo e figuralidade literária: mais que redução ao significado, a Retórica estabelece as passagens de arte a arte,

---

191. Comanini, *Il Figino*, in Mandiargues, *op. cit.*, p. 110.

CAPÍTULO III   189

Flora de Arcimboldo e madrigal de Comanini. Ilimita-se a reversibilidade: madrigal de Arcimboldo e *Flora* de Comanini. Como no soneto de Gregório de Matos:

À margem de uma fonte, que corria
Lira doce dos pássaros cantores
A bela ocasião das minhas dores
Dormindo estava ao despertar do dia.

Mas como dorme Sílvia, não vestia
O Céu seus horizontes de mil cores;
Dominava o silêncio sobre as flores,
Calava o mar, e rio não se ouvia.

Não dão o parabém à bela Aurora
Flores canoras, pássaros fragrantes,
Nem seu âmbar respira a rica Flora.

Porém abrindo Sílvia os dois diamantes,
Tudo à Sílvia festeja, e tudo a adora
Aves cheirosas, flores ressonantes[192].

Arte que se expõe procedimento – daí a agonística cravada no temperamento que grava o artista. Passa-se também da Retórica das artes às prescrições de conduta, mesma generalidade, mesma indiferença. O cortesão nada pode ignorar, mas também deve desprezar a especialização limitante: *sprezzatura*, desdém que vela o esforço, naturalidade que oculta a convenção. Saber de saber, conhecimento do ofício e reconhecimento do artifício: glacial, a *maniera* afirma-se ciência e ignorância, ostentando-se neutro e superficial. Também palaciano é o erotismo; Vasari, Bronzino, Zucchi: arte para amadores de prazer restrito, que se desdobra em divertimento com o oblíquo e o trocadilho bem achado. Estritamente pictórica é a composição: Condillac acerta quando caracteriza a decadência como predomínio do acessório sobre o principal. Atestam-nos as *Descidas da Cruz*, e são legião: a de Salviati ou Barocci e, principalmente, a de Pontormo ou Bronzino deslocam o centro de interesse, a figura do Cristo morto. Em Barocci, a ênfase – nela já se viu um certo barroquismo sentimental – cai na Mãe de Deus, centro dramático; em Salviati, o interesse distribui-se entre ela e o Cristo que é deposto, não se impondo nenhuma parte à outra. Em Pontormo ou Bronzino nada predomina: mais a Madalena pelo cromatismo vivo e pela sensualidade fanada. Arte da

---

192. Gregório de Matos, *Obras Completas*, Salvador, Janaína, 1968, vol. III, p. 680.

composição descentrada: Cristo dilui-se na multiplicidade de personagens, inexiste centro sentimental de composição e o olhar circula feliz por poses variadas. A composição é conjunto estilizado: as figuras são independentes umas das outras e compõem uma unidade múltipla. Não se produz efeito de unidade por subordinação de partes a um motivo dominante; feitas umas para as outras, as figuras despertam interesse igual, sendo a composição superfície. Ao Um coordenado a agudeza de Wölfflin opõe o Um subordinado; naquele, a articulação coordena, e o planar é escalonado; neste, a fluidificação dilui, e o mergulho é súbito[193]. Ou as partes coordenam-se e distinguem-se apolíneas, frigidez maneirista, ou subordinam-se e escondem-se ctonianas, triunfo barroco. Articuladas, subsistem como partes recortadas e explicitam contorno e luz, esbelteza; dissolvidas, fundem-se no todo e devoram bordo e claridade, facho; composição decorativa, clara e fria na sinuosidade de linhas e planos, superfície; composição tensa, tenebrosa e ardente na pompa pictórica de mancha e vórtice, profundidade.

P. Nesta Ceia que fizeste para SS Giovanni e Paolo qual é o significado do homem cujo nariz está sangrando?

R. Procurei representar um serviçal cujo nariz estava sangrando devido a um acidente.

P. Qual é o significado destes homens armados como alemães, cada um com uma alabarda na mão?

R. Isto requer que eu diga vinte palavras!

P. Dize-as.

R. Nós, pintores, tomamos a mesma licença dos poetas e bufões e representei estes dois alabardeiros, um bebendo e o outro comendo perto da escadaria. Estão colocados ali de maneira que pudessem estar em serviço porque me pareceu adequado, de acordo com o que me foi dito, que o dono da casa, que era grande e rico, devesse ter tais serviçais.

P. E este homem vestido como um bufão com um papagaio no punho, com que propósito o pintaste na tela?

R. Para ornamento, como é costume.

P. Quem está à mesa de Nosso Senhor?

R. Os Doze Apóstolos.

P. Qual é São Pedro, o primeiro fazendo o quê?

R. Trinchando o cordeiro para passá-lo ao outro lado da mesa.

P. Que está fazendo o outro Apóstolo, que o segue?

R. Está segurando um prato para receber o que São Pedro lhe dará.

193. Heinrich Wölfflin, *Principes fondamentaux de l'Histoire de l'Art*, trad. C. & M. Raymond, Paris, Gallimard, 1966, *passim*, exposição resumida às pp. 18-21.

CAPÍTULO III

P. Dize-nos o que está fazendo o seguinte a este.

R. Tem um palito de dentes e limpa os dentes.

P. Quem, crês, realmente estava presente à Ceia?

R. Creio que se encontraria Cristo com seus Apóstolos. Porém, se um quadro tem mais espaço, enriqueço o quadro com figuras de acordo com as histórias.

P. Alguém encomendou-te que pintasses alemães, bufões e coisas similares neste quadro?

R. Não, senhores, mas recebi a comissão de decorar o quadro como me parecesse adequado. É grande e pareceu-me pudesse conter muitas figuras.

P. Não seriam decorações que vós, pintores, estais habituados a agregar às pinturas ou quadros supostamente adequadas e apropriadas ao tema e às figuras principais ou seriam para agradar simplesmente ao que vem à vossa imaginação sem nenhuma discrição ou juízo?

R. Pinto quadros como vejo que convém e na medida em que meu engenho o permite.

P. Parece-te adequado à Última Ceia pintar bufões, bêbados, alemães, anões e vulgaridades similares?

R. Não, senhores.

P. Não sabes que na Alemanha e outros lugares infectados com heresia é costume com vários quadros cheios de procacidades e similares invenções burlar, vituperar e ridicularizar as coisas da Santa Igreja Católica para ensinar más doutrinas aos tontos e pessoas ignorantes?

R. Sim, isto é errado; mas volto ao que disse, que sou obrigado a seguir o que os meus superiores fizeram.

P. Que fizeram teus superiores? Fizeram acaso coisas similares?

R. Miguel Ângelo em Roma na Capela Pontifícia pintou Nosso Senhor, Jesus Cristo, Sua Mãe, São João, São Pedro e a Santa Hóstia. Estes estão representados nus, até a Virgem Maria, e em diferentes poses com pouca reverência.

P. Sabes que na pintura do Juízo Final, na qual não se presumem adornos ou coisas similares, não foi necessário pintar adornos, e que nestas figuras nada há que não seja espiritual, não há bufões, cães, armas ou similares bufonarias. E te parece que devido a este ou algum outro exemplo fizeste o correto pintando este quadro na forma que o fizeste e desejas sustentar que isso é bom e decente?

R. Ilustres Senhores, não desejo defendê-lo, mas pensei que estava fazendo o correto. Não considerei tantas coisas e não tentei confundir ninguém, tanto mais que estas figuras de bufões estão fora do lugar num quadro em que está representado Nosso Senhor[194].

O interrogatório destaca-se como procedimento: as perguntas insistem em minúcias, ocultando o sentido geral do grande quadro. Exigindo respos-

---

194. Minuta da sessão do Tribunal de Inquisição de 18 de julho de 1573. Respostas de Paolo Veronese ao Santo Ofício. Trecho do interrogatório. Em Agnes Denes, *Arte de Sistemas II*, Buenos Aires, 1972.

tas breves e rápidas, rede da contradição, o Inquisidor apoia-se numa arte secular, codificada pela primeira vez, com o dominicano Eymerich, no século XIV. É um manual, que Peña comenta e reedita em 1578, pouco depois do comparecimento de Veronese diante do Santo Ofício. A premissa lógica do *Inquisitor* é a astúcia do interrogado, sendo a sagacidade o requisito primeiro da boa condução do interrogatório[195]. Esquadrinhando o campo dos possíveis, nenhum elemento útil à acusação é descurado: simultaneamente confuso para o interrogado e distinto para o Inquisidor, o procedimento tem no *Manual* o seu método. Preceito principal é o de nunca começar pelo específico, pela acusação propriamente dita; são as digressões sucessivas, o volteio pontual, que pressionam e confundem o interrogado até que o Inquisidor sente chegado o momento de formular diretamente a acusação sem que o paciente possa elidi-la. É uma sucessão de armadilhas: parte-se do geral, de questões cuja ordem só é transparente para o Autor: perguntas genéricas sobre pormenores, que, retas para o Inquisidor, são labirinto para o inquirido, esteio da confissão:

> Ir do geral ao particular, do especial ao singular. Em direito civil, os juristas dizem: "Não perguntais a Fulano: Mataste Beltrano?, mas: Que fizeste?". Em matéria de heresia, proceder-se-á do mesmo modo: é preciso chegar a isso por uma digressão constante propondo questões sobre a própria matéria da acusação para levar o acusado seja a confessar seja a recordar o seu crime se o houver esquecido. Sugerir ao acusado a matéria da acusação, a fim de que este possa escapar das armadilhas do interrogatório, constitui, em matéria inquisitorial, um delito muito grave[196].

O Inquisidor de Veneza estende-se nos pormenores. Questiona as singularidades da pintura de Veronese, insistindo no significado das figuras: que significam o anão, o alabardeiro, o criado cujo nariz sangra, o papagaio no punho de outro serviçal, o palito de dentes do Apóstolo? Não é a pintura que lhe interessa, mas seu significado. Este não pode vaguear como divertimento ou obscuridade: a Retórica, que intercepta representação e significação, é abolida. A defesa de Veronese avança as razões da pintura: licença artística, valorização do quadro pela multiplicidade das personagens adequada a um banquete de rico, ênfase no ornamental. Da iteração monótona dos significados de pormenores – generalidade que esconde a matéria da acusação, em

---

195. Nicolau Eymerich & Francisco Peña, *Le Manuel des Inquisiteurs*, trad. Louis Sala-Molins, Paris; Haia Mouton, 1973, p. 126. Valiosas a introdução e as notas do tradutor.
196. Nicolau Eymerich & Francisco Peña, *op. cit.*, p. 123.

CAPÍTULO III

torno da qual apenas gravita –, subitamente salta questão de alcance diferente, a do sentido geral do quadro: obra de uma imaginação desviada ou obra ponderada, em que os pormenores são adequados à cena em seu conjunto? Veronese invoca a liberdade de inventar, a conveniência artística e os conhecimentos de arte. O interrogatório se deslinda quando ao significado e ao sentido se acrescenta o inimigo principal, a heresia alemã: suprimindo os dois primeiros, ainda que se mantendo no mesmo plano, a menção ao protestantismo define a disjuntiva – tornando ridícula a *Ceia*, as singularidades são reconhecidamente inadequadas à cena, tal como a descrevem as Escrituras. Tudo o que Veronese passa a dizer toma o sentido de mera alegação: o apelo à autoridade de Miguel Ângelo, sabidamente o mais controverso dos pintores, sendo polêmicos a nudez e o *decorum* da Capela Sistina durante e após o Concílio, é ignorado[197]. O Inquisidor finge desconhecer as querelas e os agravos feitos ao afresco e desloca a afirmação: Miguel Ângelo não pintou cães, alemães e bêbados para produzir efeito artístico. Confissão: alegando reta intenção, Veronese reconhece serem impertinentes os pormenores à cena da *Ceia*. Condenado a corrigir o quadro, Veronese altera-lhe pouca coisa: a Inquisição não é poderosa em Veneza.

Para que a decadência seja tematizada pelo discurso, é preciso que, antes, o campo artístico e literário seja sacudido: se em Bellori e em Melo encontramos proposições semelhantes às de Condillac – condenação de certas práticas artísticas, constituição de juízes, classificações –, a mutação lhes é anterior. Uma Retórica nova é tramada em meados do século XVI, quando finda o Concílio de Trento. A confluência do preceito de estilo e da regulamentação da moral explicita a contemporaneidade de uma alteração generalizada, que afeta as artes e os costumes. Não é propriamente o Concílio que lança uma moral religiosa contra a arte: regulamentando-lhe emprego, lugar de inserção, decência e modelo, restringe-a e a justifica frente à heresia, porque encarece a imagem com veemência raramente vista. As restrições do texto conciliar são vagas, pois dois textos papais subsequentes, em muito posteriores, vão explicitando-o com minudência crescente[198]. A Sessão

197. Anthony Blunt, *La Théorie des Arts en Italie*, trad. J. Debouzy, Paris, Gallimard, 1966, pp. 186-187.
198. Juan Plazaola, *El Arte Sacro Actual*, Madrid, Biblioteca de Autores Cristianos, 1965. Traz o texto da Sessão XXV do Concílio de Trento: "Decreto sobre las Imágenes", pp. 546-547. Cf. "Decreto sobre las Imágenes Sagradas", de Urbano VIII, de 1642, pp. 512-513, e o excerto do breve "Sollicitudini", de Benedito XIV, de 1745, pp. 513-517. *Prudentia*: durante dois séculos, os textos posteriores retomam os anteriores e os explicitam em pormenor, também acrescentando questões

xxv do Concílio insiste nos locais adequados à exposição das imagens e na repressão das "formas desonestas"[199], encarregando – a discriminação é atenta, seguindo a hierarquia – os clérigos de verificar o cumprimento das restrições. A vagueza do Decreto tridentino tem contrapartida no zelo e na doutrina dos intelectuais ligados à Contrarreforma, mais repressivos – já é truísmo – que o Papa. O interrogatório de Veronese é excepcional pela brandura, no âmbito vasto da Inquisição; todavia, o relativo desdém do Santo Ofício pela arte é compensado pela doutrinação repressiva de clérigos e leigos, artistas ou intelectuais.

Abstraindo-se as restrições genéricas à nudez, ao secular e ao paganismo – não que a repressão, aqui, seja menos intensa, pois varia a extensão: a Igreja limita-se ao templo, o intelectual isolado e simpatizante invade o domicílio[200] –, uma teoria do controle se destaca. Embasada no *decorum*, que atravessa o *Quattrocento*, reformula-o: o sentido prescritivo estende-se além do artístico por articulá-lo com a moral da Contrarreforma. Não que inexistisse repressão das imagens na Igreja pré-conciliar: cobriu-se, no último quartel do século xv, a *Assunção*, de Botticini, acusada de figurar heresia[201]. Nova é a convergência da teoria e da prática, da Retórica e da repressão. Francastel apreende bem a viragem, apoiando-se em Toffanin[202]: para este, a *Poética*, de Aristóteles, difundida por volta da metade do século, altera os quadros intelectuais do Renascimento. O estudo da Antiguidade não é abolido, mas perde o sentido de incentivo da investigação e de aguçamento intelectual quando se torna um repertório de fórmulas estereotipadas[203]. Manual, como aquele dos Inquisidores, a *Poética* responde ao desejo dogmático que investe as letras e as artes com dispositivos de captura rígidos, harmonizados com o sentido de disciplina e regra da Contrarreforma, que os jesuítas *Ad Majorem Dei Gloriam* – defendem e difundem[204].

A intersecção da *Poética* e da Contrarreforma não basta para definir os quadros da arte do século xvii, e suas diversas direções. Variando com os Es-

---

novas, no lapso secular, como as da representação admissível de Deus-Pai, do Espírito Santo e da Santíssima Trindade, restringindo as possibilidades gradativamente.

199. Juan Plazaola, *op. cit.*, Sessão XXV, p. 547.

200. Anthony Blunt, *op. cit.*, pp. 191-192.

201. Anthony Blunt, *op. cit.*, pp. 179-180.

202. Pierre Francastel, *op. cit.*, pp. 396-397, "A Contrarreforma e as Artes na Itália no Fim do Século XVI". Cita G. Toffanin, *Storia dell'Umanesimo dal XIII al XVI Secolo*, Nápoles, 1934.

203. *Idem*, p. 396.

204. *Idem*, pp. 396-397.

CAPÍTULO III

tados-nações, com as formas do Absolutismo, a convergência evidencia-se, inicialmente, na Itália fragmentada do tempo, em particular em seu Estado mais poderoso. Mobilizando o Santo Ofício no combate do protestantismo e na expansão própria, *Propaganda Fide*, a Igreja pouco faz sofrer a manifestação artística e a sua teorização. O ataque dos doutrinários apresenta pontos semelhantes, por mais que variem seus interesses ou sua formação, sendo comum a todos a *Poética*. Gilio da Fabriano propõe uma classificação da pintura, atitude espontânea nos séculos vindouros e para a qual o Renascimento não tinha tempo. Histórica, poética e mista, a pintura é compartimentada em gêneros[205]. À poética cabe a mitologia e, assim, a alegoria; esta perde em erotismo e obscuridade já porque a decência investe todo o domínio da imagem – um São Sebastião, de Fra Bartolommeo, é retirado de uma igreja por despertar "pensamentos impuros" em alguns religiosos[206] –, já porque o ludismo e a complexidade da *maniera* são vencidos pela Contrarreforma.

É preciso distinguir o Concílio da Contrarreforma: dar sentido reacionário ao primeiro é ser progressista. Quando Blunt afirma o anelo da Igreja pelos bons tempos medievais[207], opõe sumariamente o "individualismo" burguês e progressista à comunidade utópica. Esquematismo etapista: deveríamos preferir um Concílio que torna possível a modernização da Igreja, que refaz sua burocracia e toma a forma dos Estados nascentes. Burocracia ativa e centralizada, expansiva na *Propaganda Fide* – o Japão de São Francisco Xavier, o Brasil de Anchieta, a China de Athanasius Kircher –, repressiva no Santo Ofício – Veronese, Bruno, Galileu –, dispositivo funcional. O saque de Roma inscreve-se nos *signa temporum*, augurando-lhe um belo futuro: Estado mais poderoso da Itália, o *Patrimonium Petri* vindo dos escombros do Império, renasce e a utopia da comunidade ancestral também é sinal de fôlego novo. A tese de uma negação reacionária do "individualismo" burguês pela Igreja é leitura piedosa: a comunidade já é burguesa, pois vasada nos quadros do irenismo. Atualizada, a Igreja rivaliza com as iniciativas de Carlos v, antecipa formalmente o século do Rei-Sol: a multiplicação das Ordens, na expansão e repressão sistematizadas, só se concebe como centralização. A distinção entre Concílio e Contrarreforma, operada por Francastel, é mais feliz: o Concílio retoma o velho e a Contrarreforma avança o novo. A retomada, todavia, já é novidade, pois dela resulta a ação da Contrarreforma:

205. Anthony Blunt, *op. cit.*, p. 190.
206. *Idem*, p. 193.
207. *Idem*, pp. 177-178.

196 CONDILLAC LÚCIDO E TRANSLÚCIDO

uma Igreja educadora, que sistematiza a dispersão anterior, obra jesuítica, principalmente[208]. Pouca inventividade e muita sistematização: a imaginação dobra-se à classificação e à adequação. Inquisição e Companhia de Jesus são as fundações da Igreja gerada do Concílio: exigências de disciplina, elaboração da *Ratio Studiorum*, codificadora das invenções precedentes. O modelo aristotélico revela-se fecundo[209]: eficácia da pedagogia e da repressão, educação da burguesia, que se vai impondo no cenário das forças históricas.

Articulando-se Contrarreforma e *Poética*, o desejo classificatório constitui-se com o intelectual-juiz; todo um domínio se forma: paixões, gêneros artísticos, limitação da figura, adequação à Escritura, *decorum*. A pintura de história deve ser fiel: o *Juízo Final* é atacado porque a representação falseia o Mito. Os pormenores são incorretos: aos anjos faltam as asas, aos santos, auréolas e atributos que os determinam; quando pouco conhecidos, devem trazer o nome sob a representação[210]. Outras objeções, de pormenor: os panejamentos flutuam ao vento, a despeito de as Escrituras afirmarem o contrário; os anjos que tocam trombeta estão agrupados, quando deveriam espalhar-se pelos quatro cantos da Terra; alguns mortos ressurretos ainda são osso, outros já se metamorfoseiam em carne, ignorantes da instantaneidade da Ressurreição; Cristo está em pé, em vez de sentar-se no trono da Glória[211]. Infidelidade e inadequação: alegar-se a alegoria é argumento inaceitável; para Gilio, só se tolera seu emprego quando simples e inteligível: a alegoria deve ser clara.

"Uma coisa é bela na medida em que é clara e evidente"[212]. Explicitando a recusa da obliquidade, Gilio simplesmente nega a alegoria; confinando-a secundária, dá ao sentido literal máximo destaque e anula a figura; salva-a conferindo-lhe um papel vicário:

> Vossa opinião talvez seja correta quando dizeis que ele [Miguel Ângelo] tinha a intenção de interpretar as palavras do Evangelho de uma maneira mística e alegórica, mas, em primeiro lugar, é preciso ater-se ao sentido literal sempre que se possa fazê-lo de modo conveniente; depois, tomar-se-ão todos os outros sentidos, atendo-se ao pé da letra todas as vezes que possível[213].

---

208. Pierre Francastel, *op. cit.*, pp. 416-417.
209. Pierre Francastel, *op. cit.*, p. 417.
210. Anthony Blunt, *op. cit.*, p. 184.
211. *Idem*, p. 186.
212. Gilio da Fabriano, *Due Dialoghi*, p. 115. Em Blunt, *op. cit.*, p. 184.
213. *Idem*, p. 103. Em Blunt, *op. cit.*, p. 186.

CAPÍTULO III

Assim como não são aceitos os argumentos artísticos de Veronese, recusa-se a interpretação alegorizante: a verossimilhança e a literalidade são impositivas. Entrevemos o rótulo "Classicismo": primado da clareza sobre a obscuridade. A alegoria submete-se: remetida à verdade – há uma verdade da alegoria para Molanus – que se comunica, não se pode descurar ponto algum do dogma[214]. Mais radical é Borghini, que insiste em que o pintor deve tirar seus temas da Escritura, o que já predetermina a imagem[215]. Com o predomínio do verossímil, a alegoria anula-se, pois se submete a uma conveniência que a exclui por validar a representação fiel no todo e nas partes. Figurando a verdade, não contradizendo a fé e o dogma, a beleza recua também porque se conforma às paixões do representado. Uma cena que suscita a piedade não pode ser fiel se os corpos são belos, verossímil. Para Gilio, a *Flagelação* deve mostrar um Cristo "aflito, ensanguentado, coberto de escarros, com a pele dilacerada, ferida, disforme, pálida e com aparência lamentável"[216].

Para ser tranquila e equilibrada, a pintura deve escolher um tema adequado, como o *Batismo*; quando se deseja pintar algo sublime, elege-se a *Transfiguração*: a beleza é adequada ao tema[217]. Conveniência das representações às paixões, cuja verdade é primeira. Embora os exemplos sejam os da representação religiosa, a prescrição das paixões estende-se à pintura toda. Ao estabelecer um repertório de fórmulas estereotipadas para a representação, delimita a pintura dita "barroca", pouco inventiva e muito emotiva, ou a "clássica", mais imaginativa e rigidíssima. Constitui-se a oposição, típica do tempo, do útil ao agradável. Recebe em Comanini sentido moderno. *Il Figino* é um diálogo em que o velho e o novo, o mecenato platonizante e o controle religioso explicitam-se luminosos: Igreja assimilada a Estado, utilidade como instrução, contra a circunscrição palaciana do prazer; reencenemos o diálogo, concentrando-o:

Guazzo, mecenas: A finalidade da pintura é proporcionar prazer.

Martinengo, sacerdote: Embora o suscite, a pintura deve submeter-se à filosofia moral, sendo o útil a sua finalidade. Como a arte sempre foi controlada pelo Estado – Egito, Grécia, Roma –, para fins bons, com o cristianismo deve passar para os cuidados da Igreja; apoiando a boa doutrina, orienta-se pela religião.

---

214. Molanus, *De Historia S.S. Imaginum*, 1619. Livro II, cap. XIX. Em Blunt, *op. cit.*, p. 185.
215. Rafaello Borghini, *Riposo*, 1584. Em Blunt, *op. cit.*, p. 184.
216. Gilio da Fabriano, *op. cit.*, p. 86. Em Blunt, *op. cit.*, p. 207.
217. Anthony Blunt, *op. cit.*, pp. 207-208. Referência a Gilio.

Guazzo (acaba cedendo): A finalidade da pintura é a utilidade, e o prazer que ocasiona é secundário[218].

O cônego Comanini compõe madrigais enquanto anuncia os novos tempos: Guazzo é vencido por Martinengo. Ancilar, a arte educa e deslumbra: Martinengo é o Santo do século. Nas *Instructiones*, São Carlos Borromeu não hesita em recomendar a colaboração do clérigo para que o artista não erre[219]. Bem pensante, é conselheiro: a mão amiga dirige o artista para a devoção. Equivalente moderno do Estado antigo, a Igreja o adapta à nova missão, que retoma a primitiva: instrução pela imagem[220]. Visada institucional, a utilidade da arte está no ensino; o vício, no prazer. Devoção popular: os jesuítas entendem o povo, são os intérpretes dos seus anseios; Francastel desenvolve este tema, também supondo o povo, que continua mudo[221]. Arte barroca, paixão e decoro: a grandiloquência não é a Retórica toda, mas sua modalidade estreita. O Barroco não é retórico porque apenas explora a paixão; sua construção é simples, dispensando a sutileza do desdobramento maneirista. Sentimental, é hipnótico: cativa o vedor nas *Pietàs* sofridas ou no ilusionismo das novas igrejas. Representação total, cenário produzido pela aliança da pintura, da escultura e da arquitetura. Teatralidade sem distanciamento – Andrea Pozzo, Pietro da Cortona –, achata a pesquisa e a construção do sentido pela representação articulada com a significação. O emprego da perspectiva limita-se ao cênico como aplicação de um repertório de fórmulas: a produção de efeitos ardentes substitui a descontinuidade das investigações anteriores, receituário de procedimentos.

Erro da historiografia o de avançar um Correggio protobarroco: presume-se a latência (da forma) e a permanência (das solicitações) por mais de cinquenta anos. Entretanto, Correggio pertence aos tempos da pesquisa:

---

218. Comanini, *op. cit.*, em Blunt, *op. cit.*, p. 214.

219. Anthony Blunt, *op. cit.*, p. 212. As *Instructiones Fabricae et Supellectilis Ecclesiasticae* são de 1572.

220. *Idem*, pp. 179-180. Escreve Blunt: "Velhas frases, como a de São Gregório, que descrevem as pinturas religiosas como 'Bíblia dos iletrados' reaparecem em todos os escritos que tocam a arte no fim do século XVI; e até antes do fim do Concílio de Trento, a arte não só era salva pela religião, mas reconhecida como uma das armas mais eficazes da propaganda". Embora mítica – grande parte das imagens instrutivas é inacessível ao olhar dos crentes –, a discussão é ela própria esclarecedora. O mito da instrução articula uma vontade de potência que, burocrática, não conhece limites: estatuindo-se reguladora e controladora, a Igreja pretende legislar em toda parte; modesta em seus enunciados oficiais, coordena os seus intelectuais, cujas ambições em ocupar espaços desconhecem o pudor.

221. Pierre Francastel, *op. cit.*, pp. 417-419.

além do *Noli me tangere* e da cúpula de Parma, pinta como rafaelista. É certo que o penumbrismo já é detectável em parte de sua pintura; que o *Noli me tangere* intensifica a paixão de um Cristo que, crescentemente meloso em Barocci e Batoni, abençoa em nossas folhinhas; que a construção do quadro festeja a diagonal e faz pensar no tensionado; que a cúpula de Parma sobe para o céu em anéis concêntricos. Todavia, a referência é outra, o tempo é de pesquisa aberta. Correggio é retórico porque, na diversidade das maneiras, articula significação e representação sem ceder ao simplismo. Variando embora as imagens nas cenas e nos temas, a arte dita "barroca" restringe-se à paixão e ao decoro, com desprezo pela investigação. Menos diverso que Holbein ou Arcimboldo, pois é menos construtivo que eles, ainda assim Correggio não pode ser considerado "barroco".

Admitindo-se a relação proposta pela historiografia, o assim chamado Barroco aplicou esquematicamente alguns dos procedimentos de Correggio, direcionando-os no efeitismo. O ilusionismo não é suficiente para produzir diferenças: nem lúdico nem teórico, apaga as tensões do ver e do significar, requisitos da arte investigadora, pois o sentido determina a construção, que é reta. O "barroco" é a estabilidade de procedimentos canônicos: o ilusionismo retifica quando prevê a representação, o ponto de vista, o significado, pois o seu problema é a adequação ao tema e à exacerbação das paixões; valorizando-as, é religioso. Sempre político, evidencia outra espécie de ambiguidade na tensão de contrários: Versalhes. Philippe Beaussant ressalta as relações do ser e da aparência[222]: em Versalhes, somos aquilo que representamos, teatralidade em que a aparência constitui o ser ao qual se refere e ao qual multiplica[223]. Máscara cujo rosto é máscara: sucessividade discreta de aparências e simultaneidade descontínua de seres, caracteres pontuais na representação lisa. O que Wölfflin afirma da forma, Beaussant estende à representação, que se espelha ilimitada: coexistência no mesmo objeto de elementos ambíguos que se tendem e se contradizem[224]. Um do Múltiplo, rochedo que espuma e se esfuma, verdade que prolifera como ilusão: Século de Ouro, a vida é sonho, o sonho, verdade; o mundo é um teatro, o teatro, único universo. O Século do Rei-Sol e o Século de Ouro são feitos pela mesma Retórica, que produz efeitos semelhantes: antítese e paradoxo não se excluem da representação. Na igreja, a representação é um cenário em que

222. Philippe Beaussant, *Versailles, Opéra*, Paris, Gallimard, 1981, pp. 23-24.
223. *Idem*, p. 12.
224. Philippe Beaussant, *op. cit.*, p. 24.

tudo está previsto: a tensão das partes gloria o Um; em Versalhes, porque o teatro é vivo; glorifica-o, mas se sujeita ao imprevisto. Tomado por todos como embaixador da Sublime Porta, Soliman Aga é homenageado pelo Rei que se exalça. Espetáculo que inclui o Rei, os cortesãos, o próprio turco, e cuja grandiosidade está na consonância dos papéis; quando se percebe que Soliman Aga não é o embaixador ansiado, a representação desanda, todos os atores – é um sistema – veem comprometidos seus papéis, incongruência. A representação constitui a si mesma, ela é o ser: como as máquinas teatrais funcionam em conjunto, o mau desempenho de um único ator compromete a representação toda, estilhaçando-lhe o ser[225].

Tudo se passa na representação e tudo é espetáculo, teatro versalhês, epifania pintada. Tudo é previsto, as operações retóricas não são anuladas, seu funcionamento é que muda. A alegoria ainda representa, mas é simples a mitologia de um panteão incontável. Ainda assim, o Estado é mais interessante que a Igreja: clara enquanto educa o fiel, pode ser obscuríssima quando diverte o *honnête homme*. Grandiloquente ou grandiosa, a representação não redime a alegoria porque lhe tolera a obscuridade, ressonância da Contrarreforma: o espetáculo é falante, a Retórica, balbuciante. Na *maniera*, o olho conhece, deslocamento do significado e produção de sentido; no Barroco, o olho reconhece, antecipação do significado e previsão do sentido. Sempre participamos do espetáculo, é nele que tudo ocorre, até a surpresa e o salto: repertório fechado. A ilusão reitera a representação correta, pois ignora os níveis da *maniera*, não sendo interceptadas significação e representação, mas prolongadas como efeitos previstos. Dispositivo de captura por confinamento em elemento homogêneo; orientado pela representação, o procedimento é desvalorizado como diferença: tornado ancilar, perde-se nela, que é infinita. Mais oposição que antítese, o teatro-mundo e o mundo-teatro são significados e representados, muita combinatória para um esquema restrito de Retórica.

Os eruditos da segunda metade do século XVIII tematizam o que será Barroco descrevendo-lhe qualidades que o constituirão; idem, o Maneirismo, distinto dos tradicionais "amaneirado" e "maneira", qualidades louvadas ou execradas[226]. Assim como o "amaneirado", o adjetivo "barroco" vem de longe: certamente de Portugal, passando para o castelhano, o francês e o

---

225. *Idem*, pp. 91-94.
226. John Shearman, *op. cit.*, p. 18.

CAPÍTULO III

italiano[227]. Como estilos, contudo, Barroco e Maneirismo só se constituem depois; os marcos destacados pela historiografia são a *Storia dell'Arte Italiana*, de Lanzi, em 1792, quanto ao Maneirismo, e a *Encyclopédie Méthodique*, de Quatremère de Quincy, em 1789, quanto ao Barroco[228]. Datas que têm interesse indicativo, pois se produzem chamado "Neoclassicismo", que determina a visada dos autores. Não se trata, neles, de distinguir estilos, posto que uma estilística histórica apenas se constitui na segunda metade do século XIX, firmando-se no início do XX. Distinguindo e periodizando o Clássico e o Barroco, Wölfflin estabelece recortes estilísticos, com inscrição histórica, a partir de conceitos da pura visibilidade. Também o Maneirismo é constituído como estilo no início deste século com princípios formais e cuja melhor periodização se encontra em Walter Friedlaender. Como constantes estilísticas que distinguem e constituem as formas – pensadas tanto em si mesmas quanto em sua relação com estases tais como religião, política, cultura, história geral –, também se hipertrofiam eterizadas no Barroco de Eugenio d'Ors e no Maneirismo de Gustav Hocke, de Arnold Hauser e de Ernst Curtius[229].

Os historiadores concordam em que o ataque dos doutrinários da segunda metade do século XVIII se concentra no Barroco e no Rococó: Starobinski[230]. No fim do século, Quatremère de Quincy propugna o dito Neoclassicismo e é amigo de Canova. Antes. Mengs e Winckelmann, "artista-filósofo" e "arqueólogo-filósofo", respectivamente, avançam mais uma volta ao Antigo; com eles, vem a novidade de se considerar a origem como o originário: Grécia apolínea[231]. Porque seus enunciados artísticos são genéricos, os leitores sentem-se livres em combinar referências diversas: dedicam-se simultaneamente aos estudos de vasos gregos, de arquitetura romana (Pompeia e Herculano são muito visitadas), de Correggio e do primeiro artista-antiquário, Mantegna[232]; o originário teórico não se aplica artisticamente

227. Victor Tapié, *Barroco e Classicismo*, 2 vols., trad. Lemos de Azevedo, Lisboa, Editorial Presença, 1974, I, pp. 19-20.
228. Victor Tapié, *op. cit.*, p. 20; John Shearman, *op. cit.*, p. 18.
229. Eugenio D'ors, *Du Baroque*, trad. A. Rouart-Valéry, Paris, Gallimard, 1968. Gustav R. Hocke, *Maneirismo: o Mundo como Labirinto*, trad. C. R. Mahl, São Paulo, Perspectiva. 1974. Ernst Robert Curtius, *Literatura Européia e Idade Média Latina*, trad. Teodoro Cabral e Paulo Rónai, Brasília, Instituto Nacional do Livro, 1979.
230. Jean Starobinski, *1789 – Les Emblèmes de la Raison*, p. 95.
231. J. J. Winckelmann, *Reflexões sobre a Arte Antiga*, tradução, seleção e introdução de Gerd Bornheim, Porto Alegre, Movimento, 1975, p. 41. Crítica de Bernini, p. 47.
232. Jean Starobinski, *1789 – Les Emblèmes de la Raison*, p. 52. Confluência da regra moral e da regra artística em Quatremère de Quincy, com destaque da bizarria: "La bizarrerie suppose une con-

e Canova descobre em Londres as confusões do grego e do romano feitas por Winckelmann. A vitória do Neoclassicismo tem por sinal claríssimo a preterição de Tiepolo por Mengs na corte espanhola. A rejeição de Bernini por Winckelmann ou a de Borromini e Guarini por Quatremère de Quincy identificam a arte crepuscular, que há pouco passamos a identificar estilisticamente: arte que periodizamos e definimos e que o Neoclassicismo, comprometido com o moralismo, apenas descreve. Confluência do moral e do formal que é antiga. Quatremère de Quincy lembra Bellori ao imbricar argumentos artísticos e morais: o Barroco, matiz da bizarria, é vício, cansaço, inutilidade; ridículo, opõe-se à reta natureza e à severidade. Ao mesmo tempo, a forma não é analisada, descrevendo-se características: ondulação, contorção, desordem atormentada, que são combatidas pela simetria, retidão e ordem. Extrapolando, é sugestivo que Leonardo Benevolo comece a sua história da arquitetura contemporânea pelo Neoclassicismo: utilidade e despojamento como funcionalismo[233]. A descrição de Quatremeère de Quincy não é inovadora – basta compará-la com a que faz Condillac da decadência, igualmente belloriana –, pois mantém indistintos os enfoques formal e moral.

Quando Condillac escreve, não há direção artística que prevaleça: o Neoclassicismo apenas se delineia e é acontecimento romano; na França, a querela do desenho e da cor já é o passado, mas suas ideias ainda se fazem sentir. Fundada em 1648, a Academia apega-se à *idea* ordenada e a Anni-

---

formation vicieuse qu'on ne saurait changer... [Elle] enfante un systeme destructeur de l'ordre et des formes dictées par la nature; [elle] attaque les formes constitutives de l'art... L'expérience a prouvé que ce goût naît ordinairement de la lassitude des meilleures choses; que dans les nations comme dans les individus, il provient quelquefois de la satiété que produit l'abondance même; que c'est du milieu de la richesse et des jouissances de tout genre, que se développe ce degoût funeste qui empoisonne les plaisirs, rend insipides les beautés simples de la nature, et sollicite les *déguisements de l'art perfide*, qui cherche moins à contenter qu'à aiguiser ou tromper les désirs... Introduite dans l'architecture, la bizarrerie put exercer en grand son empire... Aux lignes droites succédèrent les formes chantournées; aux contours sévères, les lignes ondoyantes; aux plans réguliers, les partis mixtilignes et tourmentés; à la symétrie, le pittoresque; à l'ordre enfin, la confusion du chaos". Intersecção que atualiza Bellori e Condillac. A definição de "Barroco" pressupõe a bizarria: "Baroque, adjectif. Le baroque en architecture est une nuance du bizarre. Il en est, si on veut, le refinement ou s'il était possible de le dire, l'abus. Ce que la sévérité est à la sagesse du goût, le baroque l'est au bizarre, c'est-à-dire qu'il en est le superlatif. L'idée du baroque entraîne avec soi celle de ridicule poussé à l'excès. Borromini a donné les plus grands modèles de bizarreries. Guarini peut passer pour le maître du baroque. La chapelle du Saint--Suaire à Turin, bâtie par cet architecte, est l'exemple le plus frappant qu'on puisse citer de goût". Em Victor Tapié, *op. cit.*, p. 21.

233. Leonardo Benevolo, *História da Arquitetura Moderna*, trad. A. M. Goldberger e outros, São Paulo, Perspectiva, 1976.

CAPÍTULO III

bale Carracci, retomados por Poussin e pelos escritos de Bellori[234]. Orientação que passa a ser combatida pelos Amadores, antiacadêmicos, leitores de Boschini e partidários da cor. A querela da forma e da cor e depois do poussinismo e do rubenismo, acresce-se à querela literária dos Antigos e dos Modernos. A pintura de Poussin é devedora em grande parte de Carracci: fundando a *Accademia degli Incamminati*, encarece a prática às expensas da elucubrada *maniera*. Discutem-se os procedimentos artísticos, exercita-se incessantemente o desenho da coisa vista e estuda-se a anatomia com atenção[235]: valorizando-se o que se vê, recusam-se os estilemas da *maniera*, com o consequente abandono da *idea fantastica* pela ideia reta, que Bellori deriva da natureza, à qual supera como modelo: "Originata della natura supera l'origine e fassi l'originale dell'arte"[236].

Embora posterior à *Accademia*, o enunciado evidencia o platonismo que se nota em Poussin como predomínio do desenho sobre a cor. Devemos repensar Carracci: insistindo em seu suposto ecletismo, a historiografia petrificou-lhe a arte[237]. Seu ecletismo não seria novo, pois viria do *Cinquecento*, de Paolo Pino, que propõe a fusão do desenho de Miguel Ângelo com o colorido de Tiziano: Venturi atribui a Carracci e seus parentes a difusão e a aplicação de tal conceito à pintura[238]. Reduzindo-se a arte dos Carracci ao ecletismo, perde-se o essencial, a fundação de uma pintura de gêneros, que diferenciam as imagens e os procedimentos correlatos. Para cada gênero, uma maneira: revela-o a própria pintura de Annibale, dada a sua aversão à teoria. Carracci pinta adequando maneira e assunto: realismo (ou naturalismo) como em Caravaggio, abstraído o penumbrismo, como no *Mangiafagioli* e no *Bottega del Macelaio*, em que o camponês e o açougue são do gênero cômico, irrompendo como uma revelação na história da pintura; Bellori, que reprova a natureza de Caravaggio, não lhe pode imputar qualquer plebeísmo. Barroco nas cenas do Mito, em particular nas *Pietàs*, é quase tenebroso no Cristo lívido e sofrido – verossímil emocional. Não rompe com a *maniera*: suas alegorias poderiam ser atribuídas a um pintor da segunda geração ou da última fase desta direção. E é na alegoria que Carracci inventa uma nova figuração: o mito, estreito enquanto intersecção da significação e da representação, afirma uma

234. Lionello Venturi, *Histoire de la Critique de l'Art*, trad. J. Bertrand, Paris, Flammarion, 1969, p. 115.
235. Patrick J. Cooney, *Annibale Carracci*, Milão, Rizzoli Editore, 1976, pp. 5-6.
236. G. P. Bellori, *op. cit.*, em Panofsky, *op. cit.*, p. 100.
237. Lionello Venturi, *op. cit.*, p. 112.
238. *Idem*, p. 112.

nova, mais distante de Rafael que de Miguel Ângelo, com o predomínio da *terribilità* sobre a *venustà*, que marca a geração de Guercino, Reni, Domenichino. Visível nas paisagens de Claude Lorrain, determina a arte de Poussin.

Em 1665, abre-se a Academia francesa de Roma, em que os artistas aprimoram o gosto e a maneira: Poussin, a um tempo francês e romano, é o exemplo a ser seguido[239]. Nele está a grande maneira, não o estilo, como hoje o entendemos; modelo, é prescritiva. Bosse:

> *Do grande, da grande, e rica maneira, ou bom gosto*, não quer dizer ou significar outra coisa senão um quadro bem feito e conforme ao gosto ou opinião dos mais sábios pintores[240].

Não se copia, como o prova o insucesso de Bernini na construção do Louvre, recusada por Colbert: a maneira italiana é combatida pelos artistas da Academia. Ciosas das ligações com o Estado, tanto a de Pintura e Escultura quanto a Academia de Arquitetura, expõem seus princípios. Dependente do Estado – Colbert declara que o tempo dos mecenas particulares findou, talvez referência a Fouquet –, a arte é propaganda dos feitos do Rei[241]; subordinada à burocracia centralizada e profana, elabora e divulga pela Europa o termo equívoco, "belas artes"[242], desmentindo Comanini quanto a ser a Igreja a única herdeira dos Estados antigos. As belas artes reúnem pintura, escultura e arquitetura; na pintura, distinguem-se e hierarquizam-se claramente os gêneros: altíssima é a alegoria, que, diferentemente da Igreja, o Estado pode tolerar *tota*; abaixo, a pintura de história, que figura as ações de heróis; a seguir, o retrato, representação de homens-caracteres; depois, a paisagem, que só é aceita com figuras humanas interessantes; por último, as cenas de gênero e as naturezas mortas. Estases antiplotinianas, pois a superior é falante e falada, e a inferior, muda e impronunciada; a alegoria é o gênero supremo, obra de gênio, sendo ínfima a natureza morta, banalidade de artesão. Se a Academia admite que os pintores de história nela ensinem, os pintores dos gêneros inferiores são desprezados, como, na segunda metade do século XVIII veneziano, os *vedutisti*. A hierarquia dos gêneros articula horizontal-

---

239. Lionello Venturi, *op. cit.*, p. 122.

240. Abraham Bosse, *Le Peintre Converty aux Règles de son Art*. Textos reunidos e apresentados por R.-A. Weigert, Paris, Hermann, 1964, p. 113. Propugnador das ideias de Desargues, critica a pintura que compõe por simples golpe de vista; defensor da perspectiva, promove Desargues e defende Rafael e Poussin.

241. François-Georges Pariset, *L'Art Classique*, Paris, Presses Universitaires de France, 1965, p. 126.

242. Lionello Venturi, *op. cit.*, p. 122.

CAPÍTULO III

mente a pintura e a poesia: falante, a alegoria também é da poética, devendo ler-se nos dois sentidos a horaciana *ut pictura poesis*. Assim como a poesia pinta como pintura, a pintura poetiza como poesia. Equivalência assegurada pela razão, Poussin:

> É nisso que consiste todo o artifício da pintura. Perdoai a minha liberdade se digo que vos mostrastes precipitado no juízo que fizestes das minhas obras. O bem julgar é muito difícil se não se tem nessa arte grande teoria e prática reunidas em conjunto. Nossos apetites não devem ser os únicos a julgá-la, mas a razão[243].

O mesmo bom senso que se encontra em Boileau, luzes cartesianas. Como os poetas, os pintores antes concebem, depois executam. Ambos compartilham a noção de modelo a imitar, e o Antigo o fornece, por ser inacessível o belo ideal: a tese de Félibien terá contrapartida em Boileau[244]. Destacando a composição mental, a *idea* do Seiscentos recorda, em seu platonismo difuso, a do Quinhentos: não é casual que Poussin conceba nos termos do século xvi. É como se fosse a relação do *disegno interno*, ou *idea*, ou forma, com o *disegno esterno*. Correspondência em que o desenho e a cor são equivalentes ao desenho externo como execução da ideia concebida. No plano da própria execução, nova hierarquia: o desenho é primeiro e a cor, segunda. Sensível, o colorido apoia-se no inteligível do desenho. Este se valida conformando-se ao modelo, que lhe permite corrigir os vícios do natural. Como os enunciados teóricos estão distantes da prática, a intangibilidade da ideia é compensada por modelos mais próximos da pintura: a Antiguidade, referência dos artistas[245]. Não é casual a ênfase de Poussin no estudo do Antigo, modelo palpável[246].

A prevalência do desenho sobre a cor é a do principal sobre o acessório, ou acidental. As Academias defendem a regra, a razão como bom senso, e o artista exemplar contra o olho, efêmera sensibilidade. Retomando a doutrina

---

243. Poussin, *Lettres et Propos sur l'Art*. Textos reunidos e apresentados por Anthony Blunt, Paris, Hermann, 1964, p. 123.

244. Félibien, *Entretiens sur les plus Excelents Peintres Anciens et Modernes*, Paris, 1666. Em Lionello Venturi, *op. cit.*, p. 124.

245. Lionello Venturi, *op. cit.*, p. 122.

246. Poussin, *op. cit.*, p. 123; p. 147. Cf. carta a Bosse, em que explicita a perspectiva, p. 151; pp. 163-165, em que expõe sua doutrina da pintura: "C'est une imitation faite avec lignes et couleurs en quelque superficie de tout ce qui se voit dessous le soleil, sa fin est la délectation... Il faut commencer par la disposition, puis par l'ornement, le décoré [o *decorum*], la beauté, la grâce, la vivacité, le costume, la vraisemblance et le jugement partout".

206   CONDILLAC LÚCIDO E TRANSLÚCIDO

da imitação da natureza, a Academia maquila-a, suprimindo-lhe os vícios, exaltando-lhe as virtudes. Prática pouco inovadora, pois já retomada dos Antigos por Alberti e aplicada por Piero della Francesca no retrato do duque de Montefeltro, que lhe oculta o lado vulnerado do rosto. Comprometendo-se com a forma inteligível, a Academia encarece os procedimentos geométricos, desenvolvendo os estudos de perspectiva, proporção e composição, que conferem suplemento intelectualista ao desenho. A cor, efêmera e sensível, é desprezada e combatida[247]. Intelectualismo que tem em Bosse extremado defensor, contrário à pintura de golpe de vista[248]. O oficialismo do desenho opõe-se aos libertinos da cor: Roger de Piles, porta-voz dos Amadores, é combativo em seus escritos. Destacando os Venezianos e Rubens, inverte as precedências: afirmação que lê em Boschini, que opõe a cor ao desenho como o informe que dá forma à mesma forma que é informe. "O pintor forma sem forma, a saber, com uma forma disforme a verdadeira forma aparente; é ela que realiza a arte pictórica"[249].

Embora o desenho continue fundamentando a pintura, dá-se uma viragem na doutrina, perdendo o primado: a pintura que só valoriza o desenho é como um corpo sem alma[250]. A tese é retomada por Roger de Piles, que a dirige contra a Academia quando propõe o gênio superior à pedagogia acadêmica, aprendizado de regras e imitação de modelos[251]. Gênio e licença artística negam a rigidez do modelo, e a cor, a racionalidade ideal do desenho: investida contra o controle burocrático da arte. Por isso, como em Boschini, o desenho só é realizado pela cor, perfeição suprema[252]. O círculo

247. Anthony Blunt, *Art and Architecture in France: 1500-1700*, London, Penguin Books, 1970, p. 210.
248. Abraham Bosse, *op. cit.* Oposição de pintura feita com golpe de vista e a realizada por construção intelectual-perspectiva, cf. pp. 49-50; pp. 64-65. Descrição da rigidez defendida por Bosse, aplicação da perspectiva linear: "mais afin de les faire toujours approcher au plus près du vrai, je ne parle point de mesurer ces objets, mais bien de savoir seulement faire les échelles de front géométrales et perspectives fuyantes, suivant une distance et élévation d'oeil déterminée; car par ce moyen on saura toujours où est la ligne horizontale pour y placer où l'on voudra le point de vue, ensuite celle de tracer sur le plan d'assiette un tel nombre de carrés perspectifs que l'on désirera, afin qu'avec cela ayant seulement un peu égard à dessiner et placer convenablement ces objets sur ces carrés, on ne fera pas de si grossieres fautes que si on n'avait fait aucu ne preparation, et même touchant la raison du fort et faible toucher, ces échelles l'enseigneront à la vue, en les comparant chacune à la force ou faiblesse de couleur que l'on aura déterminée sur celle de la base du tableau", pp. 97-98.
249. Lionello Venturi, *op. cit.*, p. 127.
250. *Idem, ibidem.*
251. Roger de Piles, *Abrégé de la Vie des Peintres*, 1699, em Lionello Venturi, *op. cit.*, p. 129.
252. Lionello Venturi, *op. cit.*, p. 129.

CAPÍTULO III

de Amadores ataca com o sensualismo[253]: nem aos Antigos se poupa e, como Perrault na querela dos Antigos e dos Modernos, o porta-voz defende os Novos. Prosseguindo como querela de poussinistas e rubenistas, a discussão mantém-se acalorada até a virada do século. Os rubenistas tornam acessório o que os poussinistas avançam principal[254]; defendendo a cor, tornam acessível a pintura, que deixa de pressupor uma especialização complexa e elitista[255]. Quanto ao Rubens que louvam, é apresentado emblematicamente como artista erudito, conhecedor da alegoria, da composição, muito inventivo. Não precisam renegar os Antigos, recusando-se a admirá-los exclusivamente. Ambiguidade que Roger de Piles esclarece:

> O antigo é admirável, mas sob a condição de ser tratado como um livro que se traduz para uma outra língua, na qual basta relacionar bem o sentido e o espírito, sem ligação servil às palavras[256].

Os doutrinários ulteriores não analisam estilos, pintam caracteres. Encarregam-se disso os adjetivos e até os substantivos: "barroco" ou "bizarria", em Quatremère de Quincy. Descrição e qualificação imbricam-se, não se concebendo quadro sem valoração. Não se articula, com isso, sistema que periodize, sendo impensável avançar positividade que capture as características, seja para analisá-las a distância seja para interrogá-las quanto às condições históricas de sua constituição. Pintando-se qualidades, circulam as valorações, moraliza-se o motivo, toma-se posição: Quatremère de Quincy desqualifica o "barroco", Condillac, a "maneira". Não designam estilos, pintam maneiras, pois, neles, o próprio "estilo" é aberto como o caráter. A partir do século xix, o estilo é positividade recortada, periodizada, neutra quanto à valoração; a maneira não é dispositivo de captura, pouco diferencia, acolhe e julga. São modos distintos de conceber a arte: as descrições de Quatremère de Quincy e de Condillac não poderiam desqualificar o que denominamos estilos "barroco", "rococó" ou "maneirista"[257]; identidades diferenciadas, va-

---

253. Anthony Blunt, *Art and Architecture in France: 1500-1700*, London, Penguin Books, 1970, pp. 219-220.
254. *Idem*, p. 220.
255. *Idem*, p. 221.
256. Lionello Venturi, *op. cit.*, p. 130.
257. Jean Starobinski, *1789 – Les Emblèmes de la Raison*, p. 95. Se em Quatremère de Quincy "baroque" e "bizarre" descrevem motivos, em Condillac, distinguem-se diante de outros da mesma classe de significado, mas não descrevem a arte. Explicitam apenas o extraordinário, o ambíguo, o contraditório: III, *Dictionnaire*, verbete "Bisarre", p. 91, b 15-b 17, derivado de *bigarrer* e *bigearre*, que caracterizam o hieróglifo metafórico. O verbete "Bigarrer", p. 91, a 37-a 41, enfatiza

208 CONDILLAC LÚCIDO E TRANSLÚCIDO

gam com descrições intermináveis, nada sistematizam, nem as valorações nem os motivos. Movediço, o caráter não é capturado por estase estilística; todavia, Venturi detecta em Caylus a crítica do "Maneirismo" e Starobinski, em toda parte, a do "Barroco-Rococó"[258]. Não é o século XVIII que o faz, são eles e também nós: arbitrariedade das rubricas. Para que o nominalismo não se instale, é preciso reconhecer correspondências entre aquilo que as Luzes descrevem e o que nós analisamos: "maneira" e "estilo" são operações correlatas, descrições e conceitos, abertas e valorativas aquelas, recortados e neutros esses. Embora não se possam sobrepor a descrição, que é pintura, e o conceito, que é positividade, as propriedades que se surpreendem no caráter se apreendem na captura. A estase dos séculos XIX e XX intercepta propriedades enumeradas na "maneira", sem que se deva ignorar a diferença da designação: "estilo" e "maneira" apreendem diferentemente propriedades similares. Quando Starobinski afirma que o Neoclassicismo ataca o Barroco e o Rococó ou quando avançamos que Condillac investe contra a *maniera*, os estilos não fazem perder-se a diferença, permanecendo históricos, sem capturas positivantes. Descritivo, o caráter varia com os autores: a generalidade das teses de Winckelmann estende para seus seguidores um campo aberto de combinações; já em Diderot, as descrições são contrapartida dos princípios do belo natural e da beleza ideal: conhecendo o ofício dos artistas, não se restringe à metafísica do belo:

Assim, senhor abade, enquanto não houvermos manejado o pincel, não seremos mais que conjecturadores mais ou menos esclarecidos, mais ou menos felizes; e, crede, falemos em voz baixa nos ateliês, com medo de fazermos rir o moedor de tintas[259].

---

a contradição e a ambiguidade: "Bigarrer. v. de *bis variare* varier deux fois. Mettre ensemble, rapprocher des couleurs mal assorties. On le dit figurément des ouvrages où l'on accumule les pensées, les plus disparates". Referido a *Capricieux*, é seu sinônimo: verbete "Capricieux", p. 109, a 1-a 26. "[...] Le *capricieux* est celui qui passe subitement, continuellement et sans raison d'une façon de penser et d'une façon d'agir à une autre [...]. Le *bisarre* est celui qui pense et qui agit d'une maniere extraordinaire (L'*hétéroclite* est *bisarre* non seulement dans sa façon de penser, dans sa façon d'agir, mais encore dans son ton et dans ses mouvements. Il est extraordinaire et singulier en tout)". *Baroque* tem o mesmo sentido geral: verbete "Baroque", p. 81, b 51-p. 82, a 2. "[...] *Biscornu*. Le premier se dit proprement des perles qui ne sont pas rondes, et figurément de tout ce qui est irrégulier. Un esprit *baroque*, une figure *baroque*. *Biscornu* ajoute à l'irrégularité l'inutilité de la chose ou la difficulté d'en faire usage. Un apartement *biscornu* est si *baroque* qu'on ne sait comment s'y arranger". Generalidade que, todavia, não define direção artística.

258. Lionello Venturi, *op. cit.*, p. 145. Caylus é antimaneirista em nome da natureza e de Boucher.

259. Diderot, *Sur l'Art et les Artistes*. Seleção e apresentação de textos por Jean Seznec, Paris, Hermann, 1967, p. 92.

CAPÍTULO III

Moderno, Diderot discute em pé de igualdade com os artistas as questões do ofício: a metafísica da arte tem por contrapeso os *Salons*. Demonstra ser impensável o partido por um estilo: defendendo o Antigo, não recusa o Moderno; admirando Rafael, exalta Puget – Classicismo e Barroco são estases novas demais para o Século das Luzes[260].

O século XVIII distingue "maneira" de "amaneirado": contrapõem-se em Condillac e Diderot como caráter, frequentemente negativo, e como afetação, sempre desprezível, respectivamente[261]. Descreve-se: a decadência é pensada por Condillac como o será ulteriormente o Maneirismo, acúmulo de caracteres inversos dos que defende – pormenor dominando o conjunto, acessório atropelando o principal, deslocamento do centro de interesse na composição que é artificiosa, sutil e preciosista, voltada para o decorativo e o lúdico. Decorativismo excêntrico e agonística extemporânea; desdém pelos gêneros, pela correção e verossimilhança, privilégio da ambiguidade, antítese e indiferença: Arcimboldo, Holbein, Giambologna. Retórica excessiva, obscuridade alegórica, concebida por ele fora do tema da decadência como hieróglifo sacerdotal, alegoria arcimboldiana. O requisito da transparência não admite singularidade, constituição de figuras por intersecção do representativo e do sígnico. A censura da imaginação especiosa não liberta a ardente: o desvario da paixão devota, que no céu devaneia com suas entidades, é contido; o

---

260. Diderot, *op. cit.*, pp. 101-103, quanto à descrição de seu projeto de túmulo; p. 38, quanto ao estilo como estase: aproxima indistintamente Rafael, Poussin, Puget, Pigalle, Falconet.

261. *Idem*, pp. 48-51: "Le mot *manière* se prend en bonne et en mauvaise part; mais presque toujours en mauvaise part, quand il est seul. On dit: avoir de la *manière*, être *maniéré*, et c'est un vice; mais on dit aussi: sa *manière* est grande; c'est la *manière* du Poussin [...]. Je ne cite ici que des peintres, mais la *manière* a lieu dans tous les genres, en sculpture, en musique, en littérature [...]. Si vous cherchez l' élégance, le svelte aux dépens de ce caractère, votre élegance sera fausse, vous serez *maniéré* [a bela natureza ou o ideal são os modelos] [...]. Il y a una *manière* nationale dont il est difficile de se départir. On est tenté de prendre pour la belle nature celle qu'on a toujours vue: cependant, le modèle primitif n'est d'aucun siècle, d'aucun pays. Plus la *manière* nationale s'en rapprochera, moins elle sera vicieuse [...]. L'expression? Mais c'est elle qu'on accuse principalement d'être *maniérée*. En effet, l'expression est *maniérée* en cent façons diverses". Condillac, III, *Dictionnaire*, verbete "Manière", p. 370, b 46-p. 371, a 38: s.f. *façon*. Ce qui caractérise nos actions. Le premier se prend en bonne ou en mauvaise part, et le second se prend en mauvaise. Des *manieres* engageantes, des façons qui choquent, qui rebutent. Il a des petites *façons*, c'est-à-dire, de petites *manieres* affectées [...]. *Maniere* se dit encore du caractere particulier que les peintres, les écrivains, etc., donnent à ce qu'ils font. La *maniere* de Raphaël. La *maniere* de Racine et celle de Corneille sont bien différentes. Verbete "Maniéré", p. 371, a 51-a 54: "Se dit des personnes qui sont affectées dans leurs manieres, dans leurs ouvrages; et des choses où il y a de l'affectation". O paralelismo é patente: a maneira, ampla como o caráter, não se limita ao estilo.

mesmo diretor da consciência feminina reprime a frigidez da maneira, juiz clássico. Desqualificando, a descrição não oculta as valorações que a dirigem: é ordem, distinção, composição ponderada. Não há hierarquia, a menos que se remeta o gênero ao extremo incluso, e este seja tomado como padrão. Classe que escapa das hierarquias da Academia, ainda assim bastante rígida quando confrontada com o igualitarismo de Dezallier Dargenville, que aprecia qualquer direção e todos os artistas[262]. Desprovidos de hierarquia, os gêneros deslizam, invadem as casas vizinhas, que se deslocam; tendidos polarmente, são postulados, sendo a análise o seu juiz. Indeterminados e determinados, multiplicam as referências: história, geografia, indivíduos, que os explicitam em combinatória restrita de propriedades. O relativismo que se vê em Condillac – logo por Todorov, que compreendeu tão bem sua Retórica[263] – é um equívoco. Os gêneros não são constituídos por estases, que nem mesmo podemos avançar por serem as referências explicitações visíveis de diferenças. A Ásia, a França e a Grécia não constituem os gêneros, dão-lhes sensibilidade como exemplos; não são contextualizadoras, função exclusiva das carências naturais. Retifica-o, além disso, a regra em torno da qual giram o gosto e a beleza, e cujas vicissitudes, embora encenadas em teatro antropológico, apenas se determinam pela aceitação ou recusa. Submetida à tensão do sentimento e do conhecimento, a regra acrescenta propriedade nova à hierarquia, pois extrapola o bom senso de Boileau e a ideia de Poussin. O sentimento, que se constitui como polo da recepção, vem de Dubos como imposição contrária ao conhecimento analítico:

> Se a obra toca, o sentimento ensina muito mais do que todas as dissertações compostas pelos críticos. A via de discussão e análise de que se servem esses senhores é boa para a verdade quando se trata de encontrar as causas que fazem que uma obra agrade ou não agrade; mas esta via não equivale à do sentimento quando se trata de decidir esta questão[264].

Dubos contesta a racionalidade acadêmica: investida diversa da lançada por Roger de Piles e os Amadores. Não a da cor contra a forma, a do sensível contra o inteligível, mas a do sentimento contra a análise. O recuo da razão como bom senso e verossimilhança e o afastamento da regra e do modelo, na

---

262. Lionello Venturi, *op. cit.*, p. 144.
263. Tzvetan Todorov, *Théorie du Symbole*, Paris, Éditions du Seuil, 1977, pp. 105-107; pp. 122-126, p. 136.
264. Lionello Venturi, *op. cit.*, p. 138. Trata-se das *Réflexions Critiques sur la Poésie et la Peinture*, de 1719, texto de referência de Condillac e de grande parte dos autores da Luzes.

CAPÍTULO III

indiferença de Dezallier Dargenville, no sentimento de Dubos, no informe de Roger de Piles, não marcam o fim da ordem, mas sua metamorfose. Em Condillac, há dois níveis de oposição de sentimento e análise: como experiência do modelo; como função da Retórica, enquanto paixão. Ao mesmo tempo que testa a aceitabilidade da regra nas três idades, o sentimento caracteriza as figuras, como paixão, e distingue-se da análise, como nitidez. Roland Barthes data do decênio de 1630 a introdução da *Poética* na França, quase cem anos após sua divulgação na Itália[265], destacando a ambiguidade da paixão em Bernard Lamy. Deformadora e inoperante na geometria, cuja linguagem é idêntica em nós todos, a paixão varia os pontos de vista, modificando ao extremo os discursos[266]. Embora natural, induz ao erro: suspeita, a paixão resiste à metamorfose "clássica", esclarecida por Bellori[267]. Em Condillac, a paixão não é temida, pois a Retórica a estipula, prescrevendo o leitor, orientando o escritor: o ponto de vista não é ambíguo como em Lamy, mas cristalino quando a figura é bem formada. Articulada com o assunto, a finalidade, o leitor e a situação do escritor que a vive, a paixão é prescritiva.

Recentes, o Barroco e o Classicismo diferem e coincidem: regulando as paixões no dispositivo da conveniência, adequando a forma ao assunto e aos fins a que visa, o repertório "barroco" é estreito, efeitista; propondo-se taxionômico – fulgura o exemplo retroagido de Carracci –, o Classicismo pensa a regra, variando-a e intensificando-a com os gêneros. Enérgico como o Barroco, é intelectual: mesmo que o gênio e os gêneros deslizem, que sua suposição seja ato arbitrário, a energia é dispendida na produção de distinções. Em Condillac, a exigência diferenciadora não vem cravada na Academia; empírica, faz-se enérgica por desprezar modelo ideal e bom senso inato: hábito como natureza segunda, regras como atos da genialidade: Roger de Piles, Dubos, como também Poussin e Boileau, deslocados. Embora as estases e o caráter da maneira exijam cuidados na aplicação retrospectiva de rubricas, as

---

265. Roland Barthes, "A Retórica Antiga", em Jean Cohen e outros, *Pesquisas de Retórica*, p. 218.
266. Roland Barthes, "A Retórica Antiga", em Jean Cohen e outros, *Pesquisas de Retórica*, p. 218. Bernard Lamy, *La Rhétorique ou l'Art de Parler*, 1675: "Se os homens concebessem todas as coisas que se apresentam a seu espírito, simplesmente, como são em si mesmas, falariam sempre da mesma maneira: os gêometras têm quase todos o mesmo tipo de linguagem". Tese idêntica em Condillac: a linguagem da matemática como repto.
267. *Idem*, p. 219. Afirma Barthes: "compreendemos melhor como figurada pode ser uma linguagem *natural* e ao mesmo tempo *segunda*: é natural porque as paixões estão na natureza; segunda, porque a moral exige que essas mesmas paixões, embora 'naturais', sejam afastadas e colocadas na região do Erro; como para o clássico a 'natureza' é má, as figuras de retórica têm fundamento, mas são também suspeitas".

correspondências prevalecem: o Classicismo como estase estilística pode ser atribuído à Retórica de Condillac, distinguindo-se porém da ordem acadêmica e seiscentista. Se, nessa chave, o antimaneirismo é tangível, não se pode avançar um antibarroquismo em Condillac; ainda que se possa entrevê-lo na recusa do extático, demasiado ardente, o motivo "barroco" não é descrito ou qualificado, apenas a imaginação desregrada, a paixão religiosa. Nem antirococó: como mostra Venturi[268], embora Dubos valide sentimentalmente o decorativismo rocalha, que abandona as prescrições formais ainda atuantes nas primeiras fases do chamado estilo Barroco, Condillac retém o sentimento e não discute o motivo. Sem a rigidez neoclássica, descreve como Quatremère de Quincy, mas não se pode entrever em seu texto a impassibilidade da arte do fim do século[269]. Não diminui a regra com o gênio, muda-lhe o sentido: prescritiva, não é ideal. Variando, ponderando, proporcionalizando, Condillac explicita nos gêneros uma ordem transformada.

As quatro partes em que se divide a *Art d'Écrire* são prescritivas: a primeira ensina os procedimentos que dão nitidez ao discurso; a segunda explica como variar as voltas com o caráter dos pensamentos; a terceira orienta a formação do tecido das ideias principais e acessórias; a quarta instrui quanto ao estilo requerido pelos gêneros[270]. Três gêneros são distinguidos: o didático, a narração (*narration*) e a descrição. correspondentes a atividades distintas, o raciocinar, o narrar e o descrever. No gênero didático, discutem-se questões; no narrativo, expõem-se fatos, verdadeiros ou imaginados, subdividindo-se em história, romance e poema; no gênero descritivo, pinta-se o que se vê ou o que se sente: oratória e poesia[271]. Os subgêneros se multiplicam: ode, poema épico, tragédia, comédia, epístola, conto, fábula, sendo cada um deles incluído em gênero determinado pela distância que o separa dos extremos polares[272].

Os gêneros e os subgêneros não se hierarquizam, variam no eixo. Sendo os extremos a prosa analítica – filosofia – e a poesia lírica, determina-se o intervalo polar em que diversamente se ponderam a imagem e a análise.

---

268. Lionello Venturi, *op. cit.*, p. 138.
269. Jean Starobinski, *1789 – Les Emblèmes de la Raison*, pp. 98-103.
270. I, *L'Art d'Écrire*, p. 591, a 1-a 11.
271. *Idem*, p. 594, b 12-b 26.
272. *Idem*, p. 601, b 1-b 17.

CAPÍTULO III

Função tópica, pois as características de cada gênero ou subgênero são determinadas pela ponderação, que também define o ótimo de cada posição. Como as distinções são supostas ou postuladas por ser inesgotável a análise que especificaria os gêneros, estes deslizam, confundindo-se: a poesia tanto pertence ao gênero narrativo quanto ao descritivo, em chaves cuja latitude deveria distingui-la com exatidão[273]. Não se podendo analisar cada gênero e menos ainda os subgêneros, recorre-se a princípios classificatórios. Os estilos distinguem-se pelo assunto, que, intercambiável, não é suficiente para diferenciá-los[274]. Também, pela finalidade: a poesia deleita, agindo sobre as paixões, a prosa instrui, dirigindo o raciocínio; a visada pode ser invertida, ensinando a poesia e agradando a prosa[275]. Trocam-se as funções postuladas de gêneros extremos, comprometem-se os intermediários. Distinguindo sem distinguir, completam-se com a arte[276]. Em conjunto, os três diferenciam e classificam; a arte difere pela análise e pela imagem, extremos mutuamente excludentes: o estilo da imagem determina o poético, o da análise, o prosaico. Embora comum aos extremos, a arte os distingue intensivamente: a expressão do poeta é mais artística que a do filósofo[277]. O mais e o menos anulam a hierarquia platonizante da Academia: os gêneros, que deslizam, afirmam-se axiais, ponderando-se e variando-se as propriedades que lhes são comuns.

Ponderados no eixo, os gêneros nele se classificam: os três princípios os determinam, estabelecendo-lhes os preceitos. No gênero didático, prevalece a análise sobre a figura: as prescrições encarecem a nitidez e satisfazem os requisitos da análise, porque se expurgam os procedimentos e a exposição da síntese, contendo-se a figura no hipotipótico-ornamental. Sendo o estilo duplamente determinado, a nitidez predomina no discurso instrutivo, cabendo ao caráter papel suplementar. Analítico, o gênero abomina as noções preliminares, a definição de termos, que, dicionarizados, tornam difícil o fácil[278]. Outros abusos são evitados: as definições, que, desdenhando a linearidade e a sistematicidade dos conhecimentos, ignoram o fio que leva do conhecido ao desconhecido[279]; os prefácios, em que se louva a importância dos assuntos

---

273. I, *L'Art d'Écrire*, p. 594, b 18-b 25.
274. *Idem*, p. 600, b 1-b 20; p. 601, a 1-a 6.
275. *Idem*, p. 600, b 21-b 59.
276. Idem, p. 601, a 6-a 28.
277. *Idem*, p. 601, a 16-a 41.
278. I, *L'Art d'Écrire*, p. 594, b 33-b 55.
279. *Idem*, p. 595, a 9-a 28.

214

CONDILLAC LÚCIDO E TRANSLÚCIDO

tratados ou se expõe o sofrimento da escritura[280]. Sistema, o gênero prescinde de preliminares, insistindo, antes, na ligação das ideias[281]. Não se esquece o prazer: principalmente excludentes, utilidade e agradabilidade não se enfrentam no escrito, sendo o deleite requerido por uma exposição que não se queira seca. Ponderada, a relação da imagem e da análise, além da visibilidade hipotipótica dos signos, deseja outra, recuada e secundária, o ornamento. Útil, a instrução anexa o agrado: as imagens, tiradas à paisagem, à arquitetura, à pintura e ao ponto de vista, embelezam hialinas para não obscurecer a verdade[282]. Distantes por margearem o caminho do conhecimento, são adequadas à nitidez como caráter. Voltas, submetem-se à ligação de ideias, o principal. Sua função é também determinada pelo destinatário: despertar-lhe o interesse, evitando a ênfase rebarbativa de expressões entusiastas e a atonia distanciada de palavras glaciais. O filósofo vê e sente, paixões "médias[283]". O leitor se interessa quando o ornamento o atrai: é como na pintura do Renascimento – desde Alberti – em que uma figura fita o espectador aliciando-o a ver o quadro todo. Pertencendo à representação e ligando-se com o vedor, a figura engata diálogo semelhante ao do ornamento de Condillac; tornando agradável e atraente a instrução, a imagem faz a mediação da análise e do leitor. Limitada à beleza, também é pedagógica, tornando sensível a verdade. Diáfana, constitui-se como o espetáculo visto de quieta distância, panorama que ameniza os rigores do caminho.

No gênero didático, o espetáculo não é o principal, pois atrai e orna sem distrair do caminho. A imagem é intensificada na narração; o subgênero "história" tem por preceitos a rapidez no narrativo (*récit*), a exatidão no raciocínio e a força e grandeza na descrição[284]. O gênero é quadro, reunindo-se a multiplicidade no todo que a domina[285]. Os requisitos estilísticos mandam que

280. *Idem*, p. 595, b 49-p. 596, a 18.
281. *Idem*, p. 596, a 25-a 30.
282. I, *L'Art d'Écrire*, p. 596, b 21-b 37: "L'insctruction est sèche quand elle n'est pas ornée. Un écrivain doit imiter la nature qui donne de l'agrément à tout ce qu'elle veut nous rendre utile. Elle n'eût rien fait pour notre conservation, si les sensations qui nous instruisent n'eussent pas été agréables. Tracez-vous donc une route à travers les plus beaux paysages; que ce que l'architecture, la peinture ont de plus beau, y forme mille points de vue; en un mot, empruntez des arts et de la nature tout ce qui est propre à embellir la vérité. Cependant prenez garde de ne pas l'obscurcir; elle veut être ornée, mais elle ne veut rien qui la cache. Le voile le plus léger l'embarrasse".
283. *Idem*, p. 596, b 38-b 59.
284. I, *L'Art d'Écrire*, p. 597, b 44-b 52.
285. *Idem*, p. 597, b 57-p. 598, a 4.

CAPÍTULO III

a pintura seja verossímil e sintética: composição conseguida por pinceladas fortes e cores fundidas para que o efeito de conjunto prevaleça. Preponderância em que a visão é reta e centrada; quente, organiza as partes: nadir da *maniera*, zênite da hierarquia[286]. A verossimilhança estende-se ao romance e não o opõe à história; se o escritor de história pinta caracteres referidos a fatos, o pintor de romances escreve fatos imaginando caracteres: nos dois escritores, o acordo do caráter e o fato é constante[287]. Para que a conveniência não seja transgredida, o conjunto proporcionaliza os pormenores. A pintura não se contenta com o distanciamento panorâmico que a mitiga e secundariza: não menos interessante, a composição é larga e forte, superando a subsidiariedade da paisagem, dos pontos de vista que nela se abrem, da arquitetura que a completa, natureza e arte aliadas.

Com a eloquência, o caráter domina a nitidez, e não a domina. O orador orienta-se por uma multiplicidade de funções: conhecimento da matéria, do interesse e do caráter dos ouvintes (ou leitores), das circunstâncias que determinam a situação de fala e de escuta do assunto: requisitos do plano do discurso e da escolha das expressões apropriadas à persuasão e comoção. Raciocina-se, pinta-se; pinta-se, raciocina-se. Equilíbrio que articula a finalidade e o destinatário (o sermão difere da oração fúnebre): preceitos que determinam a ligação das ideias e a consideração delas no pormenor[288]. A oratória é arte da distância: operando sobre o entendimento e as paixões, tem no exagero a característica de estilo, que também estipula o distanciamento. Das duas espécies de pintura a distância, Condillac menciona a acabada, indiferente à relação longe/perto, para exaltar a do inacabado, quando a proximidade e o afastamento são decisivos. As distâncias não produzem ambiguidade como em Arcimboldo, explicitam a retidão: de perto, o quadro do orador apresenta formas monstruosas e cores discordantes; de longe, as

286. *Idem*, p. 598, a 5-a 25: "C'est d'après les faits qu'il faut peindre un homme, et non d'après l'imagination: car les portraits ne sont intéressants qu'autant qu'ils sont vrais. La touche en doit être forte, les couleurs bien fondues. Un pinceau maniéré fait des peintures froides; il s'appesantit sur des détails inutiles, et il dégrossit à peine les principaux traits. Il y a des écrivains qui ressemblent à ces peintres qui font bien une coëffure, une draperie, tout, excepté la figure. Il faut un grand fonds de jugement pour bien faire un portrait, et la plupart de ceux qui se piquent d'exceller en ce genre, ont tout au plus ce qu'on appelle par abus *esprit*. Ils courent après les antithèses, ils s'épuisent pour trouver des distinctions fines, ils ne songent qu'à faire de jolies phrases, et la ressemblance est la seule chose dont ils ne sont pas occupés".
287. I, *L'Art d'Écrire*, p. 598, a 26-a 42.
288. *Idem*, p. 600, a 14-a 30.

formas se amenizam e as cores se harmonizam, finda a incongruência. Relação meramente hipotética, pois o quadro tem que ser visto de longe, sendo previsto o distanciamento do vedor. Não é mais a distância serena do gênero didático, mas a hierárquica, do efeito calculado[289]. O discurso oratório é declamação: por ser visto de longe, tem exagerada a expressão, que o gesto intensifica[290]. Não se dirige ao leitor como os gêneros precedentes, pois as paixões são ouvidas e vistas; lido, deve ser um quadro para se ver de perto, do contrário será incôngruo[291]. Completando-se gesto e fala, aquele orienta os sentimentos que a expressão discursiva coroa: como a ação é parte principal, um orador sem gesto é um discursador que semeia flores vãs[292]. Como os Modernos mais leem que os Antigos, que mais veem e ouvem os oradores, a transposição da fala e do gesto para a escrita preserva a equivalência com emprego de filtro redutor. Sendo admitidas a incongruência e até a incorreção na ação a distância[293], devem ser reprimidas na escrita, proximidade de leitura. Transposição que se pensa pictórica: conhecendo os procedimentos que diminuem as grandezas com as distâncias, os pintores proporcionalizam as figuras. Empregando método óptico-geométrico ou contentando-se com o golpe de vista, podem diminuir o quadro: Bosse ou Rubens[294]. Reduz-se a ação, o resto pouco muda[295]: o discurso visto-ouvido e o discurso lido diferem com a distância, não representativa como jogo de pontos de vista, mas imaginativa como retificação do excesso. Visto de longe, o orador intensifica o gesto e o discurso, cuja incongruência é corrigida; visto de perto, ameniza

289. I, *L'Art d'Écrire*, p. 598, a 52-b 12: "Les peintres ont deux manières d'exécuter un tableau destiné à être vu de loin. Quoiqu'ils s'accordent tous à donner aux figures une grandeur au-dessus du naturel, les uns les finissent avec plus de détail, les autres ne font, pour ainsi dire, que les dégrossir, assurés que l'air qui les sépare du spectacteur achèvera leur ouvrage. Vues de près, les formes sont monstrueuses, les couleurs sont discordantes; à mesure qu'on s'éloigne, tout s'arrondit, tout s'adoucit: les objets sont colorés et terminés comme ils doivent l'être. Or un discours oratoire est un tableau vu dans l'éloignement. L'expression doit donc en être un peu exagérée, ainsi que l'action qui l'accompagne. L'une et l'autre s'affoiblissent en venant jusqu'à nous".

290. *Idem*, p. 598, b 8-b 12.

291. *Idem*, p. 598, b 13-b 24.

292. I, *L'Art d'Écrire*, p. 598, b 43-b 59; em b 51-b 54: "Un orateur sans action n'est qu'un beau discoureur; nous pouvons cueillir les fleurs qu'il sème, nous ne pouvons pas être émus".

293. *Idem*, p. 598, b 13-b 21.

294. *Idem*, p. 599, a 30-a 40: "Les peintres [...] ont un avantage: ils connoissent les rapports de la diminution des grandeurs aux distances; ils n'ont en quelque sorte qu'à prendre le compas, et, l'éloignement ètant donné, ils savent la grandeur qu'ils doivent donner à chaque figure. S'ils ignoroient tout-à-fait l'optique, ils seroient privés d'un grand secours; mais le coup-d'oeil que l'expérience leur donneroit, suffiroit peut-être pour conduire leur pinceau".

295. *Idem*, p. 599, a 41-a 49.

CAPÍTULO III

a discrepância das massas confusas de formas e cores. Redução que aproxima o oratório escrito dos gêneros anteriores. A tópica longe/perto não só proporcionaliza o representante/significante, mas o transforma retamente: sentido e representação são predeterminados.

A poesia classifica-se tanto no segundo quanto no terceiro gênero, é deslizante como todos os outros. A especificidade de seu estilo está em pintar com mais arte que os demais gêneros, sem deixar de ser natural como eles[296]. A análise recua secundária, nada sendo decomposto, mas fundido: as ideias são figuradas por massas, o raciocínio se apoia na verossimilhança; subordinado, apenas engendra abreviações, sendo rápido, fechado por uma expressão imagética[297]. Entre o didático e o descritivo, cujo extremo é a poesia lírica, ponderam-se variados os gêneros e subgêneros. As imagens preponderam à medida que os gêneros se distanciam do extremo prosaico, filosofia didática; avizinhando-se do extremo lírico, o escritor é cada vez mais pintor. Tensão que distingue os gêneros e explicita as passagens. Demarcando-se contra a *maniera*, não frente a energia, os gêneros são concebidos fora do efeitismo de sentido singular. Lugar, ponto de vista, relação parte/todo operam regrados, submetendo-se às exigências prévias do sentido e da visão. No gênero didático, o panorama é longínquo, neutro como um quadro em que prevalece o desenho. A distância é prazer sereno submetido à utilidade. No gênero narrativo, história e romance, o todo predomina: as partes subordinam-se harmonizadas, não se concebendo o sentido como deslocamento. A distância é representação enérgica e antimaneirista na largueza da pincelada e na fusão cromática. Retidão reencontrada no gênero oratório: embora tematizada, a distância é prevista. A ausência de ambiguidade é reiterada no dispositivo que filtra os excessos da ação quando o falado se escreve. Na poesia, em que a mancha é imagem, a distância se desconsidera, uma vez que o raciocínio está a serviço de efeitos verossímeis. Restringindo ambiguidades e antíteses, o estilo é do verossímil, sendo impertinente a distinção do Barroco e do Classicismo quanto à incongruência e ao paradoxo: força de um sentido primeiro, retidão emocional e intelectual em consonância com o assunto e o destinatário. Tudo é previsto – Arcimboldo, Holbein e Giambologna são os exemplos do que a arte evita: ambiguidade na composição todo/partes, relações perto/longe e quadro/espectador, angularidade de pontos de vista, isotimia espacial. A predeterminação do sentido na representação é total:

296. I, *L'Art d'Écrire*, p. 601, a 22-a 28.
297. *Idem*, p. 601, a 42-a 55.

Versalhes, Gesù. Da neutralidade do panorama, passando-se pela força do retrato, pela incongruência apenas aparente, atinge-se a mancha indistinta: cada vez mais pintura, imagem sempre reta e perfeita. Intensificação crescente, nitidez que recua e caráter que avança. Estilos variados com os gêneros, procedimentos em que o caráter é cor gradativamente intensificada.

> Tu, qu'os costumes nossos melhor que ninguém pintas,
> Ensina-me o segredo, com que dás alma às tintas.
> Empresta-me as imagens, a quem dão vida as cores,
> Quadros, que a tua mão quiz, semear de flores.
> Tu nos deixaste as leis dos números diversos,
> *Despreaux*, eu canto a Arte de recitar os versos[298].

Louvor árcade da imagem florida, que em Condillac circula e expurga o orador impávido. Flores canoras, flores ressonantes: murcham as de Gregório, eclodem estas:

> Ainsi, dans cet amas de nobles fictions,
> Le poète s'égaye en mille inventions,
> Orne, élève, embellit, agrandit toutes choses,
> Et trouve sous sa main des fleurs toujours écloses[299].

Flores recitadas e espelhadas. Nas *Artes Poéticas* ou nos sonetos, as flores se miram, fanam-se umas, alteiam-se outras. Preceituando, ramificam-se as Poéticas clássicas. O bom senso é raiz; a flor canora é insensatez italiana – Marino amaneirado ou *Précieux* singulares – que não deleita com o conhecimento superior, mas aguça com o procedimento superficial. Senso, a *Art Poétique* é raiz e caule.

> Aimez donc la raison: que toujours vos écrits
> Empruntent d'elle seule et leur lustre et leur prix.
> La plupart, emportés d'une fougue insensée,
> Toujours loin du droit sens vont chercher leur pensée:
> Ils croiraient s'abaisser, dans leurs vers monstrueux,
> S'ils pensaient ce qu'un autre a pu penser comme eux.
> Évitons ces excès: laissons à l'Italie
> De tous ces faux brillants l'éclatante folie.

---

298. José Basílio da Gama, *Obras Poéticas*, Rio de Janeiro, Livraria Garnier, s/d. "A Declamação Trágica", p. 151.
299. Boileau, *L'Art Poétique*, Paris, Union Générale d'Éditions, 10/18, 1966. Canto III, 173-176, p. 45.

CAPÍTULO III

Tout doit tendre au bon sens: mais pour y parvenir
Le chemin est glissant et pénible à tenir;
Pour peu qu'on s'en écarte, aussitôt on se noie.
La raison pour marcher n'a souvent qu'une voie[300].

Desdenhando fronteiras, o intertexto, explícito ou impensado – figura, máxima, preceito – limita a circulação. Arte, a razão também é censora: expurgando como Melo, corrigindo como Aristarco, o testamento de Boileau encerra a querela dos Antigos e dos Modernos. Antigo, seu astro é Horácio, a quem Diderot dedica interesse[301]. A razão, princípio de nítida arte, desiste da sátira, retoma Horácio, modelo de bom senso e correção. Retém-lhe a razão, afia-lhe a expurgação:

Pour moi, qui jusqu'ici nourri dans la satyre;
N'ose encor manier la trompette et la lyre,
Vous me verrez pourtant, dans ce champ glorieux,
Vous animer du moins de la voix et des yeux;
Vous offrir ces leçons que ma muse au Parnasse
Rapporta, jeune encor, du commerce d'Horace;
Seconder votre ardeur, échauffer vos esprits,
Et vous montrer de loin la couronne et le prix.
Mais aussi pardonnez, si, plein de ce beau zèle,
De tous vos pas fameux observateur fidèle,
Quelquefois du bon or je sépare le faux,
Et des auteurs grossiers j'attaque les défauts:
Censeur un peu fâcheux, mais souvent nécessaire,
Plus enclin à blâmer que savant à bien faire[302].

Horácio ensina Boileau, que ensina. A *Epístola aos Pisões*, ou *Arte Poética*, é referência. O bom senso, ou saber: "Scribendi recte sapere est et principium et fons. Rem tibi Socraticae poterunt ostendere chartae, verbaque provisam rem non invita sequentur"[303]. Também, a expurgação: Horácio-Aristarco, de lápis na mão:

---

300. Boileau, *op. cit.*, Canto I, 37-38, p. 32.
301. Diderot, *op. cit.*, p. 108, p. 110.
302. Boileau, *op. cit.*, Canto IV, 223-236, p. 63.
303. Horácio, *Epistola ad Pisones (Arte Poética)*, vv. 309-311, in Boileau, *op. cit.*, pp. 108-110. Valemo--nos da tradução de Jaime Bruna, in *A Poética Clássica*, trad. Jaime Bruna, apresentação R. O. Brandão, São Paulo, Cultrix/Edusp, 1981. "Princípio e fonte da arte de escrever é o bom senso. Os escritos socráticos poderão indicar as ideias; obtida a matéria, as palavras seguirão espontaneamente", p. 64. Destaquemos o *rectè*.

220 CONDILLAC LÚCIDO E TRANSLÚCIDO

Quintilio siquid recitares: "Corrige, sodes,
hoc" aiebat "et hoc"; melius te posse negares,
bis terque expertum frustra; delere jubebat
et male tornatos incudi reddere versus.
Si defendere delictum quam vertere malles,
nullum ultra verbum aut operam insumebat inanem,
quin sine riuali teque et tua solus amares.
Vir bonus et prudens versus reprehendet inertes,
culpabit duros, incomptis adlinet atrum
transverso calamo signum, ambitiosa recidet
ornamenta, parum claris lucem dare coget,
arguet ambigue dictum, mutanda notabit,
fiet Aristarchus, nec dicet: "Cur ego amicum
offendam in nugis?" Hae nugae seria ducent
in mala derisum semel exceptumque sinistre[304].

O bom senso ordena a composição, ordena à composição. Retórica que
submete a diversidade do procedimento à unidade do pensamento; gover-
nado pela regra que lhe é anterior e exterior, é seu instrumento. Não se aguça mais no jogo incôngruo que se escreve como prazer singular, porque se
aplica por regra racional, lisura que se transforma em poesia, deleite médio.
Poussin e Bosse são os equivalentes pictóricos de Boileau; assim como o desenho exprime a inteligência primeira, a poesia manifesta a racionalidade
superior: *la raison n'a souvent qu'une voie*, *rectè* horaciano, *scribendi recte*

304. Horácio, *op. cit.*, 439-452, pp. 120-122, trad. Jaime Bruna, pp. 67-68: "Quando se recitava alguma coisa a Quintílio, ele dizia: 'Por favor, corrija isto e também isto'; quando você, após duas
ou três tentativas frustradas, se dizia incapaz de fazer melhor, ele mandava desfazer os versos
mal torneados e repô-los na bigorna. Se, a modificar a falha, você preferiria defendê-la, não
dizia mais uma única palavra, nem se dava ao trabalho inútil de evitar que você amasse, sem
rivais, a si mesmo e à sua obra. Um homem honesto e entendido criticará os versos sem arte,
condenará os duros, traçará, com o cálamo, de través, um sinal negro junto aos desgrenhados,
cortará os ornatos pretensiosos, obrigará a dar luz aos pouco claros, apontará as ambiguidades,
marcará o que deva ser mudado, virará um Aristarco e não dirá: 'Por que hei eu de magoar
um amigo por causa de uma ninharia?' Tais ninharias levarão o autor a sérios dissabores, uma
vez achincalhado e recebido desfavoravelmente". Cf. Boileau, *op. cit.*, Canto I, 199-207 (p. 28):
"Un sage ami, toujours rigoureux, inflexible,/Sur vos fautes jamais ne vous laisse paisible: /Il ne
pardonne point les endroits négligés,/Il renvoie en leur lieu les vers mal arrangés,/Il réprime des
mots l'ambitieuse emphase;/Ici le sens choque, et plus loin c'est la phrase./Votre construction
semble un peu s'obscurcir,/Ce terme est équivoque: il le faut éclaircir./C'est ainsi que vous parle
un ami véritable". Adiante, Canto IV, 71-76 (p. 57), vem o cálamo: "Faites choix d'un censeur
solide et salutaire,/Que la raison conduise et le savoir éclaire, /Et dont le crayon sûr d'abord
aille chercher/L'endroit que l'on sent faible, et qu'on se veut cacher./Lui seul éclaircira vos doutes
ridicules,/De votre esprit tremblant lènera les scrupules".

CAPÍTULO III

sapere est et principium et fons. Retidão que preestabelece a harmonia de partes subordinadas, manifestando a razão. Retamente se compõe e se corrige; expurga-se a metamorfose do olho em diamante: Sílvia é corrigida sob o cálamo de Aristarco, *Vir bonus et prudens versus reprehendet,/Faites choix d'un censeur solide et salutaire/Que la raison conduise et le savoir éclaire,/Et dont le crayon* [...]. Rasura da reta razão. Circulação de conceito e preceito: o reto sentido da *Poética* aristotélica é desenhado pela França do XVII. Preceitual, afirma com Horácio *principium et fons*. Também, conceitual: a escritura só se faz nítida porque a urdidura é suficientemente clara para que nela se teça a cor. Base do tecido, ordena o colorido, prescreve e concebe. Primeira, a clareza só se realiza com o caráter[305]. Prescrição generalizada: o mesmo caráter, produzido tropicamente, é ordenado pela razão, estilhaçando o falso brilhante dos *Précieux* e o "vidro que t'engana [...] os cristaes, que adulam a vaidade"[306].

Ilusão, abuso e sedução que o diamante lapidado ofusca, translucidez peregrina.

Horácio e Boileau não explicam Condillac, mas o distinguem[307]. Ficando com os Modernos, pois ensina a língua nacional, não anula os Antigos, estrela de Boileau. Das questões disseminadas na Retórica – deleite, modelo, paixão, engenho, verossimilhança, licença poética, relações do útil e do agradável – floresce mais que outras o par nitidez/caráter, ao mesmo tempo conceito e preceito. Sistematizando temas dispersos nos retores, Condillac faz que confluam e se interceptem ou que divirjam e se distanciem. Ponderando elementos bipolares, os conceitos determinam-se pelas relações que os sistematizam; o caráter não se concebe isolado, pois, relacional, opõe-se à nitidez e com ela se pondera. Aplicando-se a nitidez ao próprio caráter, este colore o que, tecido, requer os dois. O caráter abre a arte da linguagem à da imagem: *Ut pictura poesis*,

> Ut pictura poesis; erit quae, si propius stes,
> te capiat magis, et quaedam, si longius abstes;
> haec amat obscurum, volet haec sub luce uideri,

---

305. I, *L'Art d'Écrire*, p. 551, b 54-p. 552, a 1.
306. José Basílio da Gama, *op. cit.*, p. 153.
307. Passagens apenas indicativas: *unidade*, Horácio, 1-37; Boileau, I, 55-69, 175-184; *verossimilhança*, Horácio, 128-135; Boileau, III, 45-50; *deleite*, Horácio, 99-113; Boileau, III, 25-38; *gênio*, Horácio, 408-436; Boileau, I, 1-25; *paixão*, Horácio, 366-384; Boileau, I, 30-44, III, 91-108. Recorte arbitrário, uma vez que os temas se imbricam e se matizam nos textos.

judicis argutum quae non formidat acumen;
haec placuit semel, haec deciens repetita placebit[308].

É comum reter-se apenas a primeira parte do verso, gloriando-se a comparação, quando a passagem horaciana estabelece um paralelismo distante, consideradas as diversas maneiras de ver. Perto/longe, penumbra/claridade, vislumbre/aplicação, relações em que a pintura é o exemplo de outra questão, deleite e licença. Também comparação distante como a citada é a desenvolvida logo no início da Epístola:

> [...] Pictoribus atque poetis
> quidlibet audendi semper fuit aequa potestas.
> Scimus, et hanc veniam petimusque damusque uicissim,
> sed non ut placidis coeant immitia, not ut
> serpentes avibus geminentur, tigribus agni[309].

Temas da verossimilhança, do *decorum* e da composição: a licença poética, novamente remetida à pictórica, não insiste na comparação. Pondo em paralelo poesia e pintura, Horácio não aproxima procedimentos ou regras de arte: enfatizando os limites da liberdade na composição, afasta o heteróclito de elementos inassimiláveis. Licença contida, censura liberada: o escritor submete-se ao lápis. Em Boileau, poesia é pintura enquanto paixão intensa; sem discutir as afinidades das artes, valida a tese da fraternidade. Lição que Basílio da Gama retém e exacerba, quando valoriza as paixões trágicas.

> Que dans tous vos discours la passion émue
> Aille chercher le coeur, l'échauffe et le remue.
> Si d'un beau mouvement l'agréable fureur
> Souvent ne nous remplit d'une douce terreur,
> Ou n'excite en notre âme une pitié charmante[310].

---

308. Horácio, *op. cit.*, 361-365 (p. 114), trad. Jaime Bruna: "Poesia é como pintura; uma te cativa mais, se te deténs mais perto; outra, se te pões mais longe; esta prefere a penumbra; aquela quererá ser contemplada em plena luz, porque não teme o olhar penetrante do crítico; essa agradou uma vez; essa outra, dez vezes repetida, agradará sempre" (p. 65).

309. Horácio, *op. cit.*, 9-13 (p. 76), trad. Jaime Bruna: "– A pintores e poetas sempre assistiu a justa liberdade de ousar seja o que for. – Bem o sei; essa licença nós a pedimos e damos mutuamente; não, porém, a de reunir animais mansos com feras, emparelhar cobras com passarinhos, cordeiros com tigres" (p. 55).

310. Boileau, *op. cit.*, III, 15-19 (p. 39).

De cette passion la sensible peinture
Est pour aller au coeur la route la plus sûre.
Peignez donc, j'y consenso, les héros amoureux[311].

Aprenda a magoar os insensíveis peitos.
E saiba da sua arte as regras e os preceitos[312].

Julgai á sangue frio, e examinai por gosto
Que paixões, que caracter exprime o vosso rosto.
Nelle hão de respirar as iras, o furor,
E por seo turno a raiva, o ódio, a ambição, o amor[313].

Mas eu dou-vos lições inúteis, e infiéis,
E a minha Musa irada arroja os seos pinceis[314].

A paixão é destacada pela Retórica condillaquiana. Como em outras –
Boileau, Horácio – explicita a variação caracterial do discurso; irregularidade em Lamy, odena-se em Condillac: a paixão é perene, pois governa o
movimento, o gesto, a careta. Inexistindo calma absoluta, é expressada pela
alma que se desnuda: evidente na linguagem de ação, transparece mesmo na
língua, que a disfarça[315]. No estilo da emoção, o preceito faz encontrar para
cada sentimento a palavra adequada, que lhe desperta a ideia[316]: correspondência dos acessórios no discurso e dos observados no movimento, no rosto,
na careta e no olhar. Correspondência do sentimento e da volta: a cada ação
do corpo modifica-se com exatidão[317], determinando-se o caráter do discurso da paixão. Ressonância da arte do gesto: conhecedor dos efeitos da ação, o
orador codifica e aplica os requisitos supondo translúcida a alma[318]. Precisão
de verossimilhança: assim como a oratória, o estilo das paixões é adequado
ao efeito[319]. Mesmo filtro: como na transcrição da fala e do gesto do orador,
a língua traduz a paixão visível; ênfase na ação, sendo a transparência mais
expressiva que lógica: adequação do discurso à linguagem de ação[320]. Trans-

---

311. Boileau, *op. cit.*, III, 95-97 (p. 42).
312. José Basílio da Gama, *op. cit.*, p. 151.
313. *Idem*, p. 152.
314. *Idem*, p. 156.
315. I, *L'Art d'Écrire*, p. 578, a 50-b 6.
316. *Idem*, p. 572, a 23-a 27.
317. I, *L'Art d'Écrire*, p. 574, a 24-a 40.
318. *Idem*, p. 578, b 7-b 21.
319. *Idem*, p. 579, a 6-a 16.
320. *Idem*, p. 578, b 43-p. 579, a 5. O principal e o acessório na linguagem de ação: "J'étends les bras
     pour demander une chose: voilà l'idée principale. Mais la vivacité du besoin, le plaisir que je

pondo-se o gesto para o discurso, constitui-se o seu caráter como subordinação do acessório ao principal. O visível é referência do dizível, que por ele se pauta: duas artes, pintura, que representa a ação, escrita, que a refigura. Se a paixão determina o caráter de qualquer discurso, e é pintura, também o é a imaginação, por ela movida. Atribui-se às ideias abstratas realizadas o sentimento ou a ação, exclusivos dos seres vivos: "a lei ordena". Os corpos se animam: ficções[321]. Os sistemas abstratos são figurados por uma imaginação intensa que, atingida pela ideia, pinta-a: o escritor imagina em situação determinada pela paixão[322].

O caráter é o modificado e o modificador; modificado pelas paixões, colore o discurso. Modificado, relaciona o discurso com o que lhe é exterior: situação do escritor, suas paixões; modificador, acrescenta à nitidez o caráter colorindo o discurso. A paixão e a pintura destacam-se em Boileau, sendo a *Art Poétique* preceito e poesia. Dele Condillac retém o preceito, máxima que desenvolve e sistematiza; critica-lhe a escolha das imagens, que renegam a conveniência como subordinação das ideias secundárias às principais[323],

---

compte trouver à la jouissance, la crainte qu'elle ne m'échappe, tous mes désirs, tous mes projets, voilà les idées accessoires. Elles se montrent sur mon visage, dans mes yeux, et dans toutes mes attitudes. Considérez ces mouvements; vous verrez qu'ils ont tous avec l'idée principale, la plus grande liaison possible. C'est par là que l'expression est une, forte et caractérisée" (p. 578, b 30-b 42).

321. I, *L'Art d'Écrire*, p. 574, a 49-b 16.

322. *Idem*, p. 574, b 17-b 24.

323. *Idem*, p. 549, b 29-p. 550, a 13: "Je conviens que le propre de la poësie est de peindre; mais a-t-elle atteint son but toutes les fois qu'elle peint? L'a-t-elle atteint, lorsque prodigue les images sans choix? On blâmeroit certainement un écrivain en prose, qui, pour peindre la simplicité d'une bergère, diroit qu'elle ne mêle point à l'or l'éclat des diamans, et qu'elle ne charge point sa tête de superbes rubis. Or, pourquoi une image, déplacée dans la prose, seroit-elle à sa place dans des vers? [...] Or, l'or, les rubis et les diamans ne sont pas moins étrangers à une bergère. Cependant Despréaux a dit:

Telle qu'une bergère, *au plus beau jour de fête,*
De superbes rubis ne charge point sa tête,
Et sans mêler à l'or l'éclat des diamans,
Cueille en un champ voisin ses plus beaux ornemens,
Telle, aimable en *son air*, mais humble dans *son style,*
Doit éclater sans pompe une élégante idylle:
Son tour simple et naïf n'a rien de fastueux,
Et n'aime point l'orgueil d'un vers présomptueux.
Il faut que sa douceur flatte, chatouille, éveille,
Et jamais de grands mots n'épouvante l'oreille.

(Versos tirados da *Art Poétique*, Canto II, 1-10 (p. 31), grifos de Condillac). Inadequação dos termos à pintura: excessivos, comprometem a ideia principal, a imagem da pastora. "Il est fort étonnant que le poëte ait employé de si grands mots pour peindre un poëme où il ne doit pas

CAPÍTULO III

sem que o questione como modelo da língua[324]. Enquanto Basílio enfatiza as paixões, Condillac detém-se na *Art Poétique*, recusando a inadequação como desordem das imagens. Ao mesmo tempo a defende por enfatizar a razão e as distinções que produz como análise. Mesmo na poesia, em que recua como lógica, a análise se afirma cálamo, e é preceito; porque nos gêneros a imagem e a análise se ponderam, a preponderância daquela não anula a prescrição ordenadora. A nitidez não satisfaz o escritor, que colore o discurso ao filtrar a ação. Sendo insuficiente o desenho para a pintura da ação, o caráter é essencial à escritura da paixão. Função empática, comunicação das paixões do escritor ao leitor, do pintor ao espectador, transparências:

> C'est ainsi que notre corps tient malgré nous un langage qui manifeste jusqu'à nos pensées les plus secrettes. Or ce langage est l'étude du peintre: car ce seroit peu de former des traits réguliers. En effet, que m'importe de voir dans un tableau une figure muette: j'y veux une ame qui parle à mon ame. L'homme de génie ne se borne donc pas à dessiner des formes exactes. Il donne à chaque chose le caractère qui lui est propre. Son sentiment passe à tout ce qu'il touche, e se transmet à tous ceux qui voient ses ouvrages[325].

Ut pictura poesis: independentemente da determinação do sentido do *ut*, escritura e pintura são emparelhadas na adequação. Unidade ponderada e composta, reta subordinação do secundário ao principal. Paralelismo que retoma a um tempo Boileau – Condillac é moderno quando cuida dos autores franceses e defende a língua viva, sendo fiel ao partidário dos Antigos – e a Academia de Pintura, Félibien, Bosse, Poussin. Semelhantes na referência à linguagem de ação, poesia e pintura permanecem emparelhadas quanto à composição. É a partir dela que Condillac critica Boileau, em quem os acessórios são inadequados à unidade do poema por sua imprecisão e redundância: as partes e o todo não se harmonizam. Requisito compositivo que Condillac destaca na pintura, em que o conjunto determina as relações das ideias principais e acessórias, harmonia:

> Il faut considérer une pensée composée comme un tableau bien fait, où tout est d'accord. Soit que le peintre sépare ou groupe les figures, qu'il les éloigne ou les

---

s'en trouver. Je remarquerai encore qu'*au plus beau jour de fête* est une circonstance inutile, et que *son air, son style, son tour* sont des expressions qui disent toutes la même chose". Por isso, Condillac recusa acessórios que são vagos ou que associam ideias contrárias (*L'Art d'Écrire*, p. 550, a 14-a 41).

324. I, *L'Art d'Écrire*, p. 551, b 7-b 14.
325. I, *L'Art d'Écrire*, p. 578, b 7-b 21.

rapproche, il les lie toutes par la part qu'elles prennent à une action principale. Il donne à chacune un caractère; mais ce caractère n'est développé que par les accessoires qui conviennent aux circonstances. Il n'est jamais occupé d'une seule figure; il l'est continuellement du tableau entier; il fait un ensemble où tout est dans une exacte proportion[326].

Situação, paixão, acessório, caráter, cor: secundariedade que determina o motivo principal. A composição não admite que se transgrida a adequação: as ideias relacionam-se como as cores, que não se concebem isoladas, harmonia de passagens, modificando-se as cores umas às outras, matizes. Princípio compositivo, variável quanto à ponderação com os gêneros; acima deles, o requisito da harmonia do discurso e da pintura:

Les rayons de lumière tombent sur les corps, et réfléchissent des uns sur les autres. Par-là les objets se renvoient mutuellement leurs couleurs. Il n'en est point qui n'emprunte des nuances, il n'en est point qui n'en prête; et aucun d'eux, lorsqu'ils sont réunis, n'a exactement la couleur qui lui seroit propre s'ils étoient séparés. De ces reflets naît cette dégradation de lumière qui, d'un objet à l'autre, conduit la vue par des passages imperceptibles. Les couleurs se mêlent sans se confondre; elles se contrastent sans dureté; elles se donnent mutuellement de l'éclat, et tout s'embellit. L'art du peintre est de copier cette harmonie. C'est ainsi que nos pensées s'embellissent mutuellement: aucune n'est par elle-même ce qu'elle est avec le secours de celles qui la précèdent et qui la suivent. Il y a, en quelque sorte, entre elles, des reflets qui portent des nuances de l'une sur l'autre; et chacune doit à celles qui l'approchent, tout le charme de son coloris. L'art de l'écrivain est de saisir cette harmonie: il faut qu'on aperçoive dans son style ce ton qui plaît dans un beau tableau[327].

A composição, principalmente nitidez e caráter, ainda requer preceito que com eles não se confunde: o arranjo das palavras na frase. Não é nitidez porque a ordem lógica não é afetada nem é caráter porque a disposição das partes não modifica o discurso. O arranjo determina o lugar apropriado do termo: é, como o caráter, o ponto de vista; todavia, o seu princípio é a determinação, pois requer que se encontre a posição que confira à palavra máximo destaque. É a determinação ótima, considerando-se as possibilidades de uma combinatória de elementos na formação da frase. Paralelismo com a pintura: nesta, o relevo bem distribuído é chamado *chiaroscuro*, jogo ordenado de luz e sombra[328]. Neste sentido, a inversão, ou hipérbato, mais pertence ao arran-

---

326. I, *L'Art d'Écrire*, p. 551, a 33-a 48.
327. I, *L'Art d'Écrire*, p. 554, a 33-b 3.
328. I, *L'Art d'Écrire*, p. 576, a 15-a 24.

CAPÍTULO III

jo que à volta. Auxiliando a nitidez, o arranjo assemelha-se ao caráter, embora não caiba colorir: o ponto de vista determina a disposição e, degradando, associa-se às paixões[329]. Por isso, também varia, diferindo da nitidez, sempre idêntica. Preceituando, Condillac evita a singularidade da paixão que Lamy detecta no discurso; estendendo-a ao arranjo, torna-a princípio de variação que modifica e determina tudo o que foge à nitidez[330].

Sendo mais sistemático que os Acadêmicos em relação à poética, Condillac retoma, quanto à pintura, as distinções hierarquizadas do século XVII. Como o discurso é comparado à pintura, seus requisitos são os do primado do desenho sobre a cor e o claro-escuro. O desenho é a nitidez; o caráter, a cor; o arranjo, o claro-escuro. Sendo inconcebíveis separados, a inteligibilidade da nitidez e a figuralidade do caráter são reforçadas pela disposição de termos, que determina o relevo de cada ideia e faz as passagens de cor a cor. Concepção clássica de composição: o desenho inteligível é primeiro, mas não se pinta sem cor e claro-escuro. Exatidão das construções, colorido das figuras, relevo das partes:

Dans un tableau bien fait, il y a une subordination sensible entre toutes les parties. D'abord le principal objet se présente accompagné de ses circonstances de temps et de lieu. Les autres se découvrent ensuite dans l'ordre des rapports qu'ils ont à lui; et par cet ordre la vue se porte naturellement d'une partie à une autre, et saisit sans effort tout le tableau. Cette subordination est marquée par le caractère donné aux figures, et par la manière dont on distribue la lumière sur chacune. Le peintre a trois moyens: le dessin, les couleurs, et le clair-obscur. L'écrivain en a trois également: l'exactitude des constructions répond au dessin, les expressions figurées aux couleurs, et l'arrangement des mots au clair-obscur[331].

Pensada pictoricamente, a composição se distingue do desenho, da cor e do claro-escuro que definem as partes. É o discurso todo que se pinta. Ao hipotético grau zero de paixão – sempre há algum movimento –, atribui-se o discurso nítido, em que o desenho prevalece, a cor se subordina e o arranjo explicita o construtivo. À máxima intensidade da paixão regrada atribui-se

329. *Idem*, p. 576, a 33-a 43: "Un homme agité et un homme tranquile n'arrangent pas leurs idées dans le même ordre: l'un peint avec chaleur, l'autre juge de sangfroid. Le langage de celui-là est l'expression des rapports que les choses ont à sa manière de voir et de sentir: le langage de celui-ci est l'expression des rapports qu'elles ont entre elles. Tous deux obéissent à la plus grande liaison des idées, et chacun cependant suit des constructions differentes".

330. *Idem*, p. 576, a 44-a 50.

331. I, *L'Art d'Écrire*, p. 576, a 51-b 13.

o discurso colorido, em que o caráter comanda a nitidez e o arranjo faz as passagens cromáticas. O primeiro extremo define o gênero instrutivo, prevalência do lógico; o outro delimita o gênero poético, predomínio da volta e do tropo. No primeiro, as cores são vistas de longe, panorama em que se azulam; no segundo, a nitidez assegura a boa formação cromática, quadro enfático do orador e do poeta. Quando a paixão é mínima, a inversão explicita o construtivo, quando é máxima, evidencia o colorido, hipérbole e hipérbato. Sendo secundário, o arranjo apenas aguça a nitidez e o caráter. A cor destaca-se por diferenciar os discursos quanto ao caráter, paixão que remete ao contexto externo, trama que constitui a contextura da forma. Não é, contudo, a cor própria do objeto: a pintura é arte de matizes, as cores interagem, submetem-se à composição, relacionam-se com o desenho e o claro-escuro. Condillac concebe a pintura como colorista, modernidade de rubenista que homenageia o poussinismo do desenho. Paralelismo da pintura e do discurso: o cromatismo de matizes opera na língua, tropismo:

> Tout écrivain doit être peintre, autant du moins que le sujet qu'il traite le permet. Or nos pensées sont susceptibles de différens coloris: séparés, chacune a une couleur qui lui est propre: rapprochées, elles se prêtent mutuellement des nuances, et l'art consiste à peindre ces reflets. Ainsi donc que le peintre étudie les couleurs qu'il peut employer, étudions les tropes, et voyons comment ils produisent différens coloris[332].

Ut pictura poesis: se a composição do discurso e da pintura é feita por pares correlatos – nitidez-desenho, arranjo-*chiaroscuro*, caráter-cor –, o tropismo é concebido como arte de colorista. Não é casual que Rubens dê o melhor exemplo de tropismo da *Art d'Écrire*: pintando a paixão, descreve os sentimentos contraditórios de Maria de Médicis tropicamente. Oposição, e não antítese, desnuda a alma:

> Dans le tableau de la naissance de Louis XIII, Rubens a peint la joie et la douleur sur le visage de Marie de Médicis. Voilà deux sentiments opposés: ils naissent du sujet même, ils en font partie: ce sont des accessoires qui lui sont essentiels. Mais ce n'est là qu'une opposition[333].

Dos três pares de conceitos e prescrições, o tropo é especificado como cor. Tradução linguística do cromatismo, caracteriza o discurso; seu concei-

---

332. I, *L'Art d'Écrire*, p. 560, b 42-b 51
333. *Idem*, p. 558, a 46-a 52.

CAPÍTULO III

to: "Vous voyez que la nature des tropes ou figures est de faire image, en donnant du corps et du mouvement à toutes nos idèes"[334].

O tropo significa e colore, funções simultâneas. A correspondência que faz comparar-se pintura e discurso, *ut* de paralelismo, anula-se no caráter. Pintura, espacializa as ideias; figura, significa-as. Ler e ver identificam-se assim como escrever e pintar: o discurso é lido e visto; mais lido que visto no gênero instrutivo, mais visto que lido no gênero descritivo. Não há leitura que não seja visão nem discurso que não seja espacialização. O tropo mesmo é um tropo[335]. Além do conceito, apreendido nas relações do discurso de conhecimento, considere-se a gênese das formas: os primeiros caracteres inscritos são pintura – homem, cavalo. Progressismo que exalta a linguagem de ação, primeiro sistema de signos, modalidade intensíssima. O visível é primeiro: expressivo, passional, intenso – anterioridade genética da representação. O estilo é espacialização: a forma retoma a precedente, desloca-a e imita-a. Também, os gêneros: o estilo das descrições, espacializado pelo caráter e pela paixão, é colorido. O progressismo das formas e a classificação dos gêneros reforçam o conceito de tropo: escrever é pintar, não há *ut* que os separe. Reta, a visão varia com os gêneros: distante/próxima, hipotipose/comoção, análise, instrução/oratória, poesia. Se a composição põe em paralelo os pares de conceitos e preceitos, afirmando *ut pictura poesis*, o tropo não hesita: *poesia est pictura*, e pintura é cor.

334. *Idem*, p. 560, b 31-b 35.
335. I, *L'Art d'Écrire*, p. 560, b 23-b 28.

CONCLUSÃO

Quadros. Imagens que exemplificam e sensibilizam os dispositivos progressistas e classificatórios de signos e representações: pintura, teatro, pantomima, panorama, parque ou jardim discriminam os modos de ver, olhar ordenado como duração e vislumbre deslumbrado como instante. Imagens que caracterizam os gêneros discursivos, retas porque governadas por preceitos que as fazem adequadas às direções da Retórica: panorama, pintura e gesto. Imagens que dão corpo às abstrações realizadas dos sistemas, efeitismo sem arte, ficções. Imagens glaciais, ardentes no luxo da frivolidade, *maniera* que a ordem converte em flor, "essa beleza em terra, em cinza, em pó, em sombra, em nada"[1].

Imagens do conhecimento, arborescência linearizada, prateleiras e tabuletas que se estendem futuríveis. Imagens que devêm, revezando-se de sensíveis e claras – pantomima e pintura – a pouco sensíveis e obscuríssimas – escrita e alegoria.

Famílias de imagens, reveladas por diferenciação temática e articulação artística. Já as descrições de Condillac são quadros de quadros, que se explicitam por doutrinas artísticas. Interceptando a arte, as imagens nem são eterizadas, alheias aos debates contemporâneos, nem petrificadas, esbatidas no intertexto retórico. Formadas pela arte do tempo, aguçam a Retórica, embotada por imagens gastas. Recortando o campo das doutrinas e práticas artísticas, não formam sistema: as imagens distribuem-se em grupos, dife-

---

1. Gregório de Matos, *op. cit.*, vol. III, Soneto, p. 659.

renciados pelos gêneros discursivos e determinados por suas relações com as artes. Arrefecida a querela de poussinistas e rubenistas, Condillac pensa a pintura como colorista sem negar o primado doutrinário do desenho. Não concebendo contraditórios o requisito caracterial, cromatismo, e o preceito nítido, desenho, inova a relação do discurso e da imagem. Regrada, escapa da repetição: coevas, imagem pintada e imagem escrita não se estranham; adequação retórica e apropriação do artístico imbricam-se e explicitam-se mutuamente.

Raras, as citações de Cícero, Longino, Aristóteles e Horácio não são estratégicas, sendo limitado o seu alcance. A *Art d'Écrire* tira seus exemplos dos Modernos e desdenha os retores antigos. Extrapolando as Artes Poéticas, os preceitos da paixão, do *decorum*, dos fins, do assunto, do destinatário são generalizados, não se cingindo a gênero específico. Variando prescrições gerais, a Retórica condillaquiana estabelece os gêneros por ponderação. Nitidez, caráter e arranjo são requisitos da composição; tirados da pintura, ponderam-se determinando os gêneros. Sendo secundário o arranjo, o campo de variação polariza-se entre a clareza lógica e o caráter colorista; cada gênero se constitui como uma ponderação determinada, considerando-se os preceitos restantes. Generalidade que inclui a Retórica na modernidade: relacionada com o método das variações, de veia leibniziana, seus pressupostos operacionais têm a generalidade da análise inifinitesimal, da arte combinatória, da perspectiva ampliada pela anamorfose. Método como variação e combinação extensas em parâmetros restritos, também é receituário porque prevê os efeitos. Ponderal e intervalar, não é normativa, contrariando as Retóricas: a figura não é desvio, sendo a palavra a um tempo tropo e termo próprio, etimologia e derivação. Desdenhando a anomalia, contorna o salto: a variação em parâmetros fixos determina as classes como intensidades. O indistinto escapa da Retórica: a taxionomia é precária, mas o limite da distinção é a finitude extrarretórica – quanto mais se subdividem as classes, tanto mais são imprecisas e confusas –, que afeta qualquer classificação, como a das noções gerais em que as classes médias são esmagadas. Sombra projetada da distinção; deve ser contida para que não se ultrapasse o limiar em que tudo torna ao confuso. Intensivos, os gêneros circunscrevem-se sem hierarquia; não havendo primeiro ao qual os demais se subordinem, a poesia não é desvio da filosofia, mas ponderação diferente. Na filosofia predomina a nitidez, na poesia, o caráter.

A exigência compositiva aplica-se a todos os gêneros: da desenhada prosa à colorida poesia, passando-se pelos discursos intermediários, a ponde-

CONCLUSÃO   233

ração é variada, sendo gerais os preceitos transpostos da pintura. A regra transcende os gêneros: a análise, voltada para as representações, e a analogia, para os signos, garantem a ordem. Restringida por esta, a *inventio* é explicitação do que está implícito no começo. Assegurando a ordem, a análise e a analogia são firmadas pela ligação das ideias e pela homogeneidade dos signos, em oposição à associação daquelas e à incongruidade desses. Por isso, a imaginação que colore e inventa é regrada quando governada pela reflexão. Também por isso não há gênero sem antecipação dos efeitos desejados: preceito superior. A ordem, prescrição do artifício avalizada pela lei da natureza, opera tanto na Retórica como em qualquer disciplina: matemática, física, filosofia. Generalidade do preceitual que estipula efeitos porque encarece a referência hialina contra o signo excessivo: combate-se a antítese e o paradoxo por ocultarem a ligação das ideias com a inconsequência lúdica dos signos. Condillac esvazia a Retórica como teoria que classifica e define os tropos para incluí-la na Gramática geral, que dela provém e a supera quando os termos se dessensibilizam. Enquanto espacialização de signos sucessivos, a Retórica, caduca como disciplina, é a visada figural da Gramática.

Prenunciando a Estilística, a Retórica condillaquiana é prescritiva e geral; constituindo os gêneros, expurga os tropos que obscurecem a translucidez da analogia e a lucidez da análise: colorida, a poesia não é confusa. Afasta os tropos que, mais materiais que ideais, ficam com os signos em detrimento da referência. Muito mais ideais que materiais são os tropos que, como a metáfora, submetem-se às prescrições da ordem. Preestabelecidos quanto ao funcionamento e ao efeito, são como a pintura que prevê o ponto de vista, a distância, o lugar e a representação, anulando o incôngruo e o diferente. O prescritivo da ordem atinge em Condillac generalidade que as Poéticas, limitadas a um gênero ou empíricas em vários, não conhecem. Partindo do discurso, atinge os gêneros, especificando a generalidade nas distinções empíricas vigentes como atualizações de uma variação amplíssima. Rígida, a Retórica condillaquiana assemelha-se ao receituário das paixões do referido barroco, do qual difere por ser método geral e não imposição programática. A transcendência do preceito explicita-se no confronto com a *maniera* e o fantástico. Embora inassimiláveis, a comodidade inclui Giambologna e Arcimboldo no estilo; mais que estilistas, são irredutíveis como Holbein. Extremados os três, investigam o singular, os procedimentos que por si mesmos são arte: a alegoria de Arcimboldo é construtiva, não metafórica como a de outros artistas do século ou a dos subsequentes. Arte do incôngruo, o procedimento não se submete a regra exterior; nem os efeitos que, alheios à generalidade, explicitam as intersecções da significação e da representação operadas pelos procedimentos. Por isso, os movimentos do corpo não são virtuais: angulares em Holbein, frontais em Arcimboldo, quaisquer em Giambologna, efetuam-se em espaço material, exigência de representante ambíguo, probabilismo de procura. Na Representação, tudo predeterminado: ordem geral, dispositivo integrador tanto do lugar, da representação e do olhar, como das próprias artes – arquitetura, escultura e pintura encenam o espetáculo total. Contínua, a Representação atribui ao artista o papel de mestre de uma cerimônia conhecida ou o de decorador de um espetáculo que se estilhaça sobrevinda a diferença: Soliman Aga. O ponto de vista, o lugar, a distância e a composição são estipulados para que apenas se veja o previsto: Versalhes, igreja de Santo Inácio. A prescrição é transcendente na Representação: avançando as formas do Mesmo, é *Monadologia* que se compraz com uma diferença que o varia. Arte de reconhecimento, as diferenças – anamorfose de cúpula – são dirigidas pela retidão. As restrições de Condillac a Boileau são instrutivas: o Modelo não sabe caracterizar, pois emprega acessórios que, repetitivos e confusos, ocultam a ideia principal, o grande motivo. Incongruidade que a antítese e o paradoxo extremam: não são transparentes, obscurecem a analogia; são inventivos como signos, não se governam por prescrição transcendente, evitam codificação. Singulares, não se generalizam, alheios tanto à arte do receituário quanto à *mathesis* da Gramática geral.

Análise e analogia formam as ideias e as palavras; a um tempo preceito e dispositivo, são ordem artificial pautada pela natural, regra calcada na lei, noção gerada da representação (e não definição, sempre arbitrária: o *Dictionnaire* é etimológico, progressismo de derivação, e sinonímico, intersecção do principal e dos acessórios). Ordenando, o dispositivo analítico-analógico articula a Retórica como gradualismo da referência, salvando a continuidade quando as mudanças estipulam-se como deslocamentos e não saltos, e como fio dos signos, visível nas trocas de seus sistemas, da sensibilíssima ação à desvanecida letra. A Retórica da polissemia e da figuração inscreve-se, assim, na lisura da Representação. A derivação e o tropo, por um lado, e as ideias distintas, por outro, determinam os preceitos dos procedimentos retóricos: o dispositivo é simultaneamente analítico e analógico, em que a exigência da reta formação separa a regra do procedimento; estando implícitas nos dados as consequências, a *inventio* restringe-se a uma escolha regrada do exterior: previsão de signo, representação e sentido. Regulando-se a invenção pelo dispositivo, os efeitos são conhecidos. Por isso, o preceito é cálamo

CONCLUSÃO

que expurga os defeitos e desenho que constrói nitidamente. Determinando a retidão do procedimento, ataca o torto; o preceito-estalão explicita-se na investida contra os sistemas abstratos. Ataque que se dá em vários níveis: reduzem-se os princípios gerais a ideias realizadas, a palavras estouvadas, a tropos mal formados, a ficções que iludem, abusam e seduzem. Os sistemas são pseudogênero instrutivo: tropo que ofusca, composição arruinada por excesso e má distribuição de cores sobre um desenho apagado. As prescrições retóricas pressupõem as analítico-analógicas, que as ultrapassam, pois, supradisciplinares, operam em todas as formas de conhecimento. A análise e a analogia constituem o método universal, do qual as prescrições retóricas são aplicações específicas. Não que estas difiram: é a visada que se especifica, concentrando-se no discurso. Especificando as exigências do método geral, os preceitos retóricos não sacrificam a nitidez, reforçam a ideia principal, hierarquizando-a e modificando-a com as secundárias, para que a ideia se destaque frente ao signo. A distinção atrai a classificação: os discursos são distinguidos como as noções gerais, taxionomia generalizada, cuja limitação pesa em todas as disciplinas igualmente. Determinados pelo dispositivo teórico,os preceitos são exteriores aos procedimentos intersígnicos: daí a transparência, a previsibilidade e a generalidade da Retórica de Condillac.

A língua se espacializa no tropo: cores que se relacionam com o desenho nítido e com o claro-escuro enfatizador. O tropo articula imagem e referência como relação do figurado e do primitivo: polissemia e figuração complementares. Caráter, o tropo colore mais ou menos intensamente, adequando-se aos requisitos dos gêneros: visibilidade, a cor completa o desenho. Assim como não há conhecimento que não seja sensibilizado por signos ou imagens, não há discurso que não se espacialize e não seja visível. No gênero instrutivo, a figura tem tom pastel, orlando o caminho do rigor sem distrair; imagens que balizam e descansam, da arte e da natureza: as paradas impõem-se, pausa em que a volúpia ameniza a viagem[2]. Os signos recebem a sensibilidade requerida pela hipotipose: discurso preciso, palavras exatas,

---

2. I, *Essai*, p. 116, b 36-b 50: "Le défaut d'ordre plaît aussi quelquefois; mais cela dépend de certaines situations ou l'ame se trouve. Dans ces moments de rêverie, ou l'esprit, trop paresseux par s'occuper long-temps des mêmes pensées, aime à les voir flotter au hasard, on se plaira, par exemple, beaucoup plus dans une campagne que dans les plus beaux jardins: c'est que le désordre qui y règne paroît s'accorder mieux avec celui de nos idées, et qu'il entretient notre rêverie, en nous empêchant de nous arrêter sur une même pensée. Cet état d'ame est même assez voluptueux, sur-tout lorsqu'on en jouit après un long travail". Cf. I, *L'Art de Penser*, p. 767, a 39-b 2, *supra*, p. 10, em que a oposição do jardim ordenado ao parque inglês ou ao campo não se produz no âmbito do conhecimento. Explicita a exigência de ver os agenciamentos para pensá-los.

anti-ilusionismo que repele o abuso e despreza a sedução. Fora da hipotipose e do prazer circunscrito, as imagens ganham em intensidade no gênero narrativo, sendo intensíssimas no descritivo; regradas pelas exigências de cada gênero, são adequadas como composição. Na filosofia, os signos e as composições tornam visíveis as sucessões e as classificações. Sendo a figura o avesso da palavra, não é exterior ao discurso: é o quadro que este figura, espacialização. Tropo e exemplo são modelos que mostram articulações. Genericamente, são quadros da sucessão discursiva; especificamente, pintam as articulações que tornam as ideias sucessivas e tabulares, linha e quadro de noções. Vemos: os quadros da arte exemplificam a labilidade da percepção ou a decomposição sensível de partes; as linhas, progressões, séries e sucessões da matemática evidenciam a distinção artificial, sensibilizando o fio; as estantes e fichas de arquivista mostram a taxionomia. É o discurso sucessivo pintando os seus quadros simultâneos. Modelo espacializador, o exemplo difere do tropo, cuja operação é imanente – ainda assim, a analogia manda escolher as figuras adequadas às ideias ou aos motivos principais. Os modelos também espacializam o dispositivo: a arte e a natureza exemplificam a decomposição sensível, germe da análise; a matemática figura a analogia como fio; o catálogo é o modelo da classificação analítico-analógica. Sensibilização hipotipótica, *ut* determinado como comparação esclarecedora.

As figuras – tropos e hipotiposes – que espacializam o discurso instrutivo não são arbitrárias porque se pautam por prescrições genética e estruturalmente determinadas, análise e analogia. Sucessão e sistema de relações: a representação antecede a noção assim como a ação, a língua e as linguagens científicas. Com isso, a pintura e a pantomima são mais naturais que artificiais quando começam. Mais naturais que as artes dependentes de observação, as belas artes são sensibilíssimas[3]: sua visibilidade primicial é natural, tendo-as o quadro confuso por paradigma. Exemplificando as artes tanto a confusão inicial como a decomposição sensível, evidenciam os primeiros agenciamentos e o começo da constituição do dispositivo analítico-analógico; a matemática e o arquivo são os modelos da distinção artificial, linear e

---

3. I, *Traité des Systêmes*, p. 214, b 4-p. 215, a 10: "Dans les arts mécaniques nous ne pouvons rien, qu'autant que nous avons observé la nature; puisque nous ne pouvons faire comme elle, qu'après avoir remarqué comment elle fait; l'observation précède donc la naissance de ces arts. Les beaux-arts, au contraire, paroissent précéder l'observation, et il faut qu'ils aient fait des progrès, pour pouvoir être réduits en systême. C'est qu'ils sont moins notre ouvrage que celui de la nature. C'est elle-même qui les commence, lorsqu'elle nous forme; et elle les a déjà perfectionnés quand nous pensons à nous en rendre raison".

CONCLUSÃO

tabular. Homologias coetâneas. Já codificadas, as belas artes têm na composição o procedimento e o preceito que o discurso traduz ao espacializar-se. Geneticamente, as artes são primeiras, referindo-se a elas o discurso; sistematicamente, a composição transposta afirma a homologia. *Ut* da tradução não arbitrária e que, reconhecida, estende-se a todos os gêneros discursivos, espacializando-os. Transposta, a pintura introduz ao discurso e o mostra como o seu anverso. Caracterizando os gêneros, a composição estende-se aos exemplos: porque mostra os agenciamentos, explicita-se no *ut* comparativo, equivalente formal do discurso. Nisso, os exemplos diferem dos tropos, nos quais a espacialização não é comparativa, mas imanente. Articulando-se a representação com as proposições dos exemplos e com os tropos, verifica-se regrada a visão. Vemos a cor, vemos a composição: o discurso deve ser lido e visto, entendido e sentido. Embora as espacializações do tropo e do exemplo difiram, cor e composição inscrevem-se em continuidades; sendo ambas pintura, a representação insiste no gênero que privilegia as noções gerais – hipotipose.

As passagens de forma a forma fazem-se nos dois sentidos: as imagens em que o discurso se espacializa são discriminadas pelas doutrinas e práticas artísticas que as determinam quanto aos efeitos e às propriedades. Traduzidas, pintam o discurso todo, *ut* de similitude, cor de tropo. Reverso de palavra e proposição, as imagens determinam-se gramaticalmente, pois são primeiramente discursivas. Dupla visada que reenfatiza a alegoria falante e a retórica pictórica: o discurso é simultaneamente polissêmico e figural, Gramática e Arte. Circulando nas duas, a Retórica não as opõe, antes, as propõe complementares: discurso e imagem dialogam e pintam-se. Dissolvida como disciplina na Gramática, investiga as artes encarecendo o caráter. Concebida como procedimento e prescrição, lapida o cristal; móvel como articulação do discurso e da arte, roda, pião.

BIBLIOGRAFIA

ALBERTI, Leon Battista. *Della Pittura*. Trad. J. R. Spencer. *On Painting*. New Haven, Yale University Press, 1966.

ARGAN, Giulio Carlo. *L'Europe des Capitales: 1600-1700*. Genève, Éditions d'Art Albert Skira, 1964. (Col. Art-Idées – Histoire)

ARNAULD, Antoine & NICOLE, Pierre. *La Logique ou L'Art de Penser*. Paris, Flammarion, 1970. (Col. Science de l'Homme)

AUROUX, Sylvain. *La Sémiotique des Encyclopédistes. Essai d'Épistémiologie Historique des Sciences du Langage*. Paris, Payot, 1979.

AZADI, Siawosch. *Turkoman Carpets and the Ethnographic Significance of their Ornaments*. Trad. R. Pinner. Fishguard, The Crosby Press, 1975.

BACCHESCHI, Edi (org.). *L'Opera Completa del Bronzino*. Milano, Rizzoli, 1973. (Col. Classici dell'Arte)

BACON, Elizabeth E. *Central Asians under Russian Rule*. Ithaca, Cornell University Press, 1980.

BALTRUŠAITIS, Jurgis. *Anamorphoses ou magie artificielle des effets merveilleux*. Paris, Olivier Perrin, 1969.

―――――. *Le Miroir. Essai sur une Légende Scientifique Révélations Science-fiction et Fallacies*. Paris, Elmayan, Seui1, 1978.

BEAUSSANT, Phillipe. *Versailles, Opéra*. Paris, Gallimard, 1981.

BENETT, Ian e outros. *Rugs and Carpets of the World*. London, Country Life Books, 1978.

BENEVOLO. Leonardo. *História da Arquitetura Moderna*. Trad. Ana M. Goldberger. São Paulo, Perspectiva, 1976.

BENJAMIN, Walter. *Il Dramma Barocco Tedesco*. Trad. Enrico Filippini. 2. ed. Torino, Giulio Einaudi, 1971. (Col. Ricerca Letteraria. Serie critica, II)

BERENSON, Bernard. *Le Caravage. Sa gloire et son Incongruité*. Trad. Juliette Charles-Du Bos. Paris, Presses Universitaires de France, 1959.

BLUNT, Anthony. *Art and Architecture in France: 1500-1700*. 2. ed., London, Penguin Books, 1970.

―――――. *La Théorie des Arts en Italie: 1450-1600*. Trad. Jacques Debouzy. 2. ed. Paris, Gallimard, 1966.

240 CONDILLAC LÚCIDO E TRANSLÚCIDO

BOILEAU, Nicolas. *L'Art Poétique. Suivi de l'Art Poétique d'Horace et d'une Anthologie de la Poésie Préclassique en France (1600-1670)*. Paris, Union Generale d'Editions, 1966 (10/18).

_____. *Oeuvres*. Paris, Garnier-Flammarion, 1969. 2 vol.

BOSSE, Abraham. *Le Peintre Converty aux Précises et Universelles Règles de son Art*. Textos reunidos e apresentados por R.-A. Weigert. Paris, Hermann, 1964. (Col. Miroirs de l'Art)

CASTIGLIONE, Baldessar. *Il Libro del Cortegiano*. Milano, Società Editrice Sonzogno, 1911.

CELLINI, Benvenuto. *The Treatises on Goldsmithing and Sculpture*. Trad. C. R. Ashbee. New York, Dover Publications Inc., 1967.

_____. *Vie de Benvenuto Cellini Écrite par Lui-même*. Paris, Julliard, 1965. 2 vols. (Col. Littérature)

CHARAGEAT, Marguerite. *L'Art des Jardins*. Paris, Presses Universitaires de France, 1962. (Col. "Les Neufs Muses". Histoire Générale des Arts)

CHARPENTRAT, Pierre. *Le Mirage Baroque*, Paris, Les Éditions de Minuit, 1967. (Col. "Critique")

CHASTEL, André. *La Crise de la Renaissance: 1520-1600*. Genève, Éditions d'Art Albert Skira, 1968. (Col. Art-Idées – Histoire)

_____. *Le Grand Atelier d'Italie: 1460-1500*. Paris, Gallimard, 1965. (Col. Univers des Formes)

_____. *Le Mythe de la Renaissance: 1420-1520*. Genève, Éditions d'Art Albert Skira, 1969. (Col. Art-Idées, Histoire)

CHASTEL, André & DELLA CHIESA, Angela Ottino (org.). *Tout l'Oeuvre Peint du Caravage*. Trad. Simone Darses. Paris, Flammarion, 1967. (Col. Les Classiques de l'Art)

CHASTEL, André & KLEIN, Robert. *El Humanismo*. Trad. esp. Barcelona, Salvat, 1964.

CIDADE, Hernâni (org.). *A Poesia Lírica Cultista e Conceptista*. Coleção de poesias do século XVII, principalmente da "Fénix Renascida". 2. ed. Lisboa, Gráfica Lisbonense, 1942.

COHEN, Jean. *Structure du Langage Poétique*. Paris, Flammarion, 1966. (Col. Nouuvelle Bibliothèque Scientifique)

_____. e outros. *Pesquisas de Retórica*. Trad. L. P. M. Iruzun. Petrópolis, Vozes, 1975. (Col. Novas Perspectivas em Comunicação, 10)

CONDILLAC. *Oeuvres Philosophiques*. Revisão, apresentação e notas de Georges Le Roy. Paris, Presses Universitaires de France, 1947-1951. 3 vols. (Col. Corpus Général des Philosophes Français)

COONEY, Patrick J.; MALAFARINA, Gianfranco (org.). *L'Opera Completa di Annibale Carracci*. Milano, Rizzoli, 1976. (Col. Classici dell'Arte)

CURTIUS, Ernest Robert. *Literatura Européia e Idade Média Latina*.Trad. T. Cabral e P. Rónai. 2. ed. Brasília, Instituto Nacional do Livro, 1979.

DA VINCI, Leonardo. *Pagine Scelte*. Torino, G. B. Paravia & Co., 1935.

_____. *La Peinture*. Textos traduzidos, reunidos e anotados por André Chastel e Robert Klein. Paris, Hermann, 1964. (Col. Miroirs de l'Art)

_____. *Pinturas – Dibujos – Estudios*. (Selecionados por Giorgio Nicodemi). Trad. Francisco Payrols. Barcelona, Labor, 1958.

DELEUZE, Gilles. *Différence et Répétition*. Paris, Presses Universitaires de France, 1968. (Col. Bibliothèque de Philosophie Contemporaine)

_____. *Logique du Sens*. Paris, Minuit, 1969. (Col. "Critique")

BIBLIOGRAFIA

DENES, Agnes. *Arte de Sistemas II*. Buenos Aires, 1972.

DERRIDA, Jacques. *De la Grammatologie*. Paris, Minuit, 1967. (Col. "Critique")

DIDEROT, Denis. *Sur l'Art et les Artistes*. Textos reunidos e apresentados por Jean Seznec. Paris, Hermann, 1967. (Col. Miroirs de l'Art)

DOCKÉS, Pierre. *L'Espace dans la Pensée Économique du XVIe au XVIIIe Siècle*. Paris, Flammarion, 1969. (Col. Nouvelle Bibliothèque Scientifique)

DUBOIS, Claude-Gilbert. *Le Maniérisme*. Paris, Presses Universitaires de France, 1979.

DUBOIS, J. e outros. *Retórica Geral*. Trad. C. F. Moisés e outros. São Paulo, Cultrix, Universidade de São Paulo, 1974.

DÜRER, Albert. *Lettres et Écrits Théoriques*. Textos traduzidos e apresentados por Pierre Vaisse. Paris, Hermann, 1964. (Col. Miroirs de l'Art)

DUVIGNAUD, Jean. *Les Ombres Collectives. Sociologie du Théâtre*. 2. ed. Paris, Presses Universitaires de France, 1973.

ERDMANN, Kart. *Der Orientalische Knüpfteppich*. Tübingen, Wasmuth, 1965.

EYMERICH, Nicolau & PENA, Francisco. *Le Manuel des Inquisiteurs*. Trad. Louis Sala-Molins. Paris, Mouton, 1973.

FAGIOLO, Maurizio. *La Saenografia dalle sacre rappresentazioni al futurismo*. Firenze, G. C. Sansoni, 1973. (Col. Scuola Aperta/Arte).

FONTANIER, Pierre. *Les Figures du Discours*. Paris, Flammarion, 1977.

FOUCAULT, Michel. *Les Mots et les Choses. Une Archéologie des Sciences Humaines*. Paris, Gallimard, 1966. (Col. Bibliothèque des Sciences Humaines)

FRANCASTEL, Pierre. *A Realidade Figurativa: Elementos Estruturais de Sociologia da Arte*. Trad. Mary Amazonas Leite de Barros. São Paulo, Perspectiva/Universidade de São Paulo, 1973. (Col. Estudos, 21).

_____. *La Figure et le Lieu. L'Ordre Visuel du Quattrocento*. Paris, Gallimard, 1967. (Col. Bibliothèque des Sciences Humaines)

_____. *Sociología del Arte*. Trad. Suzana Soba Rojo. Madrid, Alianza Editorial, 1975. (Col. El Libro de Bolsillo)

FRIEDLAENDER, Walter. *Mannerism & Anti-Mannerism in Italian Painting*. New Cork, Columbia University Press, 1965.

FRYE, Northrop. *Anatomia da Crítica*. Trad. Péricles Eugênio da Silva Ramos. São Paulo, Cultrix, 1973.

GAMA, José Basílio da. *Obras Poéticas*. Rio de Janeiro, Garnier, s.d. (Col. Autores Célebres da Litteratura Brasileira)

GENETTE, Gerard. *Figures II. Essais*. Paris, Seuil, 1969. (Col. "Tel Quel")

_____. *Mimologiques: Voyages en Cratylie*. Paris, Seuil, 1976.

HANGELDIAN, Armen E. *Les Tapis d'Orient*. Trad. J. de Recqueville. Paris, Guy Le Prat, 1959.

HATZFELD, Helmut. *Estudios sobre el Barroco*. 3. ed. Madrid, Gredos S.A., 1972. (Col. Biblioteca Románica Hispánica. II. Estudios y Ensaios, 73).

HAUSER, Arnold. *Maneirismo: a Crise da Renascença e a Origem da Arte Moderna*. Trad. Magda França. São Paulo, Perspectiva, Universidade de São Paulo, 1976. (Col. Stylus, 2)

HAUTECOEUR, Louis. *Les Jardins des Dieux et des Hommes*. Paris, Hachette, 1959.

HEMPEL, Eberhard. *Baroque Art and Architecture in Central Europe*. London, Penguin Books, 1965.

HOCKE, Gustav R. *Maneirismo: o Mundo como Labirinto*. Trad. Clemente Raphael Mahl. São Paulo, Universidade de São Paulo, Perspectiva, 1974.

HOSKINS, W. G. *The Making of the English Landscape*. London, Penguin Books, 1977.

JAKOBSON, Roman. *Essais de Linguistique Générale*. Trad. Nicolas Ruwet. Paris, Minuit, 1963. (Col. Points)

JOUVE, Jean-Pierre e outros. *La Sociologie de l'Art et sa Vocation Interdisciplinaire. L'Oeuvre et l'Influence de Pierre Francastel*. Paris, Denoël, Gonthier, 1976. (Bibliothèque Médiations)

KERNODLE, George R. *From Art to Theatre. Form and Convention in the Renaissance*. 5. ed. Chicago, The University of Chicago Press, 1970.

KLEIN, Robert. *La Forme et l'Intelligible. Écrits sur la Renaissanae et l'Art Moderne*. Paris, Gallimard, 1970.

KOENIGSBERGER, Dorothy. *Renaissance Man and Creative Thinking. A History of Concepts of Harmony 1400-1700*. Hassocks, The Harvester Press, 1979.

LAUSBERG, Heinrich. *Elementos de Retórica Literária*. Trad. R. M. Rosado Furtado. Lisboa, Fundação Calouste Goulbenkian, 1972.

LE GUERN, Michel. *Sémantique de La Métaphore et de la Métonymie*. Paris, Librairie Larousse, 1973. (Col. "Langue et Langage")

LEVEY, Michael. *Early Renaissance*. London, Penguin Books, 1979. (Col. Style and Civilization)

_____. *La Peinture à Venise au XVIIIᵉ Siècle*. Trad. Françoise Faliou. Paris, René Julliard, 1964. (Le Livre de Poche)

LYOTARD, Jean-François. *Dérive a Partir de Marx et Freud*. Paris, Union Généraie d'Editions (10/18), 1973.

_____. *Discours, Figure*. Paris, Klincksieck, 1974. (Col. d'Esthétique, 7)

_____. *Des Dispositifs Pulsionnels*. Paris, Union Générale d'Editions (10/18), 1973.

_____. & THÉBAUD, Jean-Loup. *Au Juste. Conversations*. Paris, Christian Bourgois, 1979.

MANDIARGUES, André Pieyre de. *Arcimboldo the Marvelous*. Trad. I. Mark Paris. New York, Harry N. Abrams Inc. Publishers, 1977.

MELO, D. Francisco Manoel de. *Hospital das Letras. Apólogo Dialogal Quarto (1657)*. Rio de Janeiro, Bruguera, s.d.

ORS, Eugenio d'. *Du Baroque*. Trad. Agathe Rouart-Valéry. 2. ed. Paris, Gallimard, 1968. (Col. Tidées – Arts)

PANOFSKY, Erwin. *Essais d'Iconologie. Les Thémes Humanistes dans l'Art de la Renaissance*. Trad. Claude Herbette e Bernard Teyssèdre. Paris, Gallimard, 1967.

_____. *Idea. Contribución a la Historia de la Teoria del Arte*. Trad. Maria Tereza Pumarega. Madrid, Cátedra, 1977.

_____. *L' Oeuvre d'Art et ses Significations. Essais sur les "Arts Visuels"*. Trad. Marthe et Bernard Teyssèdre. Paris, Gallimard, 1969.

_____. *La Perspectiva como "Forma Simbólica"*. Trad. Virginia Careaga. Barcelona, Tusquets, 1973. (Cuadernos Marginales, 31)

_____. *La Renaissance et ses Avant-Courriers dans l'Art d'Occident*. Trad. Laure Verron. Paris, Flammarion, 1976. (Col. Idées et Recherches)

PARISET, François-Georges. *L'Art Classique*. Paris, Presses Universitaires de France, 1965. (Col. "Les Neuf Muses". Histoire Généraie des Arts)

PEVSNER, Nikolaus. *An Outline of European Architecture*. 7 ed. London, Penguin Books, 1977.

PINELLI, Antonio. *I Teatri. Lo Spazio dello Spettacolo dal Teatro Umanistico al Teatro dell'Opera*. Firenze, G. C. Sansoni, 1973. (Col. Scuola Aperta/Arte)

BIBLIOGRAFIA

PLAZAOLA, Juan. *El Arte Sacro Actual*. Madrid, Biblioteca de Autores Cristianos, 1965.

POUSSIN, Ch. -J. de la Vallée. *Cours d'Analyse Infinitésimale*. Louvain, Librairie Universitaire, 1957-1959. 2 vols.

POUSSIN, Nicolas. *Lettres et Propos sur l'Art*. Textos reunidos e apresentados por Anthony Blunt. Paris, Hermann, 1964. (Col. Miroirs de l'Art)

RICOEUR, Paul. *La Métaphore Vive*. Paris, Seuil, 1975. (Col. L'Ordre Philosophique)

RIPA, Cesare. "Introduction à l'Iconologie". *Critique*. 315-316: 801-819, ago.-set., 1973, Paris.

SARAIVA, Antonio J. *O Discurso Engenhoso. Estudos sobre Vieira e outros Autores Barrocos*. São Paulo, Perspectiva, 1980. (Col. Debates)

SARTON, George e outros. *Léonard de Vinci et l'Expérience Scientifique au Seizième Siècle*. Paris, Centre National de la Recherche Scientifique, Presses Universitaire de France, 1953.

SCHNAIDERMAN, Bóris (org.). *Semiótica Russa*. Trad. Aurora F. Bernardini, Bóris Schnaiderman e Lucy Seki. São Paulo, Perspectiva, 1979.

SERRES, Michel. *Le Système de Leibniz et ses Modeles Mathématiques*. Paris, Presses Universitaires de France, 1968. 2 vols. (Col. Epiméthée. Essais Philosophiques)

SHEARMAN, John. *O Maneirismo*. Trad. Octavio Mendes Cajado. São Paulo, Cultrix, Universidade de São Paulo, 1978.

SILVA, Roberto Romano da. *Brasil: Igreja contra Estado*. São Paulo, Kairós, 1979.

SILVEIRA, Lauro Frederico Barbosa da. *Espaço-Lugar na Obra de Pierre Francastel*. São Paulo, 1974. Tese de Doutoramento. Pontifícia Universidade Católica de São Paulo. Mimeo.

STAROBINSKI, Jean. *1789 – Les Emblèmes de la Raison*. Paris, Flammarion, 1979.

_____. *L'Invention de la Liberté: 1700-1789*. Genève, Éditions d'Art Albert Skira, 1964. (Col. Art, Idées, Histoire)

SUMMERSON, John. *El Lenguaje Clásico de la Arquitectura. De L. B. Alberti a Le Corbusier*. Trad. Justo G. Beramendi. Barcelona, Gustavo Gili S.A., 1978. (Col. Punto y Línea)

SYPHER, Wylie. *Do Rococó ao Cubismo*. Trad. Maria Helena Pires Martins. São Paulo, Perspectiva, 1980.

TAPIÉ, Victor L. *Barroco e Classicismo*. Trad. Lemos de Azevedo. Lisboa, Presença, 1974. 2 vols.

TAVEIROS, Alaíde. *O "Tableau Économique" do Dr. Quesnay*. São Paulo, 1972. Tese de Doutoramento. Faculdade de Economia e Administração, USP. Mimeo.

TEYSSÉDRE, Bernard. *L'Art au Siècle de Louis XIV*. Paris, Le Livre de Poche, 1967.

TODOROV, Tzvetan. *As Estruturas Narrativas*. 2. ed. Trad. Leyla Perrone-Moisés. São Paulo, Perspectiva, 1970.

_____. *Os Gêneros do Discurso*. Trad. Elisa Angotti Kossovitch. São Paulo, Martins Fontes, 1980.

_____. *Introdução à Literatura Fantástica*. Trad. Maria Clara Correa Castello. São Paulo, Perspectiva, 1975. (Col. Debates)

_____. *Théories du Symbole*. Paris, Seuil, 1977. (Col. Poétique)

_____. e outros. *Linguagem e Motivação. Uma Perspectiva Semiológica*. Org. e trad. de Ana Maria Ribeiro Filipouski e outros. Porto Alegre, Globo, 1977. (Col. Literatura: Teoria e Crítica).

VASARI, Arezzo di Giorgio. *Les Peintres Toscans*. Textos reunidos e apresentados por A. Chastel. Paris, Hermann, 1966. (Col. Miroirs de l'Art)

VENTURI, Lionello. *Histoire de la Critique d'Art*. Trad. Juliette Bertrand. Paris, Flammarion, 1969. (Col. Images et Idées)

VON MARTIN, Alfred. *Sociologia del Renacimiento*. 3. ed. Trad. Manuel Pedroso. México, Fondo de Cultura Económica, 1966. (Col. Popular)

WEISE, Georg. *Il Manierismo. Bilancio Critico del Problema Stilistico e Culturale*. Firenze, Leo S. Olschki, 1971.

WINCKELMANN, J. J. *Reflexões sobre a Arte Antiga*. Porto Alegre, Universidade Federal do Rio Grande do Sul, Movimento, 1975.

WITTKOWER, Rudolf. *Art and Architecture in Italy 1600-1750*. 3. ed. London, Penguin Books, 1980. (The Pelican History of Art)

WÖLFFLIN, Heinrich. *Classic Art, an Introduction to the Italian Renaissance*. 2. ed. Trad. Peter e Linda Murray. New York, Cornell University Press, 1980.

_____. *Principes Fondamentaux de l'Histoire de l'Art. Le Probleme de l'Évolution du Style dans l'Art Moderne*. Trad. Claire e Marcel Raymond. Paris, Gallimard, 1966. (Col. Idées-Arts)

_____. *Renaissance et Baroque*. Trad. Guy Ballangé. Paris, Le Livre de Poche, 1967.

ZEVI, Bruno. *Saber Ver a Arquitectura*. Trad. Mário Delgado. Lisboa, Arcádia, 1966. (Biblioteca Arcádia de Bolso, 60/61)

Título	Condillac Lúcido e Translúcido
Autor	Leon Kossovitch
Editor	Plinio Martins Filho
Produção Editorial	Aline Sato
Capa	Hélio Cabral e Ana Westphal
Editoração Eletrônica	Amanda E. de Almeida
	Luciana Milnitzky
	Fabiana Soares Vieira
Revisão	Adma Muhana
Formato	16 x 23 cm
Tipologia	Minion
Papel	Cartão Supremo 250 g/m² (capa)
	Pólen Soft 80 g/m² (miolo)
Número de Páginas	248
Impressão e Acabamento	Cromosete Gráfica e Editora